本书是国家社科基金项目"新实用主义的谱系及其当代面向"成果,并受河南省高等学校哲学社会科学创新团队、哲学互鉴与中国话语建构研究中心资助

实用主义的谱系研究

GENEALOGY OF PRAGMATISM

姬志闯　著

人民出版社

目　录

导　言

谱系对实用主义意味着什么？

谈及谱系，简单说来，就是对一种思想、学说甚至思想流派进行的学说史考察和整体图景描述，不仅包括对其生成历史、发展阶段、代表人物等基于历史线索的考察、澄清和梳理，也包括对其方法理念、基本问题、核心观点和内在思想逻辑的揭示、呈现和重构。前者聚焦于通过历史重现给出关于这种学说、思想的全景式发展面貌，进而揭示其发展进程中的关键节点、代表人物之间的社会历史关联；而后者则直接对其进行语义界定、基本认知、问题澄清和身份认同，并在此基础上为其谱系范围和代表人物的身份判定提供依据。事实上，这也正是对一种学说、思想进行谱系学考察的核心旨向所在。然而，正如我们在各种谱系描述中看到的那样，对于任何一种学说思想的谱系学考察，却并不要求和拘泥于任何一种固定的方法和模式，因为，除了学说思想自身呈现的多样和复杂性之外，谱系建构者不同的立场态度、运思逻辑、谱系线索，也直接影响和决定着最终的谱系建构，通常呈现为多样化的谱系描述甚至是极富特色的创造性重构。但无论这种多样化的程度如何，都不意味着是一种相对主义，毕竟，任何一种谱系建构和描述，最起码都必须基于这种学说和思想的基本历史事实和核心思想逻辑。最为关键的是，这种谱系描述能够自然呈现其发展历史，统摄其整体发展进程并融贯解释其不同观点、人物和阶段之间的内在逻辑关联。实际上，这也是任何一种谱系建构和描述都应该注意和回答的问题，即：为什么进行、如何建构谱系，以及应该处理哪些关键环节和问题？

1

实用主义作为一种哲学，当然也不例外。实用主义叙事者们对"实用主义"这一标识的谱系描述和形象刻画的努力，几乎从其诞生之日起就不曾有丝毫懈怠，并基于不同的立场和线索选择给出了多样且风格迥异的谱系描述。他们不仅对实用主义的百年历程进行了详尽考察，也在学理逻辑和观点特征意义上为"实用主义"及其问题转换、"古典实用主义"和"新实用主义"等核心概念提供了谱系学的定义和回答。然而，更值得注意的是，与其他学说相比，实用主义的谱系似乎更加复杂和多样化。不仅因为实用主义自身叙事独特的非体系化理论气质，而且因为考察者谱系立场和线索选择的不同，所呈现出的多样化程度都更大更加明显，甚至出现了某种程度的冲突和断裂。而这种近乎"冲突"的理论和叙事进程及其所带来的极富"断裂和分野"感的谱系形象，也直接导致了实用主义叙事者们对其语义界定和谱系描述的莫衷一是。从 1908 年洛夫乔伊（A.O.Lovejoy）"十三种实用主义"[①] 的归纳概括，到当代美国哲学家 N. 雷谢尔（Nicholas Rescher）"对于实用主义而言，有多少人就有多少种解释"[②] 的无奈感叹，这种语义的复杂和面孔的多样便可见一斑。确立"实用主义"这一基础概念语义的"古典实用主义"如此，作为其后续复兴和延续的"新实用主义"更是有过之而无不及。

就古典实用主义而言，尽管基于其整体理论旨趣、基本探究方法的连续性，我们还能在经典作家群体的共识意义上达成"古典实用主义"这一标识的相对统一。但是，在"何谓古典实用主义"以及以此为基础确立的"实用主义"基本语义上却难以达成一致。而且，实用主义经典作家在思想源出上的康德和黑格尔之异、对作为实用主义诞生标识的"实用主义准则"及其方法意义的不同阐述和理解、从语言到经验的核心概念的转换、

---

① A. O. Lovejoy, *the Thirteen Pragmatisms, and Other Essays*, London: Oxford Press, 1963.

② N. Rescher, *Realistic Pragmatism: An Introduction to Pragmatic Philosophy*, Albany: State University of New York Press, 2000, p. 47.

立场上的实在论和唯名论之争、真理等具体观点上的差异，也无时无刻不在提醒和加剧着这种统一的"相对性"。

　　韦斯特（C.West）立于美国理智史与西方哲学传统之间的张力语境，把实用主义描述为作为"美国人对以认识论为中心的哲学的逃避"的结果而形成的"试图在一个特定历史时刻面向自身做出解释的连续的文化评论或系列阐释"，① 普拉特（S. L. Pratt）则基于更多的"哲学"考量，将古典实用主义的核心承诺归结为对美国本土哲学原则的继承："这些承诺是明显早于古典实用主义诞生的独特的美国本土哲学观点的一部分。……标志古典实用主义共同核心的四种承诺就是交互作用、多元论、共同体和生长这些原则。"② 维纳（P. Wiener）、塞耶尔（H. S. Thayer）、罗森塔尔（S. B.Rosenthal）和舒斯特曼（R. Shusterman）等分别围绕其"实质性论题"、实用主义的认识论和方法以及与现象学、分析哲学的关系，对其核心观点和特征进行了归纳概括。维纳认为有五种，即："多元经验主义、对实在和知识的暂时论（temporalist）说明、对实在的语境主义（contextualist）说明、对物理和社会规律的或然论观点和民主世俗的个人主义"③；塞耶尔认为有三种，即："（1）作为哲学和科学中的准则，可以阐明概念的含义；（2）作为一种知识论和实在论，明确指出了一种探究心灵和思想的自然主义道路；（3）作为一种理论观，表明了经验理论是为我们的目的和需求服务并以此作为激发动机和证明方法的"④；舒斯特曼进一步综合为十条原

---

① 　C. West, *The American Evasion of Philosophy: A Genealogy of Pragmatism*, Madison Wisconsin: The University of Wisconsin Press, 1989, p.5.

② 　S. L. Pratt, *Native Pragmatism: Rethinking the Roots of American Philosophy*, Bloomington: Indiana University Press, 2002, p.20.

③ 　P. Wiener, "Pragmatism", in P. Wiener（Dir.）, *Dictionary of the History of Ideas*, New York: Charles Scribner's sons, 1973, p.553.

④ 　H. S. Thayer, *Meaning and Action: A Critical History of Pragmatism*, Indianapolis: Hackett Pub. Co. 1981, p. 431.

3

则：实用主义的变动本性、行动和心灵的目的性、不可还原的自然主义、反笛卡尔主义、共同体、经验主义倾向、心灵产物和概念的前瞻维度、社会改良主义、整体论和多元论；① 而罗森塔尔则基于对古典实用主义与现象学、分析哲学和所谓的"新实用主义"关系的澄清目的，将其核心观点扩充为十二个。② 与前两类不同，关于古典实用主义的第三类定义则更注重从其理论观点的承续和概念线索——诸如符号（语言）、意义、真理、经验、感知与实在等——展开。莫里斯把"古典"进程描述为詹姆斯、杜威和米德对皮尔士划定的一般符号学范围和领域的补充和推进；米萨克（C. Misak）基于"正是关于真理和知识的观点，才与实用主义联系最为紧密，并作为标识把它与其他传统区分开来"③，以真理为线索展开其"古典"谱系；豪斯曼（C. R. Hausman）④ 和朱志方把实用主义指认为一种意义理论，⑤ 斯图尔（J. J. Stuhr）直接将其描述为对"哲学、经验和共同体的重构"，⑥ 而中国学者孙宁则以"感知与实在"为内在线索完成了对古典实用主义的认识论和本体论叙事的考察和阐释。⑦

虽然每一种线索的"特定"选择，都会因为特定的连续性而更易于呈现一个相对统一的"古典"，但"线索"的选择却很难统一。不仅因此出现了各种各样的"古典"叙事版本，而且因为线索的断裂甚至连"古典"

---

① R. Shusterman, "What Pragmatism Means to Me: Ten Principles", *Revue Française d'études américaines*, 2010（124），pp.59-65.

② ［美］桑德拉·罗森塔尔：《从现代背景看美国古典实用主义》，陈维纲译，开明出版社1992年版，第9—24页。

③ C. Misak, *the American Pragmatism*, Oxford: Oxford University Press, 2013, p. x.

④ C. R. Hausman, *Charles S. Peirce's Evolutionary Philosophy*, Cambridge: Cambridge University Press, 1993, p.57.

⑤ 朱志方：《什么是实用主义》，见《意义实在和知识》，中国社会科学出版社2014年版，第75页。

⑥ J. J. Stuhr, *Genealogical Pragmatism: Philosophy, Experience and Community*, Albany: State University of New York Press, 1997, p. ix.

⑦ 孙宁：《古典实用主义的线索与视域》，华东师范大学出版社2023年版，第6页。

的相对统一都难以保证。基于对实用主义方法特质的强调，苏珊·哈克（S. Haack）以"实用主义准则"为线索述说"古典"，但却因为詹姆斯对准则的不同解释及其理论后果的重大差异（实在论和唯名论）而让"古典"出现了裂痕。① 在雷谢尔和莫恩斯（H. O. Mounce）那里，这种断裂感进一步凸显和放大，前者把"古典"传统区分为皮尔士式的"客观或实在论的实用主义"和詹姆斯式的"主观实用主义"，② 而后者则依据"对皮尔士的误解"的判定把古典实用主义区分为两种：皮尔士的实在论版本和詹姆斯、杜威的反实在论版本。③ 与上述单一线索选择不同，陈亚军教授基于分析哲学和现象学两种运思路径的张力，描述了古典实用主义的"语言"和"经验"分野，④ 虽然核心概念的辩证转换在某种程度上弱化了断裂感，但"究竟哪一个版本才是真正的古典实用主义？"这个问题似乎依旧悬而未决。以至于除了这一标签得到公认以外，我们似乎很难从中沉淀出一个融贯的"古典"逻辑进而刻画出一个清晰的"古典实用主义"形象，相反，却因为在同一个标签下"提供的实质性哲学观念以及哲学观裂变出令人炫目的类型"而显得混乱和扰人⑤。而作为实用主义的认知和谱系根基，这种"古典"释义和谱系描述的莫衷一是，也让实用主义作为一种哲学不得不面对更大的困境：一方面，因为可能为各种片面理解、误解甚至有意误读大开可能和方便之门，而导致对其作为一种独特的哲学形式和身份的合法性质疑；另一方面，对其理解和认知统一性的缺失，也必然激发"后古

---

① [美] 苏珊·哈克：《导论：新老实用主义》，陈波译，见《意义、真理与行动：实用主义经典文选》，东方出版社 2007 年版，第 14、19、28 页。

② N. Rescher, *Realistic Pragmatism: An Introduction to Pragmatic Philosophy*, Albany: State University of New York Press, 2000, p. xiii.

③ H. O. Mounce, *The Two Pragmatisms*, London and New York: Routledge, 1997, pp. 2, 29.

④ 陈亚军：《古典实用主义的分野及其当代效应》，《中国社会科学》2014 年第 5 期。

⑤ [美] 苏珊·哈克：《导论：新老实用主义》，陈波译，见《意义、真理与行动：实用主义经典文选》，东方出版社 2007 年版，第 4 页。

典"的多样应用甚至非法拓展，并在谱系学意义上面临种种叙事的"实用主义身份归属和认同困难"①。

古典实用主义如此，新实用主义更是有过之而无不及。关于"新实用主义"的语义界定，因为更加复杂的哲学语境、实用主义方法应用范围的极致拓展以及出场路径及其理论后果的巨大差异而更为复杂多样。以至于我们虽然都在理所当然地使用着"新实用主义"这个概念，但在其内涵统一和谱系认同上却难以达成共识。不仅因为语义界定的模糊不清，而对在讨论和对话中肆无忌惮地偷换概念毫无察觉，而且因为不同的谱系考量和使用，甚至连这个概念本身的表述也没有达成完全一致。譬如，一般意义上使用的"neo-pragmatism"，也在诸如马拉霍夫斯基（A. Malachowski）那里被作为一种思想运动的名称表述为"newpragmatism"②。在这种意义上，称之为"新实用主义"的"语义之谜"似乎也不为过。

第一类"新实用主义"定义，是把实用主义整体历史进程划分为不同发展阶段，并根据对不同发展阶段的性质判定，把新实用主义界定为对古典实用主义衰落后的复兴或发展，因此简称为"复兴论"。根据"复兴"时间和性质的不同判定，这种定义又可分为狭义和广义两种。第一种是较为狭义的。这种定义认为，实用主义的真正复兴始于 20 世纪 70 年代，以罗蒂的《哲学与自然之境》为代表，以其"语言转向"的宣示为标志。正如他在谈论新老实用主义的区别时所言："我们新实用主义者不再像老实用主义者那样，谈论经验、心灵或意识，而是用谈论语言取而代之"，③ 因此，"新实用主义"特指以罗蒂为代表的实用主义思潮，也被称为"语言

---

① 姬志闯：《构造的无羁与归敛——纳尔逊·古德曼哲学研究》，人民出版社 2013 年版，第 239—240 页。

② A. Malachowski, *The New Pragmatism*, Montreal & Kingston·Ithaca: McGill-Queen's University Press, 2010, p.ix.

③ R. Rorty, *Philosophy and Social Hope*, New York: Penguin Putnam Inc., 1999, p.95.

实用主义"。维基百科关于新实用主义词条的解释就是这种定义，因为罗蒂的激进思想与后现代主义的某种相似，有时也被称为"后现代主义的新实用主义"①。毫无疑问，罗蒂是这种新实用主义的奠基者和最大代表，而与其本人思想相近甚至被他判定为同盟者的塞拉斯、古德曼、普特南，以及被他视为"实用主义试图摆脱传统哲学的目前最好的表达"的戴维森和"最后的分析哲学家"的布兰顿，都理所当然被纳入此列。且不说他们是否认同罗蒂的判定并承认"实用主义者"的名号，即使如罗蒂所言，这种定义也会因为对"复兴"时间的判定而狭义地把其他公认的哲学家排除在"新实用主义"之外。与前者的狭义相比，另一种基于"复兴"判定的新实用主义定义，则把古典辉煌的终结定位于杜威 1939 年的退休或者 1952 年的逝世，并因此把"复兴"的始点前推至 20 世纪 50 或者 60 年代而显得更为宽泛和广义。因为这种复兴与分析哲学的结合密不可分，所以夏基松先生直接将"新实用主义"作为比"逻辑实用主义"更为宽泛的概念，直接定义为"逻辑实证主义衰落以后实用主义在新的历史条件下又一次复兴的一种新的分析哲学运动与后分析哲学运动"。② 根据这种定义，且不说刘易斯和莫里斯，至少作为复兴肇始者的蒯因、古德曼和怀特等，均可以被归入新实用主义的谱系范围，而这种定义也因为拥有了更大的谱系范围而获得了更为广泛的认同。虽然有狭义和广义之分，但这种基于"复兴论"的定义，都因为对实用主义发展阶段和"复兴"本身的共识而变得最容易接受。但值得注意的是，也正是因为这一点，这种定义不仅显得模糊不清，甚至还面临被直接否定的危险。因为，不仅关于"复兴"时间的判定会直接影响"新实用主义"的定义和谱系范围，而且，存不存在这样一种"复兴"的判定本身也因为争议而并不牢靠。譬如：伯恩斯坦就认为，

---

① 夏基松：《现代西方哲学》，上海人民出版社 2006 年版，第 179 页。
② 夏基松：《现代西方哲学》，上海人民出版社 2006 年版，第 178 页。

实用主义作为美国的哲学和精神从来就没有衰落过，因此也不存在所谓的"复兴"，而只是在不同时期以不同的方式表现出来而已；而坎贝尔和韦斯特则从另一个角度否定了"复兴"判定，通过对 20 世纪初美国哲学中实在论、唯心论和实用主义的三足鼎立背景的考察和相关论著的统计，坎贝尔得出结论说："在美国学院哲学的发展历程中，实用主义哲学从来就没有占据过统治地位"[1]，甚至"根本就不存在实用主义的'黄金时期'"[2]；而韦斯特也做出了相似的判定，"尽管美国实用主义被广泛地认为是独特的美国哲学，但是，在专业性的哲学学院里，它始终没有占据主流。……在很大的意义上，美国实用主义在学院更高梯队上并没有获得更大发展"[3]，因此也就更谈不上什么"复兴"了。于是，这种基于"复兴"判定的定义，也失去了内涵性质上的一般性支撑，进而成了一种纯粹的发展阶段划分了。

　　第二类"新实用主义"定义可以简称为"结合论"，即：把新实用主义视为实用主义尤其是古典实用主义与其他哲学思潮和理论相结合的产物，正如涂纪亮所言："新实用主义这种思潮的基本特征，是以不同的方式或在不同的程度上把实用主义的某些传统观点与其他哲学流派的某些观点结合到一起。这种结合目前主要采取两种方式：其一是把实用主义的某些观点与分析哲学的某些观点结合到一起，例如，蒯因、塞拉斯、古德曼、戴维森、普特南等人的哲学，在不同程度上都是这种结合的表现。其二是把实用主义的某些观点与欧洲大陆某些哲学流派（主要是后现代主义）的某些观点结合到一起，罗蒂、伯恩斯坦等人的哲学正是这种结合的表

---

[1]　J. Cambell, "One Hundred Years of Pragmatism", *Transactions of the Charles S. Peirce Society*, Vol. 43, No. 1（Winter, 2007），p.3.

[2]　J. Cambell, "One Hundred Years of Pragmatism", *Transactions of the Charles S. Peirce Society*, Vol. 43, No. 1（Winter, 2007），p.10.

[3]　C. West, *The American Evasion of Philosophy: A Genealogy of Pragmatism*, Madison Wisconsin: TheUniversity of Wisconsin Press, 1989, p.182.

现."①虽然这个表述中的结合方式不够详尽，甚至没有考虑到与其他独立思潮的结合，但也充分展现了这种"结合论"定义方式的真谛，并彰显了绝大多数实用主义叙事者对这种定义方式的认同和共识。正如我们看到的那样，这种结合事实上不仅方式复杂多样，而且理论内容和谱系范围也极具差异。与分析哲学的结合导致了"实用主义的分析哲学化"和"分析哲学的实用主义化"，与欧陆哲学的结合以伯恩斯坦和哈贝马斯为代表，而与女性主义、政治哲学、美学和神学等独立思潮的结合则产生了韦斯特的"预言实用主义"、舒斯特曼的"实用主义美学"以及以考夫曼、麦克法格为代表的"实用主义神学"等等。

　　与第一类定义相比，这种定义似乎并没有过多强调"复兴"，也并不以发展阶段为中心，但仍然以"发展"为基调，因为作为结合的其中一个主体必须首先承诺"实用主义"或者更准确地说是"古典实用主义"的形成，而与其他思潮的结合本身也理所当然是一种发展。但是，由于强调结合，且结合对象更加多样，或者说并不仅仅限于与分析哲学的结合，所以，这种新实用主义定义的内容也会更加丰富甚至相互冲突。因为不仅在第一类定义中未被包含在"复兴"范畴之内的刘易斯、莫里斯也会作为与实证主义的结合后果而被纳入进来，而且与其他思潮的结合也会产生远远超越第一类定义的其他内容，进而在"整体性融贯"和"统一性认同"上面临更大的困难。然而，值得注意的是，恰恰是这种结合的多样性凸显了实用主义的"方法论"内涵：不仅以"方法论"内涵的"古典形成"和在结合意义上作为"具体方法"的"新"应用为界标，区分并描述了实用主义的"新—老"之分，而且也彰显了实用主义的"调和"气质和"桥梁"作用，并以"融流"为特征为自己以及整个哲学的未来发展指明了方向和模式。就新实用

---

① 涂纪亮：《从古典实用主义到新实用主义——实用主义基本观念的演变》，人民出版社2006年版，第22页。

主义的谱系重构目标而言，这一点恰恰是本研究关注的重点和谱系线索选择的切入点，并因此构成了本书研究的核心运思线索。

然而，结合或者"应用"范围的极致拓展，不仅会带来内容的极大丰富，也必然带来被结合的思潮和问题对实用主义已有主题甚至本真精神的反向改造，甚至会出现作为理论后果的"新实用主义"与"古典实用主义"的差异和背离，进而导致对新实用主义的"实用主义身份"的质疑。在谱系学意义上则表现为：新实用主义还是不是一种"实用主义"？而那些根据这种定义被认定为新实用主义者的哲学家还能不能被理所当然地被指认为"实用主义者"？事实上，这也正是第三类"新实用主义"定义的出发点和考量的关键所在。基于对当代"新实用主义"的多样化及其与古典实用主义的背离的担忧，以古典实用主义经典作家的经典论述和原初的"方法论"内涵为依据，更多地强调新实用主义应是对"古典实用主义"的当代阐释而不是背离，并因为明显的"回归古典"倾向而被称为"新古典实用主义"，也因此被简称为"复归论"。苏珊·哈克、雷谢尔基于对以罗蒂为代表的新实用主义的不满（前者称之为"庸俗的实用主义"[1]、后者则称之为主观的—反实在论的实用主义 [2]），在浓厚的"皮尔士情结"中倡导"方法论"和"实在论"回归；坎贝尔和科普曼则出于对新实用主义的过度"语言"依赖的不满，强调向古典实用主义的"经验"概念的"调和"式回归。[3]然而，这种定义方式虽然在很大程度上避免了"新实用主义"的"身份归属"困境，但也因为过于极端的方式而把被公认为新实用主义的某些理论和哲学家排除在了应然范围之外，不仅面临着过于"狭隘"之嫌，而且也

---

① ［英］苏珊·哈克：《证据与探究——走向认识论的重构》，陈波、张力锋、刘叶涛译，中国人民大学出版社 2004 年版，第 232 页。

② N. Rescher, *Realistic Pragmatism:An Introduction to Pragmatic Philosophy*, Albany: State University of New York Press, 2000, p. 64.

③ C. Koopman, "Language Is a Form of Experience: Reconciling Pragmatism and Neopragmatism", *Transactions of the Charles S. Peirce Society* 43, pp.694-727.

在某种程度上人为地挤压了实用主义未来发展的可能空间。

从上述分析不难看出，关于"新实用主义"这个概念，我们似乎只能用"模糊"来形容，因为，叙事的复杂多样甚至相互冲突不仅直接导致了统一性定义和内涵的不可能，而且，不同考量标准下给出的诸多定义也很难获得统一性认同，以至于就像雷谢尔总结的那样，新实用主义似乎"并不祈求达到稳定统一，而更趋向于被不同哲学家给出完全不同的解释"①。而这种语义的模糊和不确定，在谱系学上则会进一步放大，最直接的表现就是谱系范围的不确定及其身份认定的困难。既可能因为语义的狭隘而带来谱系范围的极小化，也可能因为语义的宽泛而导致谱系范围的极大化。譬如，在罗蒂的"语言实用主义"意义上，除了其本人指认的那些哲学家之外，诸如蒯因以及第三种定义中的很多哲学家都不可能得到归认，况且有些人也根本不屑于被归认；而根据第三种定义，上述狭隘性则会发生反转，进而完全被排除出新实用主义的阵营；而在第二种语义下，这种谱系范围又会被无限放大，以至于"不仅包括那些自称为实用主义者的哲学家如罗蒂、普特南、韦斯特、布兰顿等，也包括那些没有承认自己的实用主义身份但被公认为属于新实用主义阵营的哲学家如刘易斯、塞拉斯、奎因、戴维森、古德曼、伯恩斯坦等，同时甚至还涵盖了……以这种那种方式与实用主义发生关联，并具有某些实用主义'家庭相似性'的美国当代哲学家如卡维尔、麦克道尔、内格尔、塞尔等"②，不仅如此，还会包括考夫曼、麦克法格等所有具有实用主义气质的思想家。更为严重的是，语义模糊和谱系范围的莫衷一是，会进一步导致对这个概念及其谱系的不信任，进而绕开并放弃对新实用主义的谱系归认和讨论。譬如，孙宁博士在

---

① N. Rescher, *Realistic Pragmatism:An Introduction to Pragmatic Philosophy*, Albany: State University of New York Press, 2000, p. 47.

② ［美］纳尔逊·古德曼：《构造世界的多种方式》，姬志闯译，上海译文出版社 2008 年版，"总序"。

谈及匹兹堡学派的谱系归属时，就因为新实用主义概念的模糊，而放弃了对其的谱系学归属和谈论，如其所述："在较为宽泛的意义上，匹兹堡学派是可以划入新实用主义阵营的，……新实用主义是一个非常模糊的概念，而在何种程度上将某个带有实用主义要素的思想家称为新实用主义者亦缺少恒定的标准。另外，新实用主义中的'新'又蕴含了太多不同方向和不同层面的意义，……因此，尽管古典实用主义和匹兹堡学派在事实上和逻辑上都存在紧密的关联，我们在理论的叙事中尽量避免了'新实用主义'这样的界定"。①

从上述分析中不难看出，尽管实用主义叙事者们基于谱系描述为实用主义、古典实用主义、新实用主义给出了诸多语义界定，但却很难达成统一，甚至出现了明显的断裂和冲突。因为语义的界定取决于谱系描述，所以，所有这些语义模糊和不确定及其导致的谱系学困难，根源也一定出在实用主义的谱系建构上。换句话说，关于实用主义，我们迄今为止并没有建构出一个统一融贯并得到普遍认同的谱系，也没有刻画出一个统一的"实用主义"谱系形象作为其语义界定的最终标准。更为严重的是，如果这种语义的模糊会直接带来身份认同的不确定，也就是说我们根本没有办法确认一种观点或者一个哲学家是否属于实用主义或者是否是一个实用主义者，那么，也必然导致实用主义谱系范围的模糊。譬如，古典实用主义的范围截止到何处，刘易斯是否可以被归为古典实用主义？相比古典实用主义，新实用主义的身份认同和谱系范围则更为麻烦，除了一些亲承身份的实用主义者之外，包括蒯因在内的另一些自我否认实用主义身份的哲学家是否可以纳入新实用主义的范围都无法确定，更有甚者，一些所谓的新实用主义者能否被认同为实用主义都是个问题。因此，通过对实用主义的

---

① 孙宁：《匹兹堡学派研究：塞拉斯、麦克道威尔、布兰顿》，复旦大学出版社 2018 年版，第 219—220 页。

各种谱系及其困境原因的考察和分析，找到一条合适的谱系线索，在既能确切定义实用主义进而澄清误解并统摄其叙事进程，又能合理区分"新—老实用主义"进而避免断裂和融贯解释的双重意义上，实现对其谱系的重新考察和重构，就成了厘清其语义的必需。事实上，这也正是我们试图重构实用主义的谱系的原因和意义所在。

那么，对于自身复杂多元且带有浓厚非体系化倾向的实用主义来说，又如何实现谱系重构呢？或者说，重构一个能够规避原有谱系困境的实用主义谱系必须解决哪些问题呢？正如下文即将论述的那样，首先，就是要确立一种自然主义的谱系立场，立足思想的自身所是及其自然的发生和展开进程建构谱系，以规避因为谱系立场和线索选择的主观随意而导致的对叙事的"非自然呈现"；其次，就是确立一条既能呈现实用主义的自然发生进程，又能融贯统摄其不同阶段和观点的谱系线索，即：作为实用主义诞生标识和"历史和逻辑融聚点"的"实用主义准则"，并将实用主义整个历史进程和不同观点纳入其方法—方法论意蕴的辩证过程；再次，就是在此基础上，确认实用主义的方法论内涵，或者"方法论的实用主义"，并以方法论意蕴的充实和确立以及作为具体方法的展开为依据对实用主义的"新—老"之分给出确切判定；最后，以"实用主义准则"的方法—方法论之间的辩证为线索，以古典实用主义、古典之后的新端倪以及新实用主义为三个关键环节阶段，完成对实用主义百年谱系的重构。事实上，这不仅构成了本书的基本问题与核心任务，也作为运思线索构设了本研究的方法支撑和内容架构。

基于前述构想，本书的主要内容包括四个部分，由一个导论和六章内容构成。

第一部分是导论，集中于对本书问题缘起和内容结构的简要说明，包括两部分：首先围绕"为何进行实用主义的谱系重构？"这一初始问题的提出和回答，对实用主义、古典实用主义、新实用主义的各种概念定义进行了考察，并将其"语义之谜"的解决最终归于实用主义的"谱系重构"，引出了本书的核心任务；其次，以谱系建构为运思线索，介绍了本书的研究架构和内容设置。

第二部分由第一章构成，集中于对实用主义谱系困境的分析及其重构的探究，是对本书问题发现、研究思路和谱系建构的总体概括和介绍，也是对此后两部分章节设置和内容展开的总体统摄。本部分共分为四个小节，分别对实用主义的各种谱系及其困境的原因进行了梳理分析，并以此为据在既能承诺其自然生成又能统摄其整体叙事进程的双重意义上确定了谱系线索的选择，即：作为方法论的"实用主义准则"，进而提出了关于实用主义谱系的一个自然主义构想；第三小节则以此为线索对实用主义的"新—老"之辩进行了阐释说明，并在回答何为古典、何为新实用主义基础上，以其源生路径为线索阐明了新实用主义之新在何处，揭示了新实用主义的叙事线索及其作为理论后果呈现出来的样态。

第三部分是本书的主体部分，由第二、三、四、五、六共五章内容构成。第二章，主要围绕古典实用主义的"古典"逻辑展开，以"实用主义准则"从方法到方法论意蕴的逐步充实和最终确立为线索，分别对皮尔士、詹姆斯和杜威的主要思想及其方法论意蕴进行了阐明，在揭示实用主义的"古典"逻辑基础上，回答了何谓古典的问题；第三章，围绕古典实用主义的"后古典"叙事展开，分别以刘易斯的"概念的实用主义"和莫里斯的"符号学实用主义"为核心，讨论了"实用主义的分析哲学化"或者与实证主义的结合阶段的叙事进程和理论呈现；第四章主要以"语言"为线索、围绕实用主义的"语言转向"和复兴展开，首先通过挖掘"语言转向"与古典实用主义的诞生之间的关系，揭示了实用主义整体进程中的"语言转向"的逻辑可能，不仅集中阐述了作为"分析哲学实用主义化"肇始者的蒯因、古德曼代表的"逻辑实用主义"和戴维森的新实用主义思想，也揭示了这一阶段在新实用主义谱系中的重要地位；最后，把罗蒂作为新实用主义的"语言"线索的极致推进和"语言实用主义"的代表进行了集中阐述，并从比较视角出发给出了批评性评论。

第五章与第四章相辅相成，主要围绕新实用主义叙事逻辑中的另外一条主要线索"经验"概念展开。在首先阐明古典实用主义的"经验"言说基础上，揭示了新实用主义的"经验"追问及其叙事发生的依据；并以塞拉斯、麦克道威尔和普特南为关键节点讨论了新实用主义叙事展开的"经验"路径和演进逻辑，进而对其新实用主义思想进行了探究和评论。第六章的主题集中于新实用主义的最新发展和其他叙事的探究，不仅以经验、语言与身体为线索阐明了舒斯特曼实用主义美学的思想逻辑及其在实用主义谱系中的地位，也把韦斯特作为"思想史传统"的代表，集中评论了其"预言实用主义"；与此同时，以哈克、雷谢尔为代表，探讨了作为新实用主义的重要源生路径——对古典实用主义的当代阐释——之理论后果和主要样态的"新古典实用主义"，既在"分野"意义上阐明了其新实用主义思想的主要依据和未来趋向，也基于"古典回归"讨论了与其他新实用主义样态的区别和关联；最后，从匹兹堡学派、语言和经验、分析哲学与实用主义等多种线索的交合意义上，讨论了布兰顿的"分析的实用主义"，不仅分析阐述了布兰顿"新实用主义"策略对理论前辈的超越及其对新实用主义未来发展的前瞻性构设，也在其理论困境的分析评论基础上，揭示了其在理论自身和未来价值上的双重限度。

第四部分由结语构成，主要集中于对实用主义谱系的概括评述、线索分析、叙事总结及其未来面向的展望和预测。在以作为方法论的"实用主义准则"为线索总结分析实用主义尤其是新实用主义的主要发展路径及其优缺点基础上，根据当代新实用主义叙事的最新呈现，对新实用主义的当代面向和未来路径的可能性，做出了尝试性的预测和展望。总而言之，无论新实用主义的路径和叙事如何复杂多样，但其整体体现出来的"融流"取向不仅符合实用主义的"方法论"气质，也作为当代哲学发展的大势所趋，为实用主义的未来叙事提供了话语空间和可能路径。事实上，这不仅正是本书以作为"方法论"的"实用主义准则"为线索对实用主义的谱系进行自然主义重构所要揭示的最终指向所在，也作为目标旨趣构成了对本书研究任务完成的最后承诺。

第 一 章

实用主义的谱系困境与重构

如前所述，任何一种定义背后都以一种谱系描述作为支撑，换句话说，每一种语义解释都建基于不同的运思线索，并在其谱系描述中呈现为独特的谱系逻辑。因此，就"实用主义"这个概念而言，定义的模糊和不确定也都预示着其赖以为基的谱系描述的复杂和不统一。事实上，实用主义这个概念迄今为止并没有在内涵上获得统一性的确认，根源就在于或者本身就意味着存在着各种各样的谱系描述，它们不仅没有在自身融贯的意义上承诺对实用主义诸叙事的合理统摄，甚至还因为叙事的冲突导致了不同程度的谱系断裂或分野，而且，也没能在统一的意义上获得普遍性认同，并最终在谱系描述的莫衷一是中陷入了"实用主义自身身份的确认"及其"实用主义身份的确认"的双重困境，以至于，我们不仅无法确认"什么是实用主义？"也无法回答"什么是古典实用主义？"和"什么是新实用主义？"甚至无法回答"新实用主义还是不是实用主义？"等问题。因此，对已有的"实用主义"叙事谱系进行分类考察和批判审视，澄清其谱系线索和建构路径，进而在困境原因分析基础上给出新的谱系原则、线索选择和路径论证，并最终在这些"巨人的肩膀"上实现对其谱系的融贯统一意义上的重构，不仅是厘清和确认其语义的关键之匙，也是勾勒和重塑"实用主义"清晰谱系形象并最终逃离其谱系困境的当务之急。

第一节　实用主义的谱系困境及其根源

一、实用主义的谱系种种

尽管从诞生之日起，实用主义便因为经典作家们在思想渊源、关注主题、核心概念和理论观点上的差异甚至冲突而难以达成语义统一和普遍认同，但带着对实用主义作为一种哲学尤其是作为美国对世界哲学的独特贡献的默会和期许，实用主义叙事者们对实用主义进行谱系建构的努力从来就没有丝毫懈怠。从立于自然生成线索、追求思想承续和整体融贯的历史呈现，到基于内在逻辑关联、旨在合法性源返和寻根式归属的逻辑重构，实用主义叙事者们基于不同的谱系建构目的和线索选择，通过极具个人色彩的建构路径给出了复杂多样且又各具特色的谱系描述，并最终绘就了一幅以维纳、塞耶尔、韦斯特、罗森塔尔、雷谢尔、哈克、斯图尔、舒斯特曼、普拉特、莫恩斯、米萨克、布鲁克和基穆拉（G.W.Kimura）等为代表的、蔚为壮观的实用主义谱系图景。而这些谱系话语本身，同时也作为重要组成部分汇入和成就了实用主义的整体叙事。然而，纵观这些谱系描述，却因为发生进程中线索的多重交叉、建构者极具个人色彩的谱系立场和目的以及谱系线索选择和具体路径实施的复杂多样，而让"实用主义"这一标签在谱系描述及其谱系范围的多样善变中显得模糊和随意。尽管复杂如此，却仍然可以根据其运思逻辑、建构路径和聚焦阶段，大致归并为以下三类。

关于实用主义的第一种谱系描述和建构，主要是立足于其自然发生进程，以"历史"尤其是作为其独特生成语境的"美国历史"为线索展开，以韦斯特和普拉特为代表。韦斯特把古典实用主义置入美国社会理智史进程，在"对笛卡尔以来的认识论为中心的哲学逃避"语境中将其归源于爱默生，并以对力量、刺激、人格的探究为主题线索，勾画了一个作为"美国试图在一个特定历史时刻面向自身做出解释的连续的文化批评"①的"预言实用主义"谱系。至此，作为"一种毫不隐讳的政治性阐释"的实用主义谱系形象已清晰可见，并最终归约为一种"文化批评"。而且，这种政治性阐释，也使得韦斯特把马克思作为除爱默生之外的另一个"左派浪漫主义"的伟大先知而纳入到了整个谱系建构进程，进而在"杰佛逊—爱默生—杜威"和"卢梭—马克思—葛兰西"两大浪漫主义传统中构设了其实用主义谱系话语，不仅贯穿了对胡克、米尔斯、杜波伊斯、尼布尔、特里林的讨论，也把那些在美国理智史上没有自然归属的边缘以及被边缘化的思想家们包括了进来，"女权主义者、奇卡诺人、黑人、社会主义者、自由左派的人"②都被纳入了实用主义谱系。于是，就谱系范围而言，韦斯特给出的这个实用主义谱系，尤其是在后哲学的"文化批评"意义上，甚至可以把整个美国理智史上的所有思想家都包括进来。然而，这种极度的宽泛，也在另一种反向意义上模糊了"实用主义"自身的"独特性"和思想标识，以至于这种谱系描述似乎更应该冠以"美国思想"之名，而与"实用主义"的关联却变得松散而且疏远了。与韦斯特相比，普拉特则增加了更多的"哲学"考量，将古典实用主义的核心承诺归结为对美国本土哲学原则的继承："这些承诺是明显早于古典实用主义诞生的独特的美国本土哲学观点的一部分。……标志古典实用主义共同核心的四种承诺就是交互作用、多元论、共同体和生长这些原则。"③

　　第二类实用主义的谱系建构聚焦于对实用主义的观点、立场的共性抽

---

① C. West, *The American Evasion of Philosophy: A Genealogy of Pragmatism*, Madison Wisconsin: The University of Wisconsin Press, 1989, p.5.

② C. West, *The American Evasion of Philosophy: A Genealogy of Pragmatism*, Madison Wisconsin: The University of Wisconsin Press, 1989, p.232.

③ S. L. Pratt, *Native Pragmatism: Rethinking the Roots of American Philosophy*, Bloomington: Indiana University Press, 2002, p.20.

象，通过归纳概括实用主义的核心观点和主要特征展开谱系描述，主要以维纳、塞耶尔、罗森塔尔和舒斯特曼等为代表。维纳围绕实用主义的"实质性论题"概括了五个特征："多元经验主义、对实在和知识的暂时论（temporalist）说明、对实在的语境主义（contextualist）说明、对物理和社会规律的或然论观点和民主世俗的个人主义"。① 塞耶尔基于对实用主义的认识论和方法层面的更多考虑，将其特征描述为"（1）作为哲学和科学中的准则，可以阐明概念的含义；（2）作为一种知识论和实在论，明确指出了一种探究心灵和思想的自然主义道路；（3）作为一种理论观，表明了经验理论是为我们的目的和需求服务并以此作为激发动机和证明方法的"。② 舒斯特曼则进一步综合了两者，将其归纳为十条原则：实用主义的变动本性、行动和心灵的目的性、不可还原的自然主义、反笛卡尔主义、共同体、经验主义倾向、心灵产物和概念的前瞻维度、社会改良主义、整体论和多元论。③ 而罗森塔尔则基于对古典实用主义与现象学、分析哲学和所谓的"新实用主义"关系的澄清目的，将其核心观点扩充为十二个。④

与前两类不同，第三类实用主义的谱系描述则更关注实用主义的整体叙事进程及其内在思想逻辑，以实用主义思想进程中的核心概念和关键论断——譬如符号、意义、真理、经验以及"实用主义准则"等——为线索展开。主要以莫里斯、豪斯曼、斯图尔、苏珊·哈克、雷谢尔、莫恩斯、

---

① P. Wiener, "Pragmatism", in P. Wiener（Dir.）, *Dictionary of the History of Ideas*, New York: Charles Scribner's sons, 1973, p.553.

② H. S. Thayer, *Meaning and Action: A Critical History of Pragmatism*, Indianapolis: Hackett Pub. Co. 1981, p. 431.

③ R. Shusterman, "What Pragmatism Means to Me: Ten Principles", *Revue Française d'études américaines*, 2010（124）, pp.59-65.

④ ［美］桑德拉·罗森塔尔：《从现代背景看美国古典实用主义》，陈维纲译，开明出版社1992年版，第9—24页。

布鲁克、基穆拉、米萨克为代表。因为"这场运动中的一切问题几乎都直接或间接地与符号学相关，……实用主义比任何其他哲学都更深地将符号学嵌于行动和行为理论中"，[①] 莫里斯把"古典"进程描述为詹姆斯、杜威和米德对皮尔士划定的一般符号学范围和领域的补充和推进；米萨克基于"正是关于真理和知识的观点，才与实用主义联系最为紧密，并作为标识把它与其他传统区分开来"[②]，以真理为线索展开其"古典"谱系；豪斯曼 [③] 和朱志方把实用主义指认为一种意义理论，[④] 斯图尔则直接将其描述为对"哲学、经验和共同体的重构"。[⑤] 而基穆拉在分别考察了雷谢尔、韦斯特和罗蒂的谱系之后，得出结论说："雷谢尔的新康德主义重点是试图为了把最貌似合理的形而上学实在论包括进来而扩展这个传统。韦斯特的谱系学则试图把分歧最大的那些指向反实在论的边缘化批评也包括进来。罗蒂试图限制这个传统以把反形而上学实在论甚至也排除出去，以至于它把新实用主义对文化—文学相对主义的诉求最大化了。"[⑥] 于是，基于克服上述谱系困境和让"新实用主义"成为"实用主义"的目的，他建议在延续古典实用主义"认识论共性"前提下以"神学理性"为线索进行"新实用主义"的谱系重构，并最终给出了一种"科学—浪漫主义的实在论版本的新实用主义"，即：作为神学理性的新实用主义，正如他在总结其著作《新实用主义与神学理性》的目标中表述的那样："古典实用主义的这

---

① ［美］C. 莫里斯：《美国哲学中的实用主义运动》，孙思译，《世界哲学》2003 年第 5 期。

② C. Misak, *the American Pragmatism*, Oxford: Oxford University Press, 2013, p. x.

③ C. R. Hausman, *Charles S. Peirce's Evolutionary Philosophy*, Cambridge: Cambridge University Press, 1993, p.57.

④ 朱志方：《什么是实用主义》，见《意义实在和知识》，中国社会科学出版社 2014 年版，第 75 页。

⑤ J. J. Stuhr, *Genealogical Pragmatism: Philosophy, Experience and Community*, Albany: State University of New York Press, 1997, p. ix.

⑥ G. W.Kimura, *Neopragmatism and Theological Reason*, Burlington, VT: Ashgate Publishing Company, 2007, p.8.

些认识论特性以及它们在其中被表达出来的语言都源出于古典实用主义对心灵和世界的神学理解。这一点是始终如一被坚持的：这些相同的认识论主题的复兴会承诺一种神学理性的回返。因此，这本书不仅仅是为新实用主义与神学理性之间的关系提供辩护。若正确理解的话，它论证的是：新实用主义就是神学理性。"[①] 在这种意义上，不仅罗蒂、普特南、卡维尔、费什、韦斯特等都被解读为"古典神学理性"的承继者和新实用主义"神学转向"的践行者，而且，麦克法格和考夫曼等神学家也被纳入了"实用主义"的谱系范围。且不说，"神学理性"是否能够作为主题和线索统摄"实用主义"并承诺"新实用主义"的谱系建构，即使能，基穆拉"作为神学理性的实用主义"谱系，也必定会导致谱系范围的不合理甚至主观的宽泛或者缩小。因为，不仅更多的实用主义者会因为"神学理性"的缺乏而被排除，譬如分析哲学背景的戴维森、布兰顿等，而且被纳入谱系的那些"神学思想家"与"实用主义"的关联似乎也并不明显，并因此无法获得普遍的身份认同。值得注意的是，作为新生代实用主义研究的中国学者，孙宁在其《古典实用主义的线索与视野》中同样延续了上述谱系建构路线，并以"经验"改造语境中的"感知与实在"为内在线索完成了对古典实用主义的认识论和本体论叙事的考察和阐释。[②]

与把核心概念作为谱系线索不同，苏珊·哈克、雷谢尔却选择以"实用主义准则"为线索展开，并给出了一种极具断裂感的"分野式"谱系描述。他们认为，"实用主义应当是一种思考方法，而非一种学说体系，而作为方法，它体现在寻求意义的实际效果的准则中"[③]，而这个准则就是著

---

① G. W. Kimura, *Neopragmatism and Theological Reason*, Burlington, VT: Ashgate Publishing Company, 2007, p.11.

② 孙宁：《古典实用主义的线索与视域》，华东师范大学出版社 2023 年版，第 6 页。

③ 孙咏：《美国实用主义：演变及其当代走向——苏珊·哈克教授访谈录》，《广东社会科学》2014 年第 2 期。

名的"实用主义准则"。然而，尽管实用主义的经典作家们都把它视为实用主义的核心，但对之的解释及其后果却差异巨大，并形成了不同的实用主义风格。在苏珊·哈克看来，成熟的皮尔士坚持一种"经院实在论"，然而，"如果说皮尔士哲学在逻辑和实在论的风格中趋向成熟，那么，詹姆斯哲学则在更为心理学和唯名论的格调中发展演变"①，而杜威尽管"把皮尔士的真理定义'注定要被所有参与探究的人一致同意的意见'描述为'最佳定义'，但却像詹姆斯一样，倾向于强调特殊真理胜过强调真理本身，强调实际证实过程胜过强调潜在的可证实性"②。因此，苏珊·哈克认为，正是因为詹姆斯、杜威对皮尔士实在论的背离，才形成了"实在论和唯名论"两种风格截然不同的实用主义，不仅导致了实用主义的"古典"分野，也为"新实用主义"尤其是以罗蒂为代表的"新实用主义"对实用主义的过度诠释和背离大开了方便之门。于是在她的"古典方法继承"的谱系中，胡克被视为"更为彻底的实用主义思想家"，而被公认为"新实用主义者"的蒯因被视为"实用主义"却"有点夸大其词"③，罗蒂则直接被作为"庸俗实用主义者"排除出了"实用主义"。与苏珊·哈克一样，雷谢尔秉持了对实用主义的方法认同，但却把实用主义的不同版本区分为"客观的和主观的"。在他看来，实用主义的奠基人皮尔士所构想的实用主义，更关注一般的方法和标准，更关注客观性的"成功"，而詹姆斯则"把主观的满意而不是决定性的客观功能效果视为实用主义的目标"，这不仅是对"把作为理性能力特征的有目的的充分性作为关注重点的皮尔士传统

---

① ［美］苏珊·哈克：《导论：新老实用主义》，陈波译，见《意义、真理与行动：实用主义经典文选》，东方出版社 2007 年版，第 14 页。

② 孙咏：《美国实用主义：演变及其当代走向——苏珊·哈克教授访谈录》，《广东社会科学》2014 年第 2 期。

③ ［美］苏珊·哈克：《导论：新老实用主义》，陈波译，见《意义、真理与行动：实用主义经典文选》，东方出版社 2007 年版，第 35 页。

的无脑背离"①，进而把皮尔士"客观的—实在论的实用主义"演变成了一种"主观的—反实在论"版本，而且也一步步在对客观性的限制中导向了后现代的"怎样都行"，甚至彻底毁灭和解构了皮尔士的方法。② 因此，在呼吁"客观回归"和"方法论转向"的基调中，雷谢尔不仅把被公认的戴维森、普特南、蒯因、古德曼、哈克等作为"新实用主义者"纳入了实用主义谱系，而且也将"客观"感十足的 C.I. 刘易斯、卡尔纳普纳入了进来，以至于"为了回溯式地发现一种适合于其不规则的新实用主义版本的谱系学空间而扩展了这种谱系"③；而另一方面，罗蒂虽然也被纳入了"新实用主义"谱系，但却作为实用主义的"反面教材"被贴上了"危机"警示牌。与此相似，莫恩斯和布鲁克也区分了"实在论的与反实在论的"④"操作主义与推理主义的"⑤实用主义对立版本，尽管标准和依据不同，也同样做出了极具断裂感的分野式谱系描述。不仅在实用主义谱系范围上出现了与前者相似的"主观"扩展或者缩小，而且也对作为某些公认的"新实用主义者"的"实用主义"身份做出了"不屑"甚至"否定性"的判决。

二、困境及其根源分析

纵观上述谱系建构，无论是基于自然发生线索的历史描述还是以观点特征和概念、论断为线索的逻辑重构，在谱系效果上似乎都很难尽如人

---

① N. Rescher, *Realistic Pragmatism:An Introduction to Pragmatic Philosophy*, Albany: State University of New York Press, 2000, p.78.

② N. Rescher, *Realistic Pragmatism:An Introduction to Pragmatic Philosophy*, Albany: State University of New York Press, 2000, p.64.

③ G. W. Kimura, *Neopragmatism and Theological Reason*, Burlington, VT: Ashgate Publishing Company, 2007,p.7.

④ H. O. Mounce, *The Two Pragmatism*, London and New York: Routledge, pp. 2, 29.

⑤ F. T. Burke, *What Pragmatism Was*, Bloomington and Indianapolis: Indiana University Press, 2013, p.3.

意。如前所述，韦斯特立于美国理智史语境的"预言实用主义"，就在谱系范围上陷入了宽泛和狭隘之间的两极悖论：既因为"泛哲学"的文化而极大宽泛，以至于可以容纳美国理智史上包括爱默生在内的所有思想家；也因为"政治性阐释"目的下的刻意挑选而过于狭隘，且不说新实用主义，即使是古典实用主义，也只是"集中关注杜威而有些忽略了皮尔士和詹姆斯"，而对米德则干脆不提。① 更为重要的是，这种基于美国理智史的谱系，也因为对"文化批评形式"的刻意专注，不仅相对忽略了对美国清教传统的考察，而且也放逐了实用主义的"哲学"性，以至于他的"实用主义"不仅"逃避了认识论"，也"逃避和解构"了整个哲学。而普拉特虽然部分规避了韦斯特的"哲学"缺失，但其谱系范围却仍然难逃狭隘："因为……其著作的综合性足以为我所提议的对实用主义历史的重构提供一个框架结构，而聚焦于皮尔士、詹姆斯和杜威"②，从而把米德排除在了"古典"描述之外。

第二类谱系描述对实用主义观点及其特征的归纳概括，虽然因为不断的综合以及从"古典实用主义"到"新实用主义"的扩展而逐渐趋于全面，但却并不必然承诺一个统一的"实用主义"界定。因为，面对复杂多样甚至相互冲突的观点和立场，若归纳不全面，虽易于"统一"，却不足以呈现其全部特征；若概括越全面，虽有助于观其全貌却会离"统一性"越远，更不用说再附加特殊的目的了。譬如，罗森塔尔就把 C.I. 刘易斯作为最后一位古典实用主义者纳入了"古典"实用主义谱系，这显然很难得到一致认同。③

---

① C. West, *The American Evasion of Philosophy: A Genealogy of Pragmatism*, Madison Wisconsin: The University of Wisconsin Press, 1989, p.6.

② S. L. Pratt, *Native Pragmatism: Rethinking the Roots of American Philosophy*, Bloomington: Indiana University Press, 2002, p.20. (annotation 2)

③ 姬志闯：《分析哲学中的实用主义冲动及其谱系学后果——C. I. 刘易斯的实用主义谱系重置及其效应》，《河南大学学报》（哲学社会科学版）2016 年第 6 期。

虽然第三类谱系建构，从对历史语境和观点特征的关注转向了贯穿实用主义历史进程的、"认识论共性""实用主义准则"和"神学理性"等主题或论断，并以此为线索重构了"实用主义"谱系，但却因为对"古典"的分野判定和承继而陷入了断裂和不融贯，并因为对某种"实用主义版本"的主观认同而使得其谱系范围设定也显得主观多变，进而无法获得统一性认同。如前所述，哈克、雷谢尔、莫恩斯和布鲁克都在对古典实用主义的"分野"判定基础上区分了不同的"实用主义版本"，不仅以此为线索完成了实用主义的谱系描述，也以对"皮尔士版本"的最终认同为标准设定了"新实用主义"的谱系范围。然而，无论是对皮尔士的最终实用主义版本的确定，还是作为区分版本基础的古典"分野"判定，似乎都并非理所当然。因为，就皮尔士对"实用主义准则"的阐述及其所透漏出的"实在论"立场而言，无论是"成熟性"还是"独立性"都难以承诺这个"最终版本"的认定，毕竟在皮尔士对实用主义准则的阐述中，实在论立场既不是"原初的"也不是"唯一的"，相反，是一直相互在场，只是基于不同的问题和旨趣，在"实用主义准则"的运用和解释中呈现出了强弱的风格区别而已。而就"分野"判定而言，则因为其标准专注于对"实用主义准则"作为具体方法及其理论后果"差异"的强调而忽略了其在"方法论"意义上的融贯统一，并最终在对"实用主义准则"和詹姆斯、杜威等经典作家的双重误解中流于无效。[1]

从以上分析中不难看出，前述实用主义的各种谱系描述，要么因为在宽泛和狭隘的极端之间游移不定，从而复杂多变难以统一，要么则因为线索无法完整地统摄其整体叙事进程而导致谱系的"分野"和断裂，进而无法在自身融贯统一的意义上获得普遍认同，以至于我们根本没有办法在

---

[1] 姬志闯：《实用主义的"古典"分野：在何种意义上？》，《山东师范大学学报》（人文社会科学版）2019年第4期。

谱系学意义上找到一种家族相似，从而呈现出一个完整、融贯的"实用主义"。更为严重的是，除了谱系自身的不融贯之外，各种极具特色和个性的谱系立场和目标，以及在此基础上进行的谱系线索选择，也必然带来谱系描述的复杂多样和各执一词。而谱系自身又无法在统摄整体叙事和融贯统一的意义上脱颖而出并获得普遍认同，所以，我们也就不可能从中确认出一个"实用主义"谱系，而只能在莫衷一是中面对复杂多样甚至相互冲突的叙事，也正是因为此，伯恩斯坦才不得不将其谱系直接归认为"诸叙事的冲突"。事实上，无论是从自身的融贯还是从普遍的认同上，上述谱系建构似乎都无法承诺一个统一的"实用主义"形象，不仅无法实现"实用主义"自身统一性或者身份的确立，更无法以此为基判定哪些哲学家是、哪些哲学家不是"实用主义者"，进而完成相对稳定的谱系归属。而这也正是当前的谱系建构所面临的主要困境之一，我们称之为："实用主义自身身份的认同"困难。

然而，困难并未到此为止。不仅"实用主义"无法获得普遍的身份认同，更没有办法以此为基有效界定实用主义的"新—老"之分，进而获得"古典实用主义"和"新实用主义"的身份认同，甚至连"新实用主义"还是不是"实用主义"都无法进行统一有效的判定。众所周知，无论是复兴过程中对古典实用主义的不同阐释和聚焦、问题域的扩展和应用方式的变化，还是与其他思想流派间的交叉融合及其所处地位的差异，都让新实用主义的叙事更为标新立异，也更显复杂多样，甚至出现了与实用主义"古典"传统的背离和冲突。正如苏珊·哈克在谈及这种复杂及其导致的混乱时总结的那样，"混乱：随着在'实用主义'标签之下提供的实质性哲学概念以及哲学观裂变出令人炫目的类型，你开始怀疑该标签是否适用于任何真正的目的。扰人：随着古典实用主义传统的改良的灵感被当代实用主义者改变为这种或那种形式的革命的反理智主义，您开始担心：在罗素预测实用主义将导致'普遍的不虔敬'，或者无论如何将导致法西斯主义时，他是正确的。"① 而这种叙事之"新"及其与古典实用主义的不一致，也直接招致了对其"实用主义"身份的质疑，譬如，因为罗蒂把皮尔士视为"只是给它起了个名字"将其排除出实用主义，而引发的对其"语言实用主义"和后现代主义的归认和指责；哈克、雷谢尔和莫恩斯在区分不同的实用主义版本并做出最终版本认定基础上，对蒯因、罗蒂为代表的某些新实用主义叙事的"实用主义身份"给出的不满和否定性判定；以及因为"语言和经验"核心地位的不同而对两者的截然区分和对立认定② 等。正如基穆拉所言，问题就是如何"让新实用主义成为实用主义"③，而这也直接把新实用主义的谱系描述推向了另一个更大的困境，即："新实用主义的实用主义身份认同"困难。

就第一个困境"实用主义自身身份的认同"困难而言，最直接的根源显然在于谱系立场的多样化和线索选择的不统一。准确地说，上述谱系建构既没有形成一个共识性的统一的谱系立场，也没有找到一个贯穿其思想发展进程并统摄其整体叙事的谱系线索，并在确保其自身"融贯统一"的基础上获得普遍认同。韦斯特出于实用主义"作为美利坚文明具体历史文化条件的产物"④的谱系立场，更专注和强调"美国的社会和理智发展史"，以至于其谱系线索的选择不可能聚焦于一般的"哲学主题"，而只能局限于"美国社会和理智史"的特有主题，譬如本土的"政治""文化"等，进而对其谱系作了"非哲学"的"文化"归约或者"非世界"的"美国本

① ［美］苏珊·哈克:《导论：新老实用主义》，陈波译，见《意义、真理与行动：实用主义经典文选》，东方出版社 2007 年版，第 4 页。

② C. Koopman, "Language Is a Form of Experience: Reconciling Classical Pragmatism and Neopragmatism ", *Transactions of the Charles S. Peirce Society*, Vol. 43, No.4（Fall, 2007）, pp. 694-709.

③ G.W.Kimura, *Neopragmatism and Theological Reason*, Burlington, VT: Ashgate Publishing Company, 2007,p.6.

④ C. West, T*he American Evasion of Philosophy: A Genealogy of Pragmatism*, Madison Wisconsin: The University of Wisconsin Press, 1989, p.5.

土哲学原则"指认；虽然哈克、雷谢尔和莫恩斯的"实用主义准则"线索更为合理，但却呈现出了浓厚的"回溯"倾向，因为他们无一例外都是基于对当前所谓的"新实用主义"的某种不满和担忧，进而在"古典的回归"中寻求修正的谱系立场的，并因此造成了其叙事谱系的断裂和分野。以至于不仅因为线索选择的单一和综合性的缺失而不能保证谱系自身的融贯统一，而且也因为立场的主观和"不自然"以及线索选择的复杂多样导致了谱系的林林总总和莫衷一是，并最终陷入了"自身身份认同"的困难。

如果说第一个困境主要是"实用主义"的身份确认的话，那么，第二个困境则直接关乎实用主义的"新—老"之辩以及"新实用主义"何以为实用主义的问题。前者是确定"实用主义"标准的问题，而后者则是确定"新—老"之分以及"新"标准的问题。因为"实用主义"确立并形成于"古典实用主义"，所以，第一个困境的根本原因就在于上述谱系的建构，根本就没有形成一个统一的"实用主义"，也就意味着没有建构出一个统一融贯的"古典实用主义"谱系。毫无疑问，"新实用主义"之"新"源出于"古典"并呈现为与"古典"的不同，所以确定"新"就必须首先确定"古典"。实际上，"古典"的确认，不仅构成了判定何以为"新"的依据，而且也是其"实用主义"身份的保证。于是，实用主义的谱系建构，就必须在"实用主义的延续"和"新的断裂"的双重意义上进行，就是在"实用主义的延续性"前提下给出"新—老区别"的判断和说明。而其谱系建构也不再仅仅是"古典"谱系的建构，而更是对包括"新"在内的整个实用主义叙事谱系的建构，最起码必须被纳入实用主义整体谱系的建构计划。换句话说，"实用主义"的谱系建构，无论是在谱系立场还是在线索的选择上，都不能仅仅局限于"古典实用主义"，而必须立足于包括"新实用主义"在内的实用主义整体叙事的统一呈现。线索选择既不可能仅仅局限于体现"古典"，也不能限于彰显和贯穿当下"新"进程的诸如"语言"

或者其他"逻辑"线索，而应该在"历史连续性"意义上，聚焦于贯穿并统摄实用主义整体叙事进程的线索上。也就是说，线索要既能呈现实用主义的自然发生进程也能统摄其整体叙事，谱系要既能呈现实用主义的整体"历史"也能凸显"古典实用主义"和"新实用主义"的独特逻辑，并最终在"融贯统一"和"自身所是"的意义上获得普遍认同。事实上，也正是这一点，构成了一种"自然主义"的谱系可能与构想的提出契机和论证旨归。

第二节　实用主义的谱系重构何以可能？

一、一个自然主义的谱系可能与构想

尽管"实用主义与自然主义携手同行"[①]，甚至在某种意义上呈现为"自然主义"的拥趸，但在这里，"自然主义"显然不是在"哲学思潮或者流派"意义上使用的：既不是指主张从自然出发解释一切现象的广义的"自然主义"哲学思潮，也不是指 20 世纪初形成于美国的狭义的哲学流派。换句话说，作为一种新的谱系可能和构想，并不是要把实用主义及其"新"叙事归认为一种"自然主义"学说进而建构一个关于"自然主义"的谱系，而更多是指为了规避因为谱系立场和线索选择的主观随意而导致的对叙事的"非自然"呈现，而提出的一种"自然"立场和态度，一种基于思想的"自身所是"而"自然而然"地呈现其整体叙事的谱系目标、立场和态度。之所以称之为"自然"，是因为从此立场出发的谱系建构，不会因为建构者的某种特定目的或者对某种思想特质的强调，从而在谱系线索的选择上

---

① C. Misak, *The American Pragmatists*, New York: Oxford University Press, 2013, p.247.

陷入"历史和逻辑"的非此即彼、刻意归附甚至主观创造，而是立足于其自然的发生和展开进程，找到一条既能承诺其"历史"的发生又能"逻辑"地统摄其诞生之后的整体叙事的谱系线索，从而实现谱系建构的"融贯统一"和叙事呈现的"自然而然"。当然，这种"自然主义"谱系构想也不可能是一种纯粹的"历史"再现或复制，毕竟谱系并不等同于历史；相反，它仍然是一种理性的"逻辑重构"，只不过在谱系目的上尽可能趋近于其"自身所是"，在线索选择上更多聚焦于实用主义的"自身显现"尤其是作为整个实用主义历史进程的"历史和逻辑融聚点"的那些问题线索，在谱系效果上更显"融贯自然"而已。事实上，这不仅是谱系学的一般要求，因为谱系本身就是以"思想逻辑"为中轴从历史到未来可能性的延展，而且也是"新实用主义"乃至整个实用主义百年叙事逃离前述谱系困境的特殊诉求和必由之路。

从上文的分析中不难看出，除了基本的立场外，这种自然主义的谱系构想能否实现，关键就在于能否找到一条贯穿"实用主义"思想的自然发生进程并统摄其叙事的谱系线索。因为"实用主义"的谱系建构必须立足于包括"古典"和"新"实用主义在内的整个实用主义谱系建构，所以，这条线索也必然是贯穿和统摄整个实用主义叙事的线索。虽然"自然主义"的谱系线索不可能是另起炉灶式的主观创造，但即使这样，一种基于"自身显现"的线索选择和确定对于实用主义而言也并非易事，因为不仅其自然发生进程充斥着"西方思想传统""美国社会历史"和"现代哲学同伴"等多重线索的交织融汇，而且其后续叙事也几乎把方法、实在、语言、科学、真理、宗教、教育、自然、社会等所有主要哲学问题都纳入了关注和讨论范围。然而，"自然主义"的谱系立场和线索要求，却为我们的线索选择提供了基本依据和标准。因为，这条线索必须既能作为"历史的逻辑终局和成果"阐明实用主义的历史源生和思想归聚，又能作为"叙事的逻辑起点和线索"激起和统摄其话语展开和整体叙事，尤其是能够在"实用主义"的延续基础上，合理地阐释其"新—老"之别。换句话说，必须同时在"逻辑的历史来路"和"叙事的逻辑去路"这两个方向上履行"生成阐释"和"叙事统摄"的双重职能，所以，线索的选择就只能聚焦于"发生终点"和"叙事起点"的结合处，聚焦于一种"历史和逻辑的融聚点"。对于整个实用主义叙事而言，尽管问题线索复杂多样，但"实用主义准则"无疑最符合这种线索要求和职能设定，因为，它不仅作为诞生标识承诺了"实用主义"的历史生成，也作为思想线索驱动了"古典实用主义"的哲学叙事，并因此作为连续性的依据承诺了"新实用主义"叙事的"实用主义"身份，进而在整体统摄的意义上成为了谱系线索的首选。

然而，做出选择只是开始，论证选择才是关键。如前所述，虽然哈克、雷谢尔、莫恩斯和布鲁克也都尝试了同样的线索选择，但却没有取得"自然主义"的谱系效果，原因就在于，他们并没有给出一个关于"实用主义准则"作为谱系线索的合法性及其履行线索职能的可行性论证。那么，它究竟是为何能够并如何履行"自然主义"线索职能的呢？根据前述构想，"实用主义准则"作为"历史和逻辑的融聚点"，其线索职能必须在"逻辑的历史来路"和"叙事的逻辑去路"两个方向上展开，因此，第一种职能，就是能够作为标识承载古典实用主义的历史发生及其思想归聚，进而构成"新实用主义"之为"实用主义"的依据。换句话说，就是能够将"西方思想传统""美国社会历史"和"现代哲学同伴"等多种资源归于自身，并呈现源出于"古典实用主义"的实用主义思想特质。从苏格拉底到孔德的思想传统奠基了"实用主义准则"原初的方法构想[1]，并与经验主义、怀疑主义一起最终呈现为一种可错论和自然探究理论；清教徒带来的最早的民主、宗教世俗化对现世生活和个人价值的强调以及北美大陆

---

[1] 涂纪亮编：《皮尔斯文选》，涂纪亮、周兆平译，社会科学文献出版社 2006 年版，第 41—42 页。

的拓荒实践，不仅作为美国民族精神的主要内容构成了实用主义的底色，也孕育了其"轻理论、重方法、求实效"的实践取向；而对西方理性主义传统的批判和改造，对超验主义、自然主义、浪漫主义的融汇与综合，对德国古典哲学、进化论和现代科学的拱持和引用，则最终融聚为"对现代西方哲学转向的美国回应"，不仅与包括特许经营权的扩大、美国哲学的专业化以及美国内战经历等一系列特殊历史事件一起直接导源了实用主义的产生①，也夯筑了"实用主义准则"及其标识的"实用主义"的基本内涵。如果说"实用主义准则"作为诞生标识履行了第一种职能，并因此成了谱系线索的首选，那么，它还必须能够并有效履行"激起并统摄其整体叙事"的第二种职能，才能获得自身作为谱系线索的合法性和可行性的彻底论证和有效说明，而这不仅直接关系到关于古典实用主义谱系的"自然主义"构想能否实现，也是能否回答"新实用主义的谱系何以可能?"进而回答"实用主义谱系何以可能"的关键所在。

　　根据前述分析，除了第一种职能外，"实用主义准则"要获得作为"自然主义"谱系线索的合法性，还需关于第二种职能的可行性论证，即：不仅要作为逻辑起点有效地激起古典实用主义以及"古典之后"的"新"话语展开，还能作为谱系线索融贯地统摄其整体叙事。对于"实用主义准则"而言，前者似乎并非难事，因为，作为实用主义的诞生标识，"实用主义准则"本身就自然构成了其话语的逻辑起点，而且，无论以何种方式或者对它作何理解，古典实用主义的实际叙事进程也都是围绕对它的讨论而展开。事实上，这也正是我们将其作为线索首选的原因所在。然而，"实用主义准则"要作为谱系线索对其多元甚至冲突的整体叙事进行融贯的统摄，尤其是对无论是在问题域还是在观点上都更为标新立异的"新实用主义"

---

① L. Menand, *The Metaphysical Club: A Story of Ideas in America.* London: HarperCollins, 2001.

叙事进行融贯统摄，似乎就不那么容易了。因为，即使同样以"实用主义准则"为谱系线索，但由于理解和应用不同，也不一定建构出同样融贯的古典实用主义谱系，进而为"新实用主义"提供统一的"古典"标准和身份依据。譬如，在雷谢尔、莫恩斯和布鲁克那里，虽然都选择以"实用主义准则"为线索，但却因为将其意义限定为"方法"以及皮尔士与詹姆斯的不同理解，而给出了极具断裂感的"分野式"古典谱系描述。而随着这种断裂和分野向"新实用主义"的延续，不仅直接导致了"新实用主义"叙事谱系的断裂而难以做到谱系的"自身融贯"，也因为对其叙事进行不同"实用主义版本"的认定和归属，以及基于对某些"新实用主义"的不满和担忧导致的对其"实用主义身份"的不同甚至否定性判定，而难以在"身份认定"和"谱系范围"上获得普遍的统一性认同。因此，要实现对叙事谱系的融贯统摄，不仅要求选择和确定谱系线索，而且要求选择和明确线索的"意义"。换句话说，"实用主义准则"要真正成为实用主义的谱系线索，不仅要说明它是如何统摄其整体叙事的，而且还要说明是在何种"意义"上才能融贯地统摄其整体叙事，并合理地解释古典实用主义"何以为古典"以及新实用主义"何以为新"的。在这种意义上，基于"实用主义准则"的谱系重构，不仅是对作为其身份判定标准的古典实用主义谱系的重构，也是对新实用主义"何以为新"的谱系学说明；不仅是对"实用主义准则"本真内涵的澄清，也是对其作为谱系线索的"方法论"意义的生成性确认和重构。那么，"实用主义准则"究竟有哪些意义？哪一种意义才能承诺其作为"谱系学线索"的身份？这种意义又是如何成为可能的呢？

二、线索重置：作为"方法论"的"实用主义准则"

（一）"实用主义准则"的"学说"和"方法"释义及其困境

众所周知，从威廉·詹姆斯 1898 年在伯克利所做的题为《哲学的概念与实践效果》的演讲开始，皮尔士提出的"实用主义准则"便演变成了一场声势浩大的以"实用主义"为标签的哲学运动。然而，关于这场运动的灵魂和理论后果"实用主义"的理解却从一开始就没有达成统一，虽然早在 1907 年发表并被公认为标志实用主义运动趋于成熟的著作《实用主义》中，詹姆斯就曾试图整理当时人们对"实用主义"含义的种种混乱理解，但却收效甚微，以至于伍德布里奇在随后对"实用主义"的评论中就这样总结道："到目前为止，连实用主义的含义都没有一个精确而公认的说法"。尽管如此，他仍然在详细分析各种释义之后将其大致归为"方法"和"学说"两类，即："首先，实用主义是一种探究手段，也是一种对概念意义进行规定阐释的方法；其次，实用主义是连接事实和观念的哲学理论。"[①] 事实上，这种"方法"和"学说"的归类，不仅是对早期实用主义释义的总结，也同样适用于作为其精神源旨和标识的那个"实用主义准则"，并因此构成了其释义的两个基本维度。

尽管作为哲学运动标签的"实用主义"比"实用主义准则"更为宽泛，而且皮尔士的最初表述和詹姆斯等经典作家们也都一致指向并认同它"不是一种学说，而是一种使我们的观念清晰的方法"，但作为这一哲学运动的肇始标识和思想核心，尤其是在 20 世纪初与"唯心论"和"实在论"等流行于美国的哲学流派的对照和互动背景下，"实用主义准则"仍然被自然地作为哲学流派的代名词而解读为一种"哲学学说"，并对之进行了内容和特征的概括总结。除了根据不同的问题线索将实用主义按照内容观点直接称作"意义理论""真理论"或"宗教学说"等之外，更为普遍的是对其思想特征进行概括总结以确认其学说身份，譬如，莫里斯视之为"最具美国民族特征的哲学"，从方法论、价值论和宇宙论

---

① F. J. E.Woodbridge, "Pragmatism and Education," *Educational Review*, 1907, XXXIV/3, pp.227- 228.

三个层面考察了其基本思想；[①] 普拉特则归之于对"交互作用、多元论、共同体和生长"等美国本土哲学原则的继承[②]。毫无疑问，这种"学说"内涵是基于对"实用主义"的源旨与核心而被赋予"实用主义准则"的，然而，且不说这种解读维度是否符合皮尔士对其作为方法的原初构想和经典表述，即使是对其作为"一种哲学学说"的思想特征和基本内容的概括自身，也会陷入"统一和全面的两难"，即：面对实用主义复杂多样甚至相互冲突的"全面"观点，不仅难以在归纳概括的意义上实现"统一"以统摄差异；而且即使做到了当下的"统一"，也很难涉及并涵盖可能出现的新观点，并在面对未来问题的无限展开时趋于失效。所有这些，都使得我们很难给出一个作为哲学学说的"实用主义"的统一形象，以至于最终只能将之归于"诸叙事的冲突"而草草了事。而在谱系学意义上，这种困境将会进一步放大，因为面临莫衷一是的"实用主义"的哲学归认，我们甚至连"什么是实用主义？""哪些哲学家是实用主义者？"都无法确定。对于"新实用主义"而言，这种情况则更为突出，因为无论是在问题域还是在理论后果上都比"古典"更标新立异，不仅自身叙事复杂多样甚至相互冲突，以至于无法呈现为谱系自身的"融贯"并确认自身身份，而且也因为对"古典实用主义"的不同阐释和理解而呈现出了与"实用主义传统"的分野和背离，进而无法达成其作为"实用主义"的身份认同。

与"学说"维度相比，"方法"释义似乎更符合"实用主义准则"的基本意义构想，因为，作为一种"方法"，不仅可以在实用主义经典作家的原初表述中找到根据，而且也在实用主义的发展进程及对之的应用中得到了认同和呼应。皮尔士将其描述为"一种用以弄清楚一些难解的词或者

① ［美］C.莫里斯：《美国哲学中的实用主义运动》，《世界哲学》2003年第5期。

② S. L. Pratt, *Native Pragmatism: Rethinking the Roots of American Philosophy*, Bloomington: Indiana University Press, 2002, p.20.

抽象概念的意义的方法"①，詹姆斯则强调它"是试图探索其实际效果来解释每一个概念"②的方法，并最终在杜威那里落实为一种自然的探究；而在古典之后的发展尤其是"新实用主义"复兴进程中，无论是作为"分析哲学中的实用主义冲动"的刘易斯，还是作为"新实用主义的肇始者"的蒯因、古德曼等，其"方法"意义都得到了应用性阐释，即使在语言转向中呈现出了某种激进后果，也在当代实用主义哲学家那里得到了"回归性"倡导和呼应。苏珊·哈克出于对以罗蒂为代表的"庸俗实用主义者"对古典实用主义的过度阐释的反对，表达了对皮尔士的感激和"回归"倡议；③而雷谢尔则基于避免实用主义的危机目的，在"实用主义的方法论转向"诉求中强烈呼吁"回归皮尔士"。④然而，虽然所有这些基于"方法"维度的释义都把"实用主义准则"解释为"方法"，但仍然因为不同的解读和应用而出现了理论后果的差异甚至冲突。皮尔士首先将其应用于"观念的确定"，并因为对某种"滥用"的不满而在对"实用主义准则"最初表述的不断修正中愈加强调"实践效果的客观性和经院实在论立场"；詹姆斯则将其应用于真理和宗教问题的讨论，不仅在其"彻底经验主义"的语境中完成了"经验转向"，也因为更强调"在实际证实过程中使之为真的具体真理"和信念的"兑现价值"而呈现出了一种更强的"唯名论风格"；而杜威则因为像詹姆斯一样对特殊真理及其实际证实过程的强调，⑤

---

① 涂纪亮编：《皮尔斯文选》，涂纪亮、周兆平译，社会科学文献出版社 2006 年版，第 44 页。

② [美] 威廉·詹姆斯：《实用主义》，陈羽纶、孙瑞禾译，商务印书馆 1997 年版，第 26 页。

③ [英] 苏珊·哈克：《证据与探究——走向认识论的重构》，陈波、张力锋、刘叶涛译，中国人民大学出版社 2004 年版，第 232 页。

④ N. Rescher, *Realistic Pragmatism:An Introduction to Pragmatic Philosophy*, Albany: State University of New York Press, 2000, p. 78.

⑤ 孙咏：《美国实用主义：演变及其当代走向——苏珊·哈克教授访谈录》，《广东社会科学》2014 年第 2 期。

与皮尔士的实在论格格不入，并因此被归入詹姆斯实用主义的承续之列。苏珊·哈克认为，"如果说皮尔士哲学在逻辑和实在论的风格中趋向成熟，那么，詹姆斯哲学则在更为心理学和唯名论的格调中发展演变"①，而雷谢尔、莫恩斯和布鲁克则直接将之区分为"客观的与主观的""实在论的与反实在论的"②"操作主义与推理主义"③ 的对立版本。更为严重的是，当我们把这种基于"方法"释义的风格和版本差异置入实用主义的整体叙事进程时，对各种叙事的不同版本归属和风格认定，则会直接导致古典实用主义乃至整个实用主义叙事进程的断裂和分野，并因此造成实用主义谱系的不融贯和"统一形象"刻画的不可能。

那么，为什么同样的"方法"释义却带来了如此的后果差异呢？究其原因就在于，前述"方法"释义更多聚焦于其作为"具体方法"层面，而没有触及和呈现其"方法论"维度，因此，也就只能在其"具体应用"的问题语境中并根据其理论后果做出差异和分野判断，而无法在"具体方法"的应用和对"方法论"内涵的反哺的辩证互动中审视和考察实用主义的整体叙事，进而在整体谱系意义上完成对具体差异的合理说明和融贯统摄。那么，"实用主义准则"又是在何种意义上可以被理解为一种"方法论"呢？

（二）作为"方法论"的"实用主义准则"何以可能？

如前所述，虽然作为一种哲学运动的标识和核心，把"实用主义准则"解读为一种"学说"具有一定的合理性，而且其"方法"释义也能在对其的经典表述和实际运用中找到根据并成为其题中应有之义，但这两种维度的释义却并非其意义的全部。因为，无论是从其提出的科学、逻辑学、符

---

① ［美］苏珊·哈克：《导论：新老实用主义》，陈波译，见《意义、真理与行动：实用主义经典文选》，东方出版社 2007 年版，第 14 页。

② H. O. Mounce, *The Two Pragmatism*, London and New York: Routledge, pp. 2, 29.

③ F. T. Burke, *What Pragmatism Was*, Bloomington and Indianapolis: Indiana University Press, 2013, p.3.

号学、认识论等原初语境，还是从皮尔士对其表述的修正历程和实用主义的整体发展进程看，"方法论"都是"实用主义准则"的本质要义。事实上，这不仅是古典实用主义经典作家们视之为实用主义哲学核心承诺的关键所在，也是新实用主义与古典实用主义之间连续性以及当代新实用主义叙事者们倡导"方法论转向或者回归"的根本承诺和主要依据。

首先，从其提出的科学、逻辑学、符号学和认识论的原初语境看，"实用主义准则"从一开始就具有"方法论"意义，或者说，就是作为一种"方法论"而提出的。对于作为科学家的皮尔士而言，"实用主义准则"是对"科学领域中各种实践中的成功科学方法"理论概括。正如他坦承的那样，"简单来说，我的哲学可形容为，一个物理学家基于先前哲学家的成果，试图对于宇宙的构造做出科学方法所允许的一些猜测"，① 它不仅源自各种具体的"科学实验"，也通过确立科学的意义结构揭示了科学方法的一般模式；② 不仅以"确定信念的方法"的形式刻画了一般的科学探究过程，也以认识上的"可错论"最终指向"科学知识的增长"，并服务于包括各种自然科学和哲学等人文学科在内的宏大科学体系建构。虽然在最初的表述中以一种"弄清楚一些抽象概念和词汇的意义的方法"的具体形式被呈现出来，但在皮尔士的逻辑学语境中，"实用主义准则"却同样被构想和设定为一种严格的"逻辑推理准则"。因为，真正的推理是通过消除怀疑、确定信念而由已知通达未知、并将其结论的持续检验指向未来实践效果的探究过程，而且，"我们的思想要根据我们准备去做的事情来解决，逻辑学……必定是伦理学即关于我们有目的的选择做什么的学说的一种应用"，③ 所以，

---

① C. S. Peirce, *Collected Papers of Charles Sanders Peirce, Volume 1*, edited by Charles Harts-horne and Paul Weiss, Cambridge: Harvard University Press, 1931, para.7.

② 参见 [美] 桑德拉·罗森塔尔：《从现代背景看美国古典实用主义》，陈维纲译，开明出版社 1992 年版，第 26—48 页。

③ C. S. Peirce, *The Essential Peirce: Selected Philosophical Writings, Volume 2*, edited by Peirce Edition Project, Bloomington and Indianapolis: Indiana University Press, 1998, p.142.

尽管每一个具体的推理过程都指向某种特殊信念的确定，但作为逻辑推理总方法和一般探究法则的"实用主义准则"，却不仅适用于科学推理，也适用于常识、道德和宗教的一切推理；不仅作为具体方法适用于概念，也作为"方法论"适用于形而上学、实在等对象；不仅适用于理论推理，而且也作为"实践推理"的法则构成了生活"习惯"的指导原则。

如果把这种逻辑学植入符号学语境，那么，"实用主义准则"的"方法论"特质则更为明显。在符号学视域内，逻辑并不是传统意义上的亚里士多德式的三段论或者当时的数理逻辑，而是一种广义的"准必然的或形式的符号学说"① 和"有关符号一般法则的科学"，并且本身就"具有三个分支：（1）理论语法，或关于符号本性及意义的一般理论；（2）批判论，旨在划分论证并确定每一种论证的有效性和强度；（3）方法论，旨在研究在探究、阐释和应用真理时所应遵循的方法"②。在这种意义上，作为逻辑推理准则的"实用主义准则"不仅本身就具有"方法论"意义，或者说就是一种"方法论"，而且，也因为刻画了整个符号过程而"使得思想活动成为了一种有关符号新陈代谢的生动推理"。③ 如果说推理是对符号的解释并作为主要方法提供知识，那么，面向未来行动并将结论的持续检验交付于实际效果的"实用主义准则"，必将在与认识论的统一中归于一种认识上的"可错论"，进而在对教条主义和怀疑主义的双重克制基础上为人类的认识提供一种新路径。

其次，从皮尔士对"实用主义准则"表述的修正历程看，每一次改变和重述都是对其"方法论"内涵的强化和充实。众所周知，皮尔士关于

---

① C. S. Peirce, *Collected Papers of Charles Sanders Peirce, Volume 2*, edited by Charles Hartshorne and Paul Weiss, Cambridge: Harvard University Press, 1932, para.203.

② C. S. Peirce,*The Essential Peirce: Selected Philosophical Writings, Volume 2*, edited by Peirce Edition Project, Bloomington and Indianapolis: Indiana University Press,1998, p.260.

③ C. S. Peirce, *Collected Papers of Charles Sanders Peirce, Volume 5*, edited by Charles Hartshorne and Paul Weiss, Cambridge: Harvard University Press, 1934, para.402, n.3.

"实用主义准则"的首次表述完成于 1978 年的论文《如何使我们的观念清晰》，即："考虑一下我们认为我们概念的对象具有一些什么样的效果，这些效果具有一些可以想象的实际意义。这样一来，我们关于这些效果的概念就是我们关于这个对象的概念的全部。"① 在这个表述中，虽然皮尔士把概念意义交付于其带来的实际效果，但并没有对这个实际效果做出"经验"和"理性"的明确的界分，甚至还基于对科学实验精神的忠诚表现出了对"经验效果"的强调和关注。正如莫恩斯所言："当他撰写 1878 年的论文时，皮尔士接受了这样一种观点——没有超越经验的现实"②，因此，对于此时的皮尔士来说，与康德意义上的理性主义相比，经验主义似乎更占上风，而"实用主义准则"，也因为具体适用于"概念"并同时被构想为"逻辑推理准则"而兼有"具体方法"和"方法论"的双重意义。然而，詹姆斯 1898 年后对"实用主义准则"的通俗阐释，以及在运用于"真理"问题的讨论时对"特殊真理""经验效果"和"兑现价值"的强调，却引起了皮尔士的不满。于是，皮尔士在 1905 年的两篇论文中对之进行了重述，即："一个概念，即一个词或其他表达式的理性意义，完全在于它对生活行为产生一种可以想象的影响"③ 和"任何一个指号的全部理性内涵就在于合理行为的各种普遍模式的总和，它依据于各种可能的、不同的环境和愿望，从而引导人们接受这个指号"，④ 并以一个"丑陋到足以防止被诱拐"的名字"实效主义"（pragmaticism）以示区别和修正。在这里，皮尔士基于其业已成熟的符号学理论表达了对概念的"理性意义"的强调，并将其

① 涂纪亮编：《皮尔斯文选》，涂纪亮、周兆平译，社会科学文献出版社 2006 年版，第 95 页。

② H. O. Mounce, *The Two Pragmatisms*, London and New York: Routledge, 1997, p. 27.

③ 涂纪亮编：《皮尔斯文选》，涂纪亮、周兆平译，社会科学文献出版社 2006 年版，第 4 页。

④ 涂纪亮编：《皮尔斯文选》，涂纪亮、周兆平译，社会科学文献出版社 2006 年版，第 22 页。

明确规认为超越"经验当下"的"对生活行为产生的可以想象的影响"和"合理行为的各种普遍模式的总和"。因为概念的意义取决于"实际效果",所以,这种规定也是对"实际效果"的理性规定。不难看出,随着"实际效果"的"经验性"的削弱和"理性化"的加强,"实用主义准则"也逐渐从对"具体特殊"的关注走向对"理性一般"的强调,并因此更多地拥有了普遍的"方法论"内涵。然而,修正并未终止。如果说前两次重述还只是集中于"概念意义"或"实际效果",那么,皮尔士对"实用主义准则"的最后一次表述:"我把实用主义理解为一种用以弄清楚某些概念的意义的方法,不是所有概念的意义,而仅仅是那些我称之为'理智的概念'的意义,也就是说,是那样一些概念的意义,一些涉及客观事实的结论可能以这些概念的结构为依据。……理智的概念——它们是那种被适当地命名为'概念'的唯一指号负荷——从本质上说具有某种涉及有意识的生物或者无生命的对象的一般行为的意义,因而传达某种不只是感觉的东西,而是传达某种比任何存在事实更多的东西,也就是传达习惯行为的'would-acts'('将会如此行动')、'would-dos'('将会如此行事')",① 则对概念对象和实际效果进行了双重限制,进而完成了对"经验当下"的完全剥离,也因此完成了"实用主义准则"的"方法论"意义的最终充实。从以上进程不难发现,皮尔士基于其理论成熟度对"实用主义准则"的每一次重述和修正,都是对其"方法论"内涵的强化、充实和完善,而从另一方面看,每一次强化、充实和完善,实际上也都是对其作为"实用主义准则"本真内涵的澄清、凸显和确认。

如果说"方法论"作为"实用主义准则"的本质要义被确认的话,那么,这种释义也在实用主义进程以及对其的拓展应用中得到了呼应。尽管因为

---

① 涂纪亮编:《皮尔斯文选》,涂纪亮、周兆平译,社会科学文献出版社 2006 年版,第44—45 页。

对"实用主义准则"的通俗阐释以及应用于真理讨论时对"感觉经验"和"兑现价值"的强调,而在理论主张和立场风格(唯名论和实在论)上出现了差异,但无论是在"具体方法"还是"方法论"意义上,詹姆斯和皮尔士都并不冲突。詹姆斯将"实用主义准则"作为"具体方法"的应用从"概念"拓展到"真理"和"宗教",不仅本身就是对其"方法论"意义的贯彻和承诺,而且,在他借用意大利实用主义者 G. 帕皮尼的"走廊"比喻中也可见一斑,毕竟,走向每一个房间的"具体方法"都必须穿过作为"方法论"的走廊。① 与前两者一样,杜威不仅主张对"实用主义准则""应该尽可能广泛地加以应用,应用到各种不同的争议、信念、真理、观念和对象"②,而且基于"自然主义的经验主义"立场将其归于一种普遍意义上的自然探究理论。除了其"自然主义的经验主义"更加趋近于皮尔士的"实在论"和"批判常识论"之外,杜威的"探究五环节"也与皮尔士的"怀疑—信念—行动"有着异曲同工之妙,并坦承是对皮尔士观点的自由转述。

至此,无论是提出的原初语境、皮尔士对其表述的修正,还是实用主义的发展进程,都向我们表明:除了作为"具体方法"之外,"方法论"也作为其不可或缺的释义维度构成了"实用主义准则"的题中应有之义。事实上,正是这种"方法论"意义,才承诺了"实用主义准则"作为实用主义方法在哲学上的核心地位,不仅因此理所当然成为了实用主义谱系线索的首选,而且也为前述"学说"和"方法"释义维度上的困境解决和实用主义的谱系建构提供了新的视角和可行路径。

---

① 参见 [美] 威廉·詹姆斯:《实用主义》,陈羽纶、孙瑞禾译,商务印书馆 1997 年版,第 33 页。

② John Dewey, The Middle Works,1899-1924, Vol.4, edited by Jo Ann Boydston, Southern Il-linois University, 2008, p.101.

三、基于"实用主义准则"的谱系重构

众所周知,"实用主义准则"不仅作为诞生标识承诺和归聚了实用主义的自然历史生成,也作为实用主义方法在哲学上的核心而引发和统摄了其叙事逻辑的展开,这种"历史和逻辑的融聚点"的特质和地位,也使它理所当然地成为了实用主义谱系线索的首选。然而,如前所述,以此为线索展开的叙事描述和谱系建构,却在"学说"和"方法"的释义维度上造成了实用主义内容、版本和风格的巨大差异,不仅因此带来了叙事的各种冲突、断裂和分野,也因为从古典到"新"的延续和遗继造成了"新实用主义"的叙事变异和冲突,无法在"实用主义"的统一性确认中对实用主义的"新—老"之别给出一个合理的说明,进而获得一个融贯统一且普遍认同的实用主义整体谱系。那么,在"方法论"的释义维度或视域下,又如何审视和看待这些断裂和分野,并以此为线索进行"古典实用主义""新实用主义"乃至整个实用主义谱系的融贯建构呢?

如前所述,基于"学说"释义维度对古典实用主义的描述和"实用主义"的统一归认,都是围绕把"实用主义准则"作为具体方法应用于具体问题时所产生的"理论后果"展开的:要么以"所讨论问题及其理论后果"为依据,直接将实用主义描述为意义理论、真理论、宗教学说或者符号学理论等,要么则是以"内容"的特征概括为基础对实用主义进行整体的归并描述。前者导致内容的差异和冲突显而易见,因为问题的不同必然带来理论后果的差异,而且,即使是相同的问题也同样会带来理论后果的差异,譬如,希尔就以皮尔士并没有像詹姆斯那样把"实用主义准则"应用于真理概念为依据,把前者的主要贡献排除在了实用主义之外①;而后者则会

---

① 参见〔美〕托马斯·E.希尔:《现代知识论》,刘大椿等译,中国人民大学出版社 1989 年版,第 367—368 页。

因为不同内容所呈现的不同特征而陷入差异甚至冲突，并因为"统一和全面"的两难无法实现"整体特征"的统一归并。实际上，这些差异和冲突在"方法"维度上就可以得到合理的解释和说明，因为，所有这些将"实用主义准则"作为"具体方法"应用于具体问题讨论时所带来的具体理论后果及其特征的差异，在"方法"意义上或者就"方法"本身而言，不仅没有任何不同，而且正是作为目标指向对其"方法"意义的贯彻和印证。

然而，并不是所有的"方法"释义都必然带来叙事的融贯。正如前文中指出的那样，尽管同样是从作为"方法"的"实用主义准则"出发，但以苏珊·哈克、雷谢尔、莫恩斯和布鲁克为代表的实用主义叙事者，却基于其"具体应用及其结果"中所呈现的不同风格和立场区分了不同的实用主义"版本"，并因为对之的叙事归属而导致了叙事谱系的"断裂"和"分野"。与前述"学说"维度相比，虽然这种"方法"释义并没有过多地集中于作为内容的"具体理论后果"，而是更关注作为"方法"的实用主义本身的风格，但仍然没有逃脱"具体方法"的限制和围困，因为，这种"风格和版本"的不同界定，仍然是以其"具体应用"过程及其产生的结果所呈现出的"风格和立场"为依据的。换句话说，尽管都不是直接针对结果而是指向"方法"本身的，但也都是以"结果"对"方法"的反向影响和印证为根据做出的。譬如，之所以对皮尔士和詹姆斯做出"实在论—反实在论""客观—主观"的区别判定，就是因为皮尔士在对"概念"意义的讨论中更关注实践效果和最后结果的"理性一般"，并因此表现出了更强的"实在论和客观"风格，而詹姆斯则在讨论"真理"问题时因为更强调"经验当下""特殊真理""兑现价值"而凸显了更强的"反实在论和主观"倾向。

然而，"实用主义准则"却不仅仅是一种具体方法，也是一种方法论或者元方法。作为方法论或者元方法，"实用主义准则"指向任何对象，但又不针对任何一种特定对象，因此也就不会产生具体（后果）意义上的差异。换句话说，差异只会在"具体方法"层面出现，而在方法论或者元方法层面，则始终保持探究（实验）精神的统一，因为，制造这些后果差异的具体方法都出于并最终归于统一的方法论原则，而方法论原则又通过将自身的统一异化为差异而呈现和完善自身。在这种意义上，所谓的"实在论、唯名论"风格只是"具体方法"应用语境及其后果中形成并持有的立场和风格，并不指向"方法论"，或者说，在"方法论"意义上并不构成差异并导致叙事的断裂和分野。因为，皮尔士的"实在"本身就不是绝对的本体论概念，真理与实在都是假设性的，"实在是一个当我们发现一个不实在的东西、一个虚幻的东西时，才会第一次产生出来的概念。……实在的东西就是信息和推理或迟或早终将导致的东西，……它没有确定的限度，只有确定的知识的增长"①，真理也"不可能是任何其他的东西，不多不少就是遵循该方法将引导我们达致的最后结果"②；而詹姆斯基于唯名论倾向对具体真理和经验的强调，也并不必然导致与皮尔士相反的"主观主义"甚至"唯我论"真理观，因为，真理"对眼前一切经验是方便的，未必对后来的一切经验能同样地令人满意"③。

从上述分析不难看出，"实用主义准则"从一开始就兼具"具体方法"和"方法论或者元方法"两种内涵，并通过两者之间的持续变奏和互动——前者是后者指向特定对象时的具体应用和实践展开，同时又通过这一过程及其理论后果完成对后者内涵的诠释、充实和完善——主导并贯穿了整个古典实用主义的叙事进程。不仅保证了古典实用主义整体叙事的连续和融贯，也作为线索选择承诺了其谱系的统一建构。在这种视域下，就作为

---

① C. S. Peirce, *Collected Papers of Charles Sanders Peirce, Volume 5*, edited by Charles Hartshorne and Paul Weiss, Cambridge: Harvard University Press, 1934, para.311.

② C. S. Peirce, *Collected Papers of Charles Sanders Peirce, Volume 5*, edited by Charles Hartshorne and Paul Weiss, Cambridge: Harvard University Press, 1934, para. 553.

③ ［美］威廉·詹姆斯：《实用主义》，陈羽纶、孙瑞禾译，商务印书馆 1997 年版，第 114 页。

"具体方法"的"实用主义准则"而言，如果说皮尔士的"概念意义的澄清方法"是对其作为一种"具体方法"的首次表述和应用，那么，詹姆斯则进一步将其应用范围扩大到"真理"和"宗教"，而杜威和米德则将其扩展到包括教育、民主、社会在内的几乎所有社会领域的问题讨论。不仅完成了其应用范围的极致拓展，也产生了包括意义理论、真理论、宗教理论、民主和教育理论等在内的诸多具体理论叙事。尽管因为对象和内容的不同导致了实用主义的"版本"和"风格"差异以及叙事的"断裂"和"分野"，但都作为叙事主体成就了古典实用主义"理论内容"上的辉煌。另一方面，在"实用主义准则"的"方法论"意义上，实际展开的每一种"具体方法"的应用及其理论后果，又是对其"方法论"内涵的反哺式诠释和充实，并随着应用对象范围的持续拓展实现最后的普遍性升华和完善。

如果说在皮尔士那里，把"实用主义准则"作为"具体方法"应用于"概念"，将其方法论内涵限制在了"语言转向"语境并更多体现在认识论层面的话，那么，詹姆斯扩大范围的应用及其"彻底经验主义"语境中对"经验"的纯粹化和本体论归置，则将其提升至"存在论"层面，而杜威对其全方位的应用及其从生命与环境的交互出发赋予的"生存论"意蕴，则促成了其方法论内涵的最后升华和完善，并因此将古典实用主义的"方法旨向"推向了巅峰。至此，古典实用主义的众多叙事，不仅被作为"具体应用"的理论后果纳入了"实用主义准则"的"具体方法"内涵的展开，进而在消解差异、冲突、断裂和分野基础上统摄了古典实用主义理论内容的融贯生成，而且，也被当作反哺式诠释的素材和载体纳入了"实用主义准则"的"方法论"内涵的充实，进而在其作为实用主义方法在哲学上的核心地位的强化中确认了古典实用主义的"方法旨向"。事实上，正是也只有在"内容"和"方法"两个方面的统一意义上完成其整体叙事的合理归置和描述，才能保证古典实用主义谱的成功建构和融贯统一。

无论是作为实用主义的诞生标识，还是作为实用主义方法在哲学上的核心，对"实用主义准则"及其内涵的准确解读，都毫无疑问构成了实用主义的元问题，并作为出发点直接影响甚至决定所有关于实用主义的讨论和话语，尤其是古典实用主义的谱系建构和"实用主义"自身特质和身份的厘定。在这种意义上，前文对"实用主义准则""方法论"内涵的论证和确认，不仅在"方法"基础上补足了其释义维度和内涵的完整性，也作为谱系线索，把古典实用主义的所有叙事都作为"具体方法"及其应用的理论后果纳入了两种内涵的变奏和互动，并最终通过把"具体方法"的差异和冲突消融于"方法论"的一以贯之而承诺了古典实用主义谱系的统一和融贯。更为重要的，"方法论"维度及其内涵的发现和确认，也在两种释义维度上实现了对实用主义何以成为并被冠以"古典"的回答和重释，即："古典"并不仅仅是作为"具体方法"的应用拓展及其理论成果的"内容"辉煌，而更是其"方法论"内涵的最终完善和确认所标识的"方法"巅峰，是"具体方法"的展开和对"方法论"内涵的反哺式充实的双重统一和实现。

不仅如此，"实用主义准则"作为谱系线索，对于新实用主义的谱系重构也同样有效。一方面，因为所有新实用主义叙事都源出于"古典"，并遵循和延续"古典"所确立的"实用主义"传统，所以，对"古典"的这种谱系厘定和意蕴重释，不仅会为"古典实用主义"自身以及诸多古典叙事的"实用主义"身份判定提供基本依据，也将为实用主义提供借以保证其"实用主义"身份的主要依据。前述新实用主义的谱系描述，之所以面临"实用主义身份认同困难"，除了因为其自身叙事的标新立异和复杂多样外，最重要的就是缺乏一个统一的"实用主义"标准。譬如，哈克、雷谢尔、布鲁克对古典实用主义谱系的"分野"判定和描述，就不可能在"融贯统一"的意义上提供一个作为普遍认同依据的"实用主义"，进而只能在"新实用主义"谱系中延续并持续放大这种断裂和不融贯。不仅因为"新实用主义"之新而使得其谱系比"古典实用主义"具有了更强的断裂感，而且也因为对"古典实用主义"的不同解读和理解让"新实用主义"的某些叙事失去了"实用主义"的统一性，甚至被直接作为"非实用主义"或者"伪实用主义"而排除在了"实用主义"整体谱系之外。然而，如果把新实用主义的谱系建构置于以"实用主义准则"为线索的自然主义谱系构想之中时，上述困境就会迎刃而解了。在以呈现其"自身所是"为目标的自然主义谱系立场下，对"新实用主义"的谱系建构，既不可能单纯从"古典"出发或者以被认定的所谓的"古典"版本来界定和描述"新实用主义"，也不可能从"新实用主义"的当前叙事以及对此的不满和否定的主观立场出发回溯式地建构其谱系，而只能把"新实用主义"叙事作为整体叙事的一部分纳入整个实用主义谱系建构。因为"实用主义准则"正是基于作为"逻辑和历史融聚点"的自然主义谱系线索首选，所以，新实用主义的谱系建构，也应该与古典实用主义一样，被纳入"实用主义准则"的"方法"和"方法论"双重内涵的辩证和互动过程之中。于是，"新实用主义"的诸多叙事就将作为"方法"具体应用的理论后果而呈现为多元的思想内容，尽管因为对"方法"的具体应用和应用方式都会随着不同的对象和问题域而发生变化，并因此带来作为其后果的叙事的复杂多样甚至相互冲突，但无论这些"具体"如何多元，都最终服从并统一于方法背后的"方法论"。事实上，这种"方法论"内涵，不仅是"实用主义准则"的本真内涵所在，也正是其作为谱系线索承诺一种自然主义的融贯统一的谱系建构的最终保证。

另一方面，除了基于"实用主义"的连续性为"新实用主义"提供"实用主义身份认同"依据，并因此保证了作为实用主义整体叙事进程一部分的"新实用主义"谱系的融贯统一之外，以"实用主义准则"为线索的"古典实用主义"谱系建构也在"内容辉煌"和"方法巅峰"的双重维度上重新阐释并定义了"古典"的真正意义，进而在"连续性"的前提下为"新—老"之间的"断裂和差异"提供了解释的空间和可能，换句话说，为实用主义的"新—老"区分提供了明确的界标和依据。如果说确立并提供"实用主义身份判定"依据解决了"新实用主义"谱系的第一个困境"实用主义身份认同"困难的话，那么，对"古典"的重释，就为在"新—老"之分基础上说明"新"提供了合理可行的路径，并因此在有助于确立"新"之意义上提供了直面第二个困境"新实用主义自身身份认同"困难的勇气。事实上，之所以出现"新实用主义自身身份认同"的困难，关键就在于我们在解释新实用主义何以为"新"时，因为对形成并确立于"古典"的"实用主义"的不同理解而出现了"新"标准的不统一，并最终导致了复杂多样甚至相互冲突的"新"界定，进而在以此为基建构的林林总总的谱系描述中陷入"新实用主义"谱系形象的莫衷一是。

虽然"古典"已经被确认为作为"具体方法"的应用及其理论后果的"内容辉煌"和对作为"方法论"内涵充实的"方法巅峰"的统一，但是，很显然，"内容辉煌"是相对于形成"实用主义"的思想体系而言的，因此并没有宣告"具体应用"的终结，也就是说，无论是问题域或应用范围的拓展，还是对这种方法的具体使用方式，都存在继续拓展和创造的空间；而对于作为"实用主义"基本精神形成和确立标志的"方法论"内涵的充实却已经完成了，换句话说，无论是再大范围的应用拓展还是应用方式的变革，在"方法论"意义上都不会再有新的增加和改变，而这也正是承诺"新实用主义"成为"实用主义"的关键和依据。因此，新实用主义之"新"就不可能体现在后者，而只能体现在前者，即作为"具体方法"的应用上，包括：对已有问题的深化，应用范围或者问题域的拓展，以及方法使用方式的创新等。也正是这些变化及其带来的理论后果，诠释了实用主义"新—老"之分的断裂感。至此，无论是就"实用主义"的连续性还是就"新—老"之分的断裂感而言，以"实用主义准则"为线索的谱系建构所确立和重释的"古典实用主义"，都为"新实用主义"的谱系建构提供了依据和坐标，并因此承诺了"新实用主义"谱系自身及其作为其中一部分的整个实用主义谱系的融贯统一。

第三节　"实用主义准则"视域下的"新—老"之辩

一、实用主义的"新—老"之辩

如前所述，从"实用主义准则"的提出开始，对其作为"具体方法"的应用和"方法论"内涵的充实便随着"古典实用主义"的叙事进程展开了。不仅因为应用范围的拓展产生了丰硕的理论成果，进而在思想内容体系的建立意义上成就了古典的"内容辉煌"，也因为对其"方法论"内涵的完善和充实将实用主义推向了古典的"方法巅峰"，进而实现了实用主义基本精神的确立。如果说前者的"内容辉煌"因为自身内容的体系性把实用主义从初生推向了成熟，进而赋予了其与同时代的其他主要哲学流派同样的影响力，并成就了其作为一场伟大的"哲学运动"的地位；那么，后者的"方法巅峰"则完成了对实用主义基本精神和内涵的充实和确立，并因此构成了后续叙事的依据。然而，值得注意的是，虽然前者标志着实用主义内容体系的初成和经典，但对其作为"具体方法"的使用却并没有终止，因为无论是问题域的拓展还是方法应用的具体方式，都会随着叙事的推进和延续而具有更大的可能空间，并因此带来作为其理论后果的内容上的更大程度上的多样和丰富。而对于后者作为其基本精神的"方法论"内涵来说则不同，因为，尽管古典时代的具体应用和问题讨论还没有达成极致，但已经在"体系形成"中完成了其"方法论"内涵的充实和构造，换句话说，"实用主义"作为这场哲学运动的核心和标识已经形成，而这也正是"古典"的真正内涵。

显然，在"自然主义"谱系视域下，古典实用主义不仅因为"实用主义准则"这个线索而获得了谱系自身的融贯和普遍认同，进而获得了统一的谱系形象，而且也因为对"古典"的"方法论"和"内容"的双重阐释，进一步确认了"实用主义"的本真意蕴和思想特质，进而为区分"古典"与"新"提供了明确的界标。就"古典"而言，是作为"具体方法"后果的"具体内容"的展开及其对"方法论"内涵的反哺式充实的双重进程的统一，更多体现为一种"方法论"内涵的"形成"；而"新"则更侧重于对已经在古典阶段完成充实的"方法论"内涵的具体应用，譬如在与其他哲学思潮的邂逅以及在更为多样的问题域中的具体应用。因此，作为古典实用主义后续叙事的"新实用主义"之"新"就只能体现在作为"具体方法"应用的内容层面，譬如，将其应用于远远超出古典实用主义问题域的更大问题讨论，甚至是远远超出"哲学"局限的其他领域，并根据讨论问题和涉猎领域而在方法使用方式上具有更大的创新性；而在作为其精神标识的"方法论"内涵上，则不可能再有古典之外的"新"充实，因为，所有的新"充实"都将带来"实用主义"自身的改变，进而将其推向"非实用主义"之路。事实上，这也正是保证"实用主义"的自身统一性、判定诸多叙事的"实用主义"身份以及承诺其叙事的融贯统一的根本依据所在。但是，这并不代表着，古典之后的实用主义叙事在"方法论"内涵上没有任何意义。因为，尽管没有新的意义充实，但每一次具体应用都是对"实用主义"内涵的诠释、澄清、论证和挖掘，都是对其"方法论"内涵在不同问题域、不同时代、不同理论目标上的新论证和新呈现，不仅会在实用主义的论题和内容上极大地丰富其叙事，也会在其应用的范围和历史空间的双重拓展中承诺"实用主义"生命力和影响力的持续存在。

如果说在谱系学意义上，"新实用主义"只能在保证其为"实用主义"的前提下，也就是说在"实用主义"这个连续性基础上呈现其"新"，那么，我们就只能从作为"具体方法"应用及其所带来的理论后果上来界定和回答新实用主义何以为"新"这个问题了。既然要首先保证"实用主义"的连续性，所以，新实用主义之"新"首当其冲也最为直接的表现方式就是对"古典"的"新"阐释了，不仅包括对作为方法使用后果的古典论题及其内容的深化，也包括对"实用主义"自身内涵的重新澄清和挖掘，更有对实用主义思想史的梳理和探究。但从总体而言，这种"新"主要体现在对"古典"的更为精致和具有说服力的呈现。另一种"新"之意义，则主要是体现在对"实用主义"作为具体方法及其理论后果的使用上，最直接的表现就是对"实用主义"方法使用范围的持续拓展，并最终呈现为实用主义的当代"复兴"。这些论题不仅涉及哲学范围之内的论题拓展，诸如在与分析哲学相遇中对"语言""心灵"与欧陆哲学结合以及与"马克思主义"结合中的特有问题讨论等，甚至也辐射和波及了哲学之外的各个人文学科，正如伯恩斯坦在描述这种复兴时所言："今天，我们正在见证实用主义在人文学科、社会与政治学科以及法学理论中的复兴。在政治理论方面，我们可以在 B. 巴伯、W. 沙利文和 T.V. 考夫曼—奥斯本的著作中看到这一点。在社会学方面，D. 沙林和 E. 罗奇伯格—霍尔顿做出了贡献。在文学方面，实用主义主题表现在 F. 伦特里奇尔、R. 波伊瑞尔、B.H. 史密斯、G. 冈恩的著作中。在妇女理论方面，N. 弗雷泽的声音具有独特的实用主义风格。在宗教方面，J. 斯陶特创造性地运用了实用主义传统。"①如果说前两种集中于对"实用主义"的论题深化和具体应用的拓展，那么，第三种"新"之意义则是作为其后果在"新实用主义"上的呈现。前者使得"新实用主义"的论题和内容更丰富深刻、也更具当代性，而后者则进一步拓展了其应用方式，譬如从直接将其应用于其他论题到基于改造目的与其他论题和思想的双向结合等，不仅使"新实用主义"在论证手段和方式上呈现出了与"古典"的不同譬如"分析"，也在自身和对象的双重改造中呈现为新的样态，譬如作为"分析哲学的实用主义化"后果的"后分析哲学"等。

---

① ［美］理查德·J. 伯恩斯坦：《实用主义的复兴》，《学术思想评论》（第一辑），辽宁大学出版社 1997 年版，第 399 页。

二、新实用主义的源生路径及其样态

既然"新实用主义"之"新"集中体现在对其作为"方法"的"实用主义"的具体使用及其后果，并在上述三种意义上呈现出来，那么，这种"新"又是通过什么样的路径得以实现的呢？而作为后果的"新"又以什么样的"样态"呈现出来呢？换句话说，"新实用主义"又是通过什么样的谱系学路径展开其"新"叙事，并呈现为怎样的谱系学"新"样态的呢？

就第一种"新"之意义而言，主要集中于通过"接着说"的方式对"古典实用主义"的新述说和新阐释，既有对实用主义的"古典"主题和具体思想内容的继续深化和完善，也包括在当代语境中对"实用主义"作为方法的本真内涵的重新澄清、论证和挖掘及其思想史的梳理和探究。就前者来说，主要表现在对经典作家们聚焦的论题及其思想内容的重新理解和说明，譬如，胡克对杜威自然主义、工具主义思想的解读，坎贝尔、克洛佩伯格对杜威"经验学说"及其意义的澄清和再发现等；而后者则从古典实用主义的整体叙事出发聚焦于对"实用主义"气质、内涵和思想史的梳理澄清，譬如，罗森塔尔对古典实用主义"现象学"思路的再发现，苏珊·哈克、雷谢尔、布鲁克、莫恩斯等从皮尔士"实用主义准则"出发对其"方法论"内涵的澄清和挖掘，而韦斯特和怀特则基于美国理智史和思想史语境奠定的以实用主义为核心的思想史传统①。虽然这种"接着说"集中于对"古典"的阐释和解读，但也是由当下的哲学语境及其主题所激起并围绕当代哲学问题的解决而展开的，所以，也都因此被赋予了"新"意。然而，因为这种新释大都是出于对当代"实用主义"叙事的危机的担忧或者对实用主义的背离的不满，并因此表现出了某种程度上的"回归古典"的倾向，譬如：罗森塔尔是基于澄清实用主义和分析哲学的关系误解而揭示

---

① 陈亚军：《新实用主义：美国哲学的新希望?》，《哲学动态》1995 年第 4 期。

其现象学气质的，"虽然实用主义……往往被归入英美哲学的名称之下，虽然从分析哲学传统中衍生一种实用主义分析，而且这一趋向最终导致了所谓的'新实用主义'的出现，但实用主义与欧洲存在论现象学——特别是海德格尔和梅洛·庞蒂的学说——之间的亲缘关系要远甚于它与分析哲学传统的关系"①；哈克和雷谢尔则是基于对以罗蒂为代表的"新实用主义"对古典实用主义尤其是皮尔士的背离而做出"实用主义准则"的方法论旨趣的澄清的，所以也被称为"新古典实用主义"。

　　第二种"新"之意义是"新实用主义"的叙事主体之"新"，因为，不仅对应用范围的拓展直接关系到实用主义叙事进程的推进，而且作为其理论后果的丰富多样的叙事也构成了"新实用主义"的叙事主体，并因此成就了实用主义的当代"复兴"。如前所述，这种拓展不仅在哲学之内，而且也延续到了哲学之外，政治、文化、教育、宗教、文学、妇女理论等流行尤其是在美国被关注的领域几乎无一例外都被波及，所产生的理论成果也几乎涵盖了当代美国思想的方方面面。在这种意义上，把几乎所有生活在美国并受到实用主义思想影响的思想家都称为"新实用主义者"甚至也不为过。然而，作为一种哲学运动的"实用主义"的一部分，"新实用主义"的叙事却主要集中并体现于"哲学"内的问题拓展、应用及其理论成果之中。除了胡克、伯恩斯坦等在与马克思主义的结合中对"阶级""人类解放"等问题的讨论，哈贝马斯、麦克道威尔、罗森塔尔在与欧陆哲学的结合中对"理性""自然""现象"等德国古典哲学、现象学问题的讨论，达米特、斯密斯就实用主义影响对其与时代精神关联和对哲学的冲击的揭示，以及对其他流行且极具影响力的哲学问题的应用和讨论（譬如"唯心主义""实在论"）之外，与分析哲学的结合以及围绕"语言""经验""实

----

① ［美］桑德拉·罗森塔尔：《从现代背景看美国古典实用主义》，陈维纲译，开明出版社1992年版，第9页。

在"等相关主题的讨论最具代表性，不仅问题集中深刻，成果也最具影响力。不仅在"实用主义的分析化"的过程中产生了具有过渡性的刘易斯的"概念论的实用主义"、莫里斯的"符号学实用主义"和布里奇曼的"操作主义的实用主义"，也在结合更为紧密的"分析哲学的实用主义化"进程中，形成了蒯因、古德曼代表的"逻辑实用主义"。而在此后对分析哲学和实用主义更为明显的双向改造过程中，则分别以"语言"和"经验"为线索，形成了以戴维森、罗蒂、布兰顿为代表和以塞拉斯、普特南、麦克道威尔、舒斯特曼等为代表的两大"新实用主义"阵营。因为在"语言转向"和复兴语境中，分析哲学的"语言"和"经验"构成了"新实用主义"叙事的两大基本线索，并构成了其叙事的主体，所以在这种意义上，"新实用主义"也被认为是从分析哲学中分化出来的，甚至直接称之为"实用主义化的分析哲学"或者"后分析哲学"。[1] 然而，值得注意的是，并不是所有的哲学家都承认自己的实用主义身份（譬如蒯因、戴维森），而自觉以"实用主义"作为自己学说标记的哲学家，主要是三位：罗蒂、普特南和布兰顿，[2] 所以他们也理所当然构成了"新实用主义"家族的核心人物。

如果说前两种路径聚焦于对"实用主义"的具体应用及其所产生的理论成果，并呈现为"内容"之新的话，那么，第三种路径则更多体现在使用过程中对方法使用方式上的创新，以及这种方法创新所引发的"实用主义"呈现方式之"新"上。毫无疑问，在古典之后的"实用主义的分析哲学化"阶段，无论是刘易斯还是莫里斯都是把实用主义作为一种现成的方法或学说直接引入以解决其他问题的。前者将其作为"必须满足的作为行为的指南的实用的价值标准"[3] 以解决逻辑的先验性和有效性，后者则将其直接与实证主义和经验主义结合以建立一种"科学的经验主义"。即使

---

[1] 夏基松：《现代西方哲学》，上海人民出版社 2006 年版，第 166 页。

[2] 陈亚军：《超越经验主义与理性主义》，江苏人民出版社 2014 年版，第 147 页注释 1。

[3] C. I. Lewis, *Mind and the World-Order*, New York: Charles Scribner's Sons, 1929, p.27.

是到了蒯因和古德曼那里，虽然实用主义与分析哲学的结合更具融渗性，对其的应用也因为更具自觉性而对"分析哲学"的基本原则造成了巨大冲击，但实用主义仍然是作为方法和立场而服务并从属于"分析哲学"问题的解决的。然而，随着对实用主义的持续关注和应用及其对原有问题带来的改造甚至颠覆式效应的彰显，这种基于不改变自身而直接引入的使用方式也发生了巨大改变，不仅从作为从属方的被动引入变成了作为平等的主体主动与其他思潮相结合，而且在改造对象的同时也重塑了自身，进而呈现为一种区别于"古典实用主义"的崭新"形态"，譬如"后分析哲学"。换句话说，实用主义与分析哲学的融流，既推动了分析哲学的"后"转向，也实现了实用主义的"新"复兴，① 在这种意义上，"后分析哲学"既是这种结合对分析哲学的改造结果，也是对实用主义自身的重塑形态。更为重要的是，这种创新的应用方式，也在与马克思主义、存在主义和现象学等其他哲学思潮的结合中开始被广泛使用，不仅主导了此后的实用主义叙事，也产生了实用主义的诸多"新形态"。

　　然而，上述路径和方式，既非孤立存在也不可能单独运行，总是交织在一起发生作用，所以，任何一种"新"叙事都会因为作为多种路径的互动结果而很难被清晰地归入某一种固定路径，并按照路径来呈现；而且即使同一种路径，也会因为应用对象的多样而产生不同甚至相互冲突的理论后果，所以，新实用主义谱系建构既不可能按照路径对其进行定性式的分类归属，而只能根据"语言""经验"等问题线索进行"家族相似式"呈现；也不可能是面面俱到地简单罗列，而只能根据应用对象的重要性及其应用所产生的后果对新实用主义的贡献和被认同程度进行选择性描述，譬如"分析哲学""实用主义美学"等。事实上，这也正是此后的章节内容设置的基本依据和参考坐标。

---

① 姬志闯：《构造的无羁与归敛》，人民出版社 2013 年版，第 224 页。

第 二 章

实用主义的"古典"逻辑及其叙事

　　众所周知，从皮尔士 1878 年在《如何使我们的观念清晰》中首次提出"实用主义准则"并标识实用主义的诞生以来，包括詹姆斯、杜威、米德在内的经典作家们便围绕语言（符号）、经验、意义、真理、教育等诸多问题进行了富有现代哲学意味的创造性探究，进而构筑了蔚为壮观且极富断裂和冲突感的实用主义古典话语。如前文所述，在以"实用主义准则"为线索的谱系重构视域下，实用主义的百年叙事被纳入了"实用主义准则"作为方法和方法论的双重意义的辩证和互动进程，于是，"古典"也不仅仅是作为"具体方法"的应用拓展及其理论成果的"内容"辉煌，而更是其"方法论"内涵的最终完善和确认所标识的"方法"巅峰，是"具体方法"的展开和对"方法论"内涵的反哺式充实的双重统一和实现。换句话说，正是这种作为方法论的实用主义的生成、充实和确立，才承诺了一个融贯统一的实用主义"古典"逻辑和谱系形象。那么，这个"古典"逻辑或者说作为方法论的实用主义是如何在这个辩证进程之中生成和确立的？在这种谱系逻辑下，我们又如何理解和看待古典实用主义的话语展开和各种"分野"叙事呢？

第一节　作为方法论的实用主义："古典"逻辑的生成与确立

　　毫无疑问，"实用主义准则"构成了前述自然主义的谱系重构计划的关键。之所以如此进行线索选择,除了作为诞生标识端起了实用主义叙事的自然发生进程之外,更为重要的原因就是"实用主义准则"的方法和方法论两种意义之间的辩证互动统摄并构筑了实用主义叙事的展开逻辑。就实用主义的"古典"语义而言,除了将实用主义作为具体方法的应用带来的诸多辉煌的理论成果之外,更为重要的是,实用主义作为方法论的确立所标识的"方法"巅峰。也正是这一点,不仅成就了实用主义的"古典"要义,而且也构成了"新—老"实用主义的核心之别。然而,与"实用主义准则"在提出之时便明确规定和呈现的方法意义相比,其方法论内涵或者说作为方法论的实用主义却既不明显也不现成,相反,是在实用主义经典作家们将其作为具体方法应用而带来的诸多理论成果的不断反哺,或者说他们围绕真理等相关主题进行的不断探究和拓展中逐步完善和确认的。而这个过程的起点,理所当然要归源于实用主义的创始人皮尔士,并从他首次提出的"实用主义准则"及其原初意义设定说起。

一、从意义澄清到科学探究:皮尔士实用主义的方法论意蕴

尽管被罗蒂认为只给了实用主义一个名称,甚至也不是"实用主义"这个概念的首次使用者,但皮尔士仍然被詹姆斯认为是实用主义的创始人。而成就这一身份的就是他在《如何使我们的观念清晰》中首次表述的"实用主义准则",也被称作"皮尔士准则",即:"考虑一下我们认为我们概念的对象具有一些什么样的效果,这些效果具有一些可以想象的实际意义。这样一来,我们关于这些效果的概念就是我们关于这个对象的概念的全部。"①从这个表述的直接指向和原初语义来看,毫无疑问是作为澄清观念意义的方法提出的。一方面,它是对以往澄清观念意义方法的替代,因

---

① 涂纪亮编:《皮尔斯文选》,涂纪亮、周兆平译,社会科学文献出版社 2006 年版,第 95 页。

为，在皮尔士看来，无论是笛卡尔的方法还是莱布尼茨引入逻辑之后对其的改造，都只是停留于回答"什么是清楚的观念"问题，并没有解决"如何使我们的观念清楚"的问题，而要真正澄清观念的意义，就只能通过与其相关联的行为和产生的实际效果来判定，换句话说，观念的意义就在于其实际的行为效果。另一方面，这个准则不仅从一开始就把使用对象直接限定在了观念上，而且也没有对作为意义判定标准的实际效果做出任何区别于具体"经验"的一般性的理性说明和规定，甚至因为对"当下经验"的更多关注和更加强烈的唯名论立场而表现出了更多的"具体性"。

然而，当我们把这个"实用主义准则"置入皮尔士的整个哲学语境和体系之中考察时，便不难发现，无论是从提出的原初语境和目的还是他对这个准则的后续表述和阐明来看，方法都不是它的全部，甚至也不是其唯一意蕴，相反，却愈发明显地指向了"方法论"意义上的科学探究理论。

首先，就作为其哲学的主要思想资源的科学和哲学旨趣而言，"实用主义准则"是其科学探究理论的一部分，并因此从一开始就具有"方法论"意蕴。皮尔士的哲学建基于其浓厚的科学背景，并终生致力于为哲学奠定科学基础，尤其是科学的方法论基础。皮尔士认为，科学的目的不是"知识"，而是对知识或者真理的追求，不是最终的成果，而是获取成果的方法，这种方法就是哲学要模仿的科学探究理论，正如他本人坦承的那样："简单来说，我的哲学可形容为，一个物理学家基于先前哲学家的成果，试图对于宇宙的构造做出科学方法所允许的一些猜测"。① 如果说哲学的目的和功能就是消除怀疑、确立信念，那么，能规避以往的信念确立方法困境的唯一选择就是科学的或实验的方法，因为，只有科学探究才能保证我们在结论统一的意义上确立信念，通达真理。既然确立信念的首要步骤

---

① C. S. Peirce, *Collected Papers of Charles Sanders Peirce, Volume 1*, edited by Charles Harts-horne and Paul Weiss, Cambridge: Harvard University Press, 1931, para.7.

就是弄清楚观念的意义，或者说，澄清观念的意义最终服务于信念的确立，所以，作为澄清观念意义方法的"实用主义准则"便理所当然作为信念确立方法的一部分构成并服务于科学探究理论，正如墨菲总结的那样："令人惊奇的是，皮尔士1898年前的著作鲜有提及这个主题，它表明实用主义是皮尔士在1870年发展出来的探究理论的一部分"。① 而这也正是"实用主义准则"除了作为澄清观念意义方法之外的方法论旨趣所在。

其次，从皮尔士对"实用主义准则"的后续表述和修正性阐明来看，每一次重述和改变都是其"方法论"意义和特质的进一步彰显。基于对首次提出时的笼统表述和当时对实用主义的通俗阐释与使用的不满，在日渐成熟的符号学理论基础上，皮尔士分别在1905年和1906年的论文中对"实用主义准则"进行了修正性重述，即："一个概念，即一个词或其他表达式的理性意义，完全在于它对生活行为产生一种可以想象的影响"②；"任何一个指号的全部理性内涵就在于合理行为的各种普遍模式的总和，它依据于各种可能的、不同的环境和愿望，从而引导人们接受这个指号"③；"我把实用主义理解为一种用以弄清楚某些概念的意义的方法，不是所有概念的意义，而仅仅是那些我称之为'理智的概念'的意义，也就是说，是那样一些概念的意义，一些涉及客观事实的结论可能以这些概念的结构为依据。……理智的概念——它们是那种被适当地命名为'概念'的唯一指号负荷——从本质上说具有某种涉及有意识的生物或者无生命的对象的一般行为的意义，因而传达某种不只是感觉的东西，而是传达某种比任何存在事实更多的东西，也就是传达习惯行为的'would-acts'（'将会如此行动'）、

---

① Murray Murphey, *The Development of Peirce's philosophy*, Cambridge, Mass: Harvard University Press, 1961, p.156.

② 涂纪亮编：《皮尔斯文选》，涂纪亮、周兆平译，社会科学文献出版社2006年版，第4页。

③ 涂纪亮编：《皮尔斯文选》，涂纪亮、周兆平译，社会科学文献出版社2006年版，第22页。

'would-dos'（'将会如此行事'）"。①

从这些表述中不难看出，皮尔士的改变和修正主要体现在两个方面：一是对实用主义准则的意义内涵和适用对象做了明确限制；二是在此基础上通过概念的符号学释义明确将"实用主义准则"定位于一种逻辑推理法则。就第一方面而言，皮尔士不仅基于成熟的符号学理论表达了对概念的"理性意义"的强调，将其明确规认为超越"经验当下"的"对生活行为产生的可以想象的影响"和"合理行为的各种普遍模式的总和"或者"行为习惯"，而且在作为适用对象的概念之前直接加上了"理智"的限定。显然，这些修正性表述一改首次表述中对意义的笼统说明，在对其"经验"或者"理性"性质做出界分基础上给出了明确的理性限定。既然意义是超越了经验当下的理性一般，那么，意义的澄清也必然从某一个事件的直接和具体印证，走向一种基于寻求某一类事件发生的普遍性结果的逻辑推理，而作为意义澄清方法的"实用主义准则"也因此拥有了作为逻辑准则的方法论意义。换句话说，正是这种基于理性一般的意义限定为"实用主义准则"作为一种逻辑准则的方法论意义敞开了空间。

而对概念的"理智"限定则更为直接地坐实了"实用主义准则"与感性经验的完全脱离，并最终在符号学解释意义上将其落实为一种逻辑推理法则。因为"理智概念"实质上就是"推理所赖以运用的概念"或者"可以被推理者理解的概念"，所以作为符号，不仅这种概念（词项）可以扩展到普遍的命题和论证，而且其意义实质上也成了符号关系中的"解释项"并只能通过逻辑推理而获取。与此相应，最初作为概念意义澄清方法的"实用主义准则"也就成了适用于一般符号意义解释的逻辑推理准则，并因此获得了普遍的方法论意义。如果把这种逻辑学植入更为广泛的符号

---

① 涂纪亮编：《皮尔斯文选》，涂纪亮、周兆平译，社会科学文献出版社 2006 年版，第44—45 页。

学语境,"实用主义准则"的"方法论"特质则更为明显。在符号学视域内,逻辑就是一种"准必然的或形式的符号学说"①,就是一种"方法论,即:旨在研究在探究、阐释和应用真理时所应遵循的方法"②,并因为刻画了整个符号过程而"使得思想活动成为了一种有关符号新陈代谢的生动推理"。③ 不仅如此,皮尔士还从 1903 年开始分别从知觉理论、符号学和存在图视角给出了关于实用主义准则的逻辑学证明,尽管这些证明复杂而散乱,且并不能确保有能力达成目标,但其要义和旨向却非常明显,正如皮尔士亲承的那样:"实用主义……不过是方法论的一个法则或者有关逻辑方法的学说",换句话说,"实用主义主要是方法论的一部分"。④ 事实上,这也正是皮尔士对"实用主义准则"进行修正所体现的第二方面的意义所在。

更为关键的是,如果考虑"实用主义准则"的最终结果或者真理指向,这种方法论意义就会在哲学上进一步放大。尽管如谢夫勒(I.Scheffle)认为的那样,"皮尔士并没有试图直接运用他自己的实用主义准则去澄清真理的概念"⑤,但无论是作为确立信念第一步的意义澄清方法,还是作为逻辑推理法则,这种方法的结果都不可避免地指向真理。然而,在皮尔士看来,这种真理并不是传统形而上学或者"大写"意义上对客观存在的被动反映,而是基于消除怀疑目标和科学探究方法的信念的确立,不仅与信念直接相关,"如果你的术语'真理'和'谬误'被按照怀疑和信念以及

① C. S. Peirce, *Collected Papers of Charles Sanders Peirce, Volume 2*, edited by Charles Harts-horne and Paul Weiss, Cambridge: Harvard University Press, 1932, para.203.

② C. S. Peirce,*The Essential Peirce: Selected Philosophical Writings, Volume 2*, edited by Peirce Edition Project, Bloomington and Indianapolis: Indiana University Press,1998, p.260.

③ C. S. Peirce, *Collected Papers of Charles Sanders Peirce, Volume 5*, edited by Charles Harts-horne and Paul Weiss, Cambridge: Harvard University Press, 1934, para.402, n.3.

④ Max Fisch, *Peirce,Semeiotic, and Pragmatism*, Kenneth Laine and Christian J. W. Kloesel, eds,Bloomington and Indianapolis: Indiana University Press, 1986, p.375, n.15.

⑤ Israel Scheffler, *Four Pragmatists* ,New York: Routledge & Kegan Paul Inc, 1986, p.101.

经验的过程来定义的话，……那么很好，在这种情形下，你只是在谈论怀疑和信念"①，而且实质上就是经过长期的科学探究和消除怀疑后人们所达成和确立的稳定信念，就是"所有研究者们最终注定达成一致的那个观点"②。因为，澄清概念的意义是确立信念的前提，而真理又构成了哲学认识论意义上的"知识"标识，所以，作为意义澄清方法和科学探究理论一部分参与真理获取的"实用主义准则"也必然在更大范围内具有方法论意义，并最终呈现为一种认识论意义上的"可错论"。

显然，仅就皮尔士的哲学计划而言，"可错论"既是以"实用主义准则"为开端的科学探究理论计划的完成并因此直接体现了其方法论意义，也是将实用主义作为方法应用于真理问题的探究及其成果对方法论的反哺的结果，换句话说，这些成果的哲学批判效应进一步将其方法论意义扩展到了认识论。然而，在古典实用主义的整个哲学计划里，无论是方法论意义的直接拓展，还是作为方法应用的成果对方法论的反哺及其哲学效应，却刚刚开始。随着将实用主义方法应用于更广泛的哲学问题讨论，詹姆斯不仅完成了实用主义从科学探究理论向一般哲学方法论的直接拓展，也带来了足以让实用主义声名远播的辉煌理论成果，而这些作为方法应用结果的理论成果及其更大的哲学批判效应，则进一步反哺了方法论，并最终将实用主义塑造成了一种哲学。

二、作为哲学方法论的实用主义：詹姆斯的应用与拓展

正如陈亚军教授在论及皮尔士和詹姆斯在实用主义发展史上的贡献时总结的那样，"如果说皮尔士是实用主义的生父的话，那么詹姆斯便是

① C. S. Peirce, *Collected Papers of Charles Sanders Peirce, Volume 5*, edited by Charles Harts-horne and Paul Weiss, Cambridge: Harvard University Press, 1932, para.416.

② C. S. Peirce, *Collected Papers of Charles Sanders Peirce, Volume 5*, edited by Charles Harts-horne and Paul Weiss, Cambridge: Harvard University Press, 1932, para.407.

其养母。……在皮尔士那里，实用主义还只是他的科学探究理论的一部分，而在詹姆斯这里实用主义已上升为处理一切哲学问题的轴心"①。换句话说，真正滋养实用主义并使之走向成熟的是詹姆斯，而其中的关键就在于，皮尔士作为意义澄清方法和科学探究理论一部分提出的"实用主义准则"，已经被詹姆斯作为一种哲学方法论全方位地应用于哲学问题的探究。在詹姆斯看来，皮尔士的"实用主义准则"太过局限于自然科学、数学和形式逻辑等领域，并因此极大地限制了实用主义的方法论内涵和功能。因为，任何哲学命题的有效意义，总是能归结为我们将来的实际经验中的某些具体结果，所以，实用主义应该被应用于更为广泛的哲学问题的考察，正如他明确指出的那样，实用主义方法"主要是一种解决那些从一定意义上将可以终结的形而上学纷争的方法"②。与此相应，"实用主义准则"及其相关的原则都可以比皮尔士"更宽泛地得以表述"③，进而从作为科学探究理论的一部分的意义澄清方法走向一种哲学方法论。实际上，正是通过这种全方位的哲学应用，詹姆斯不仅进一步拓展和充实了实用主义的方法论特质和意义，也为实用主义提供了更多具体的证明，而其理论成果则直接催生了实用主义从一种方法向一种哲学学说的飞跃。尽管与皮尔士一样，詹姆斯也更强调实用主义的方法性质而无意承诺一种哲学学说，但毋庸置疑的是，从他开始，实用主义已然被视为"美国为世界哲学做出的独特贡献"而声名远播了。

尽管詹姆斯早在 19 世纪 70 年代早期就已经参加了被视为实用主义摇篮的"形而上学俱乐部"，并迅速成为了中坚力量，但首先赋予詹姆斯学

---

① 陈亚军：《实用主义：从皮尔士到布兰顿》，江苏人民出版社 2020 年版，第 45 页。

② ［美］威廉·詹姆斯：《实用主义》，陈羽纶、孙瑞禾译，商务印书馆 1997 年版，第 26 页。

③ 《杜威全集》（晚期著作第二卷），张奇峰、王巧贞译，华东师范大学出版社 2015 年版，第 6 页。

术盛誉的却不是实用主义，而是在 1890 年发表的一部心理学著作《心理学原理》。在这部著作中，詹姆斯试图将心理学建成奠基于融通哲学思辨和科学实验方法的一门独立学科，从而通过将意识直接描述为具有连续性特征的"意识流"或者"主观的生活之流"而彻底摆脱传统形而上学或者说实体心理学的桎梏。尽管这是一部心理学著作，但在其诸多概念论题和观点中，譬如对科学观察实验方法的热衷、关于心灵的功能主义解释和认识是适应环境的行为的观点等，都已经能够明显看到"形而上学俱乐部"的讨论成果尤其是皮尔士的影响和启发了，尽管这种启发还说不上系统。

随着詹姆斯的学术兴趣在 19 世纪的最后十年逐渐转向伦理和宗教，这种影响和倾向也日益明显和强化，并已经开始在超越皮尔士的意义上阐发未来实用主义的主要内容和观点了。1897 年发表的《信仰的意志》中始终贯彻的多元论和实践观点，被称为了解其实用主义和彻底经验主义之关键①的《道德哲学家和道德生活》中对道德作为哲学核心及其生活效用的强调，《宗教经验种种》中对个人经验和实践生活的关注，都已经明确体现了詹姆斯的实用主义倾向，即：实践、经验、价值、目的、功能和生活必须作为探究哲学问题的出发点。所有这些，都促使詹姆斯在 1898 年正式提出"实用主义"概念，并因此标识了实用主义运动的开始。在这里，我们不难发现，詹姆斯的实用主义已经不再是专注于概念的意义澄清和理论的科学探究，不再局限于一种作为消除怀疑确立信念的探究逻辑一部分的方法，而是更加聚焦于人的价值、目的、经验和生活实践，进而演变成了一种处理一切哲学问题的普遍方法，一种哲学方法论和具有人道主义意味的世界观。事实上，这也正是詹姆斯区别并超越皮尔士的地方。

如果说，20 世纪之前的心理学、道德和宗教问题讨论，还只是詹姆斯哲学思想的分散呈现及其实用主义方法论的逐步释放和充实的话，那

---

① H. Putnam, Realism with a Human Face, Cambridge: Harvard University Press, 1990, p.217.

么，真正完成其哲学化进而为实用主义的真正确立提供前提和扫清障碍的，则是之后发表并于 1912 年被集结成《彻底经验主义论文集》出版的一系列论文。在《宗教经验种种》发表两年之后，詹姆斯就明确表示要"立即开始撰写我的形而上学体系"①，尽管因为诸多原因没有成书，但这个形而上学计划仍然通过《"意识"存在吗?》等一系列论文得以完成，并最终汇聚成集中阐发和标识其哲学立场的"彻底经验主义"学说。尽管在《心理学原理》中，詹姆斯的"意识流"概念通过对其连续性特征的揭示克服了传统的实体心理学桎梏，但仍然因为内省式描述方法及其作为"主观生活之流"的"个人"化归置而无法与"二元论"彻底划清界限。

于是，在 19 世纪 90 年代中期之后，詹姆斯就开始有意用"经验"取代"意识"概念，并在《宗教经验种种》对经验的"整体存在"和"直接感受"性的揭示和强调基础上，完成了对经验的改造和形而上学设定，即："纯粹经验"和"直接生活之流"。正如他在《"意识"存在吗?》中明确阐明的那样："我把直接的生活之流叫做'纯粹经验'，这种直接的生活之流供给我们后来的反思与其概念性的范畴以物质材料"②，纯粹经验是连续的、整体的，是直接的、前反思的，是构成世界的唯一素材和本质，是最后的实在。纯粹经验没有主客观之分，所谓的主客观之分，只不过是因为后来的反思和概念化而进行的第二层级的重新分类和组合而已，而这些归类和组合都与我们的目的直接相关，"归类是根据我们一时的目的。为了某些目的，适合把事物从这一组关系来看；为了另外一些目的，适合于把它们从另一组关系来看"③。

---

① R. B. Perry, *The Thought and Character of William James*, Cambridge Mass: Harvard University Press, 1948, p.277.

② ［美］威廉·詹姆斯:《彻底的经验主义》，庞景仁译，上海人民出版社 1987 年版，第 49 页。

③ ［美］威廉·詹姆斯:《彻底的经验主义》，庞景仁译，上海人民出版社 1987 年版，第 76 页。

因此，传统的主客二分在本体论意义上并不存在，最终都统归于"直接的生活之流"。而建基于传统二元论的事实与价值二分等，也都是基于人的目的做出的区分，在功能上都服务于人的实践和生活，服务于人的价值诉求和目标。至此，詹姆斯通过将传统的"经验"概念改造为"纯粹经验"完成了自己的形而上学即"彻底经验主义"的建构，并以此为基实现了对传统二元论的彻底摆脱和拒斥。然而，詹姆斯的这种"彻底经验主义"新哲学的效应却并未止步于一种纯粹的本体论批判，而是为实用主义方法论的确立提供了前提，扫除了障碍。既然"纯粹经验"是世界的终极要素，并因此构成了我们一切思考的起点，那么，"经验主义"就必然是我们在态度和立场上的首选，加之"纯粹经验"就是"直接的生活之流"，所以这种立场也必然最终指向我们当下的具体生活实践。正如后来他本人在《实用主义》中谈及经验主义及其优势时坦承的那样，"实用主义代表一种在哲学上人们非常熟悉的态度，即经验主义的态度，在我看来它所代表的经验主义的态度，不但比素来所采取的形式更彻底，而且也更少有可以反对的地方。它避开了抽象与不适当之处，……它趋向于具体与恰当，趋向于事实、行动与权力。这意味着经验主义者的气质占了统治地位，而理性主义者的气质却老老实实地被抛弃了"①，"彻底的经验主义"不仅为实用主义的"经验主义"基本立场的确立提供了本体论依据，进而为从"语言"向"经验"的核心概念转向做好了准备，也为实用主义方法最终诉诸经验效果和生活实践提供了合理性证明，从而为人的目的、价值、效用的引入和逃离理性主义传统的束缚扫清了障碍。实际上，这也正是詹姆斯对实用主义的创造性阐释并区别于皮尔士的关键所在。

对于强调实践和生活的詹姆斯来说，形而上学建构显然不是终点，关

---

① 　[美] 威廉·詹姆斯：《实用主义》，陈羽纶、孙瑞禾译，商务印书馆 1997 年版，第 29 页。

键是要将这种哲学理论转化成一种实践方法，一种看待世界和处理问题的态度和方法，因为在詹姆斯眼里，无论是伦理、宗教还是哲学本身，都必须作为方法指向并最终落实为人的生活和价值。于是，在围绕"彻底经验主义"这一形而上学主题的短暂讨论后，詹姆斯便旋即进入了对自己哲学方法论的建构工作。从 1905 年开始的短短两年间，詹姆斯完成了一系列讲座，对其前期著述中的实用主义观点和内容进行了系统整理和集中阐述，并于 1907 年以《实用主义》为题出版，加上 1909 年为进一步阐释和回应质疑而撰写出版的《真理的意义》，共同构成了詹姆斯乃至整个古典实用主义的两部经典之作。

与皮尔士一样，詹姆斯同样强调："实用主义不代表任何特别的结果，他不过是一种方法"[1]，并对皮尔士的"实用主义准则"进行了再表述，即："要弄清一个思想的意义，我们只需要断定这思想会引起什么行动。对我们来说，那行动是这思想的唯一意义。……我们思考事物时，如要把它完全弄明白，只需考虑它含有什么样可能的实际效果，即我们从它那里会得到什么感觉，我们必须做什么样的反应。"[2]虽然，这个表述依然承续了皮尔士将实用主义作为澄清意义方法的原初设定，但却在其适用对象上进行了明显调整和拓展，即把具体的"概念"换做了更为一般的"思想"，实用主义不仅适用于概念的意义澄清，更是我们面对一切思想时应采取的一般方法。不仅如此，决定概念意义的"效果"也改变为思想引起的"行动"，虽然，基于经验主义和更强的唯名论立场，詹姆斯同样强调诸如具体的"感觉"效果和"兑现价值"，甚至因此遭遇了质疑，但与对于一个具体概念而言更强调现成性和实际发生的"效果"相比，与皮尔士更强调"朝后

---

[1]　[美] 威廉·詹姆斯：《实用主义》，陈羽纶、孙瑞禾译，商务印书馆 1997 年版，第 29 页。

[2]　[美] 威廉·詹姆斯：《实用主义》，陈羽纶、孙瑞禾译，商务印书馆 1997 年版，第 26 页。

看"的证明相比，对于思想而言的"行动"却更多地关注了"效果"的产生，并因此拥有了更多"朝前看"的开放性和未来指向。所有这些都标志着，在詹姆斯那里，实用主义准则作为一种方法具有了更强的普适性或者方法论特征。

如果结合詹姆斯的整体哲学语境及其后来的表述，实用主义的这种方法论意义和特质会更加明显。不仅仅是思想，实用主义还适用于与思想相关的一切事物，包括作为思想体系的哲学及其所有问题。它实质上就是一种对待事物的态度，"这种态度不是去看最先的事物、原则、'范畴'和假定是必须的东西，而是去看最后的事物、收获、效果和事实"①；一种用实际效用调和与解决各种争论的立场、一种付诸实践和生活以解决理论问题的立场，"实用主义在我们的各种理论中就像旅馆里的一条走廊，许多房门都和它通着。……如果他们要找一个进出各人房间的可行的通道的话，那就非经过那条走廊不可"②。一切理论问题，都将归诸于实践和实际效用，它们的终极意义就在于人，在于对人而言的目标、目的和价值。在这种意义上，实用主义就是一种世界观，一种带有人道主义面孔的世界观。

如果说，到此为止，作为概念意义澄清方法的"实用主义准则"，已经在阐发和表述的意义上，完成了从皮尔士的科学探究理论的一部分向詹姆斯的哲学方法论的拓展和转变，那么，真正让这种哲学方法论的作用发挥得淋漓尽致进而最大限度地凸显其意义与效应的，就是詹姆斯在真理问题上的具体应用和讨论。除了方法之外，詹姆斯也明确把实用主义定义为"关于真理是什么的发生论"，在这种意义上，也可以把詹姆斯的实用主义理解为一种真理论。

---

① ［美］威廉·詹姆斯：《实用主义》，陈羽纶、孙瑞禾译，商务印书馆 1997 年版，第 31 页。
② ［美］威廉·詹姆斯：《实用主义》，陈羽纶、孙瑞禾译，商务印书馆 1997 年版，第 31 页。

　　詹姆斯认为，无论是将真理性诉诸一种与不以我们的意志为转移的客观实在的关系的传统"符合论"，还是将其归之于一种绝对的系统关系的"融贯论"，都因为把人排除在外而不符合实用主义的"实际效果"原则。但他并没有在绝对意义上拒斥一般意义上的"符合"和"融贯"，而是对其进行了改造，甚至保留了其中的某些合理观点。詹姆斯承认真理"意味着观念与实在的符合"，但"实在"并不是传统意义上的客观实在，无论是其包含的感觉部分即"我们的感觉流"和感觉之间及其与模本的关系部分，还是过去已有的真理部分，都与人相关并渗透着人的价值取向，"实在是什么，全凭取景，而取景如何，则随我们"①。因此，与实在相符合，也不再是对客观实在的被动摹写或复制，"而只能意味着我们被一直引导到实在，或到实在的周围，或到与实在发生实际的接触，因而处理实在或处理与它相关的事物比与实在不符合时要更好一些，无论在理智上或实际上都要更好一些！……摹写实在是与实在符合的一个很重要的方法，但绝不是主要的方法。主要的事是被引导的过程"②。与"符合论"一样，詹姆斯也没有绝对地拒斥和否定"融贯"，反而因为把已有真理作为实在的组成部分而在"符合实在"的意义上强调了与旧信念的协调或者不冲突，"它保持着较旧的一套真理，极少改变；仅把旧真理稍加引申，使它能容纳新的经验……新真理将旧看法和新事实结合起来的方法总是使它表现出最小限度的抵触和最大限度的连续。"③

　　既然实在是人化的，符合是更有利的行动引导，那么，真理就是符合我们价值取向和有实际生活效果的，换句话说，就是对我们生活的"有

① ［美］威廉·詹姆斯：《实用主义》，陈羽纶、孙瑞禾译，商务印书馆 1997 年版，第126 页。

② ［美］威廉·詹姆斯：《实用主义》，陈羽纶、孙瑞禾译，商务印书馆 1997 年版，第109 页。

③ ［美］威廉·詹姆斯：《实用主义》，陈羽纶、孙瑞禾译，商务印书馆 1997 年版，第34 页。

用"或"方便"。尽管，因为众所周知的断章取义的原因遭遇了一些误解，但詹姆斯的"真理有用论"仍然因为对客观实在的否认所导致的对真理客观性的消解，以及因为把真理落实为人的价值和生活效用所招致的主观唯心论嫌疑而广受质疑，甚至被扣上了庸俗主义的帽子。然而，所有这些质疑都是基于传统对真理的本质主义定义方式而提出的，而詹姆斯却既无意给真理下定义，也没有把"有用"视为真理的性质，而是在发生学的意义上强调"'真'是任何开始证实过程的观念的名称，'有用'是它在经验里完成了的作用的名称"①。换句话说，真理并不是与人无关，而是必须能够被我们所把握，真理"不是一个独立于人的兴趣、利益、需要或欲求的中性概念，而是一个渗透着具体的利益、需要或欲求的价值负载（Value-Laden）"②。在詹姆斯看来，所有东西脱离了人，脱离了真实的生活世界，都将毫无意义，真理如此，实在如此，经验和事实如此，科学、哲学以及一切理论都是如此。实用主义作为一种注重生活效果的方法，实质上就是一种服务于人的方法，它拒斥事实与价值的二分及其背后的二元论框架而倡导一种多元论，否认传统哲学的大写、中性的客观实在论而为之加上了"人类面孔"。实际上，正是这种多元论和人道主义的实在论构成了实用主义的精髓，不仅与真理论等其他理论成果一起让实用主义成为了一种哲学，也在其哲学批判效应的持续放大中充实和凸显着实用主义作为一种哲学方法论的特质和意义。

如前所述，在皮尔士那里，"实用主义准则"是科学探究理论的一部分，而科学探究理论又建基于对以往成功的科学实验方法的综合，所以，

---

① ［美］威廉·詹姆斯：《实用主义》，陈羽纶、孙瑞禾译，商务印书馆 1997 年版，第105 页。

② C. West, *The American Evasion of Philosophy: A Genealogy of Pragmatism*, Madison Wisconsin: The University of Wisconsin Press, 1989, p.65. 参见 ［美］康乃尔·韦斯特：《美国人对哲学的逃避：实用主义的谱系》，董山民译，南京大学出版社 2016 年版，第 92 页，译文有改动。

"实用主义准则"本身就是作为一种现成的方法为进一步的具体应用而提出的，并明显呈现出从方法论到方法再到应用的生成逻辑。然而，在詹姆斯那里，却是首先从具体的应用开始的，詹姆斯对实用主义的阐发从一开始就是围绕具体问题的讨论展开，并在不断的问题阐释中逐步释放和充实为一种方法论，最后再通过具体哲学问题譬如真理的应用来落实和证明，从而呈现出从方法应用到方法论再到应用的生成和演变逻辑。事实上，正是这一点，构成了詹姆斯实用主义的独特性及其区别和超越皮尔士的关键。先行而广泛的实际应用，虽受启发但又不拘泥于皮尔士的严格设定，为詹姆斯的创造性阐释和方法论拓展提供了空间和支撑，而产生的理论成果尤其是作为哲学方法论带来的哲学批判效应，则成就了作为一种哲学的实用主义的内容和影响力的辉煌。在这种意义上，说"詹姆斯几乎独立地提出了完整的实用主义观点"[1]也不为过。

　　尽管詹姆斯通过广泛的应用和创造性阐释将"实用主义准则"从"科学探究"拓展为哲学方法论，并强调了行动的引导和生活实践的作用，但无论是对作为本体论存在的经验描述中的个体内在性视角，还是对真理等哲学问题讨论中隐现的传统哲学的认识论影子，都向我们提醒着这样一个事实，即：詹姆斯的实用主义仍然是在哲学理论范畴内运行，却很少关涉行动、社会、主体及其与环境之间的交互作用等。换句话说，詹姆斯的实用主义，无论是从方法论还是从其理论内容上，虽然都指向生活实践和效果并因此凸显了实践对理论的优势，但目的仍然都是在处理哲学的理论问题，而并没有涉及更大范围的人的生存实践活动。在这种意义上，对詹姆斯而言，方法论拓展的边界也同样构成了其方法论的局限，而真正将实用主义的方法论内涵和特质拓展到极致并完成其生存论诠释的，是古典实用主义的集大成者并将其推向巅峰的杜威。

---

[1]　陈亚军：《实用主义：从皮尔士到布兰顿》，江苏人民出版社 2020 年版，第 54 页。

三、"工具主义"的实用主义：杜威的生存论诠释与确立

如果说"实用主义准则"诉诸的实际效果最终都要落实为经验效果的话，那么，詹姆斯对"实用主义准则"方法论意义的拓展并区别于皮尔士的关键就在于对"经验"的改造。基于对科学意义上的普遍性和精确性的追求，皮尔士更多关注的是经验的普遍结构，而詹姆斯则将其"直接描述"为"直接的生活之流"，即一种前反思的、日常的、概念化的"纯粹经验"，不仅在实际效果的意义上赋予了其更多的生活当下性，也通过彻底经验主义的立场承诺了其形而上学意义上的本体论地位。然而，詹姆斯的改造并不彻底，他对经验的描述是从一种心理主义的个体内在性的基本定位和立场出发的。个体性使得"纯粹经验"只能通过个人的直接内省和私人关照显现，虽然在前反思的"个体生活"意义上凸显了其作为"直接生活之流"的当下性和直接性，但作为用于最终判定的效果标准却无法获得主体间的普遍认同，并因此无法避免个人主义和机会主义的"庸俗"嫌疑；而内在性对经验的"主观"限定则直接导致了对外在行动、社会和交互作用的放逐和无涉，不仅因此阻断了经验真正进入生活实践从而获取更具本体性的生存意义之路，而且也只能流于一种"主观的生活之流"并作为认识论意义上的认知材料存在。不难发现，詹姆斯并不是不强调经验的"当下性""实践性"和"生活性"，而只是这种"个体内在性"设定对冲和限制了经验的意义诉求和改造空间，并因此导致了改造的不彻底和描述混乱，正如陈亚军先生总结的那样："詹姆斯关于纯粹经验的前一种说法其实强调的是'做'，而后一种说法则主要侧重于'说'。遗憾的是，詹姆斯自己尚未自觉意识到这一点，他仍然是从'说'的角度看待'做'，因此才有了说不清楚的感觉，才有了两种说法之间的混乱和冲突"。①

---

① 陈亚军：《实用主义：从皮尔士到布兰顿》，江苏人民出版社 2020 年版，第 90 页。

真正从"做"出发为"做"而"说",进而将经验从个体推向社会的是杜威。与詹姆斯一样,杜威并不打算全面抛弃经验主义,而是在詹姆斯的基础上通过经验的改造进一步深化经验主义对"经验"的理解。在这种意义上,杜威一直持续着詹姆斯肇始的实用主义的"经验转向",深受詹姆斯的影响。正如杜威坦承的那样,詹姆斯用生理心理学方法研究活的生物有机体的理念"不断地深入到我的所有思想中,促使我改变了旧的信念"①。除了这种实验心理学或者生理心理学方法被完全接受之外,詹姆斯的"意识流"概念及其对经验的连续性、时间性和整体性特征的揭示,也因为与杜威强烈的"黑格尔"气质的符合而得到了认同和继承。然而,杜威并没有沿着詹姆斯的道路亦步亦趋,而是做了一种"自然主义"的改造。在杜威看来,詹姆斯对"经验"的处理方法并不符合"经验"方法的本真要义,因为,无论是作为经验"主体"的个体的人的精神实体设定,还是经验本身,都不是从事实本身出发的直接描述,而"经验的方法"的"全部意义与重要性,就在于要从事物本身出发来研究它们,以求发现当事物被经验时所显现出来的是什么"②。要真正做到直接描述,就必须超越主客二分这种基于反思的认识论意义上的二阶区分,从前反思的人的生存活动和生成过程出发。杜威认为,达尔文的进化论恰恰为这种直接描述提供了"自然"之基和方法支持,因为,进化论方法在生物学和社会史上的意义,就在于它将包括人在内的所有生物的器官和结构都视为"协调和适应特殊周围环境"的工具。③ 实际上,这也构成了我们理解杜威的经验概念及其改造之路的另一个重要维度。

---

① 《杜威全集》(晚期著作第五卷),孙有中、战晓峰、查敏译,华东师范大学出版社2015年版,第119页。

② 《杜威全集》(晚期著作第一卷),傅统先、郑国玉、刘华初译,华东师范大学出版社2015年版,第12页。

③ 《杜威全集》(中期著作第二卷),张留华译,华东师范大学出版社2012年版,第237页。

在这种语境中，人作为活的有机体生活在世界之中，通过行为对周遭的环境作出反应，并在对环境的持续"调整和适应"中生存并获得存在意义。在这种前反思的"在"的意义上，人作为有机体与自然并不分离，而是基于相互作用的一种整体的"共处"和"共在"。在这种统一的本真"共在"中，在这种本然的生存和世界状态中，人在世界之中，世界也在人之中，人与世界交融互动而成为一个整体，"都是物理世界和前人类世界中的自然之投射、连续和复杂化的过程。自然与人之间并不是两个不同的存在领域，它们之间并不存在鸿沟与'分叉'"①，所以，人不可能也没有作为"精神实体"被独立出来，进而在主客二分的意义上成为自然的"旁观者"；而经验作为"有机体与环境相互作用的表现形式"，就是人的全部的"生活"，就是"所有属于人类的东西"②，并与自然一起共同构成了一个大的整合系统，因此，也不可能作为主体指向对象的反思和内省结果而成为将我们与自然割裂开来的"帐幕"或屏障。经验既没有主客之分，也没有外在条件与内部结构之分，不仅包含着作为结果的"what"，也包含着作为过程的"how"，正如杜威在那个被视为关于经验的经典表述中所总结的那样，"'经验'是一个詹姆斯所谓具有两套意义的字眼。好像它的同类语'生活'和'历史'一样，它不仅包括人们做些什么和遭遇些什么，他们追求些什么，爱些什么，相信和坚持些什么，而且也包括人们是怎样活动和怎样受到其他活动的影响的，他们怎样操作和遭遇，他们怎样渴望和享受，以及他们观看、信仰和想象的方式——简言之，经历的过程。……它之所以具有'两套意义'，这是由于它在其原初的整体中不承认在动作与材料、主观与客观之间的区别，而认为在一个不可分析的统一体中包括它

① 《杜威全集》（晚期著作第三卷），孙宁、余小明译，华东师范大学出版社 2015 年版，第 54 页。
② 《杜威全集》（晚期著作第一卷），傅统先、郑国玉、刘华初译，华东师范大学出版社 2015 年版，第 282 页。

们两个方面"。①

毫无疑问，对于作为生命有机体的人而言，维持生命体本身是其生存的首要目标，而为此目的与环境的相互作用也必然构成"经验"最原初的状态和意义，但对于指向人的全部生活和"体验复合体"的经验而言，却并非其意义和内容的全部。因为，人除了像动物一样生存之外，还作为一种具有语言和反思能力的社会性动物而生存，个体的生命不仅仅局限于肉体现象，而更是一种社会性生命，"正是通过在广泛的社会生活领域中共享手段、目的和传统，我们行为的文化意义得以显示出来。……我们的自我实质上是社会性的自我"②。因此，经验不仅仅包括人的生物性生存活动，也包括人的社会性生存活动，不仅仅是物质的交换活动，也是精神的具有意义的活动，文化、传统、社会、历史同样构成了经验不可或缺的内容。更为重要的是，这种精神和文化还作为一种传统和基础指向了未来经验和自然的生成，并因此使其成为了一个连接过去、现在和将来的有机整体，换句话说，"由于这种精神、文化因素的加入，人的经验具有了时间性和意向性"③。在这种意义上，经验既是一个统一的"生活"整体，也是一个连续的"历史"过程，也正是这种"生活"和"历史"的双重意蕴，经验才能真正统摄人的"生存"，并因此获得最完整的"生存论"释义与最彻底的本体论归置。

至此，通过一种自然主义的"直接描述"，杜威将"经验"奠基在了人的"生存"即"生命有机体与环境的相互作用"之上，不仅因为对"个体内省式"描述方法的拒斥而克服了詹姆斯的二元论困境，也因为给出了

---

① 《杜威全集》（晚期著作第一卷），傅统先、郑国玉、刘华初译，华东师范大学出版社 2015 年版，第 16 页。

② ［美］詹姆斯·坎贝尔：《理解杜威：自然与协作的智慧》，杨柳新译，北京大学出版社 2010 年版，第 44 页。

③ 陈亚军：《超越经验主义与理性主义》，江苏人民出版社 2014 年版，第 123 页。

一个完整的生存论释义实现了对传统经验概念的彻底批判和改造。如果说，实用主义方法就是一种经验主义的态度，或者就是一种注重生活和效果的经验方法的话，那么，经验的生存论释义也会把这种方法引向最具本体性也最为广泛的生存领域。因为，在生存论视域中，经验就是全部的生活，而生活是指"一种机能，一种包罗万象的活动"①，所以，实用主义方法也必然在所有与人相关的领域中适用，并因此获得最大和最普遍的方法论意义，就此而言，说它是一种思维方式、一种生存方式也不为过。

然而，正如本书的谱系学建构所设想的那样，实用主义的"古典"逻辑并非单向运行，而是在实用主义的方法论和方法这两种意义的辩证互动中展开的，前者的充实通过后者的具体应用实现，并在这些具体应用中得到证明。杜威显然也不例外，在完成经验改造的同时，也将这种方法应用在了理论与实践、哲学与社会的各个领域，并最终在对知识、民主、自由、教育等具体问题的讨论中，将这种方法论归认并呈现为一种工具主义的"探究理论"。因为杜威的工作更多开始于对詹姆斯的批判和推进，所以，作为"哲学方法论"的实用主义被应用最多也最为集中的"哲学"领域也理所当然构成了杜威的重要选择，尽管他的讨论并不像詹姆斯那样聚焦于真理等具体问题，而是从知识、思想等更为一般的认识论问题和概念出发的。

既然，经验是生命有机体基于生存目的对环境的调整和适应，那么，它就是先于认知的本体性生存过程，在这一点上，人与动物并没有什么区别。然而，作为区别于动物的社会性存在，当我们在适应变动不居的社会和自然环境过程中面临各种不确定和困惑或者各种生活困难时，除了依赖单纯的生物性习性之外，我们还有一种基于反思的反应方式和处理问题的能力，即思考和认知。面对境遇中的各种困惑、茫然和诧异，为了更好地

---

① ［美］杜威：《经验与自然》，傅统先译，商务印书馆1960年版，第5页。

适应环境和生存，我们首先会将这些困惑理智化为需要解决的问题，然后给出操作性的假设并进行推理论证，最后通过实际效果完成实验性检验，从而消除困惑以实现对境遇的确定把握和理解。在杜威看来，思想本身就"发生于经验中引起混乱和麻烦的特定的冲突中。人们既无麻烦要处理，又无困难要克服，自然是不会思考的"①，实质上就是一种谋求确定境遇的思维创造，一种从无序和零散状态中理出秩序和统一性的探究，即："对于一种不确定情景的受控或有方向的转变，使其中作为构件的诸特性和关系变得如此确定，以使原有情景中的各要素转变为统一的整体"②。在这种意义上，所有的思考和认知都是为了更好地适应它而对所处境遇的重组和规划，都是为了增强对环境的控制能力以便更好地生存，所以，无论是对环境的直接重构和控制，还是作为间接的理智结果的知识，都是服务于生存的工具和手段。正如杜威总结强调的那样，"虽然反思性认知是在麻烦情境中赢得控制的工具（并且因此就有了一种实际或功用的力量），对丰富后来经验的直接重要性而言，它也是一种手段。而且，有充分理由的是：这个副产品，这个来自众神的礼物，相比于把它作为控制的首要和本质的要素而言，对生活来说是无可比拟地更有价值的，本质原本就是为了生活的一个控制。"③

　　基于这样一种工具主义立场，杜威展开了对传统认识论的批判和对观念、知识、真理甚至哲学的重新阐释。杜威认为，传统的认识论是一种"旁观者的认识论"，它建基于古希腊以来的哲学理性主义传统及其主客二分框架，认为"知识的职能在于发现先在的实体，而不像我们的实

---

① 《杜威全集》（中期著作第十二卷），刘华初、马荣、郑国玉译，华东师范大学出版社2012年版，第126页。
② 《杜威全集》（晚期著作第十二卷），邵强进、张留华、高来源译，华东师范大学出版社2015年版，第78页。
③ 《杜威全集》（中期著作第十卷），王成兵、林建武译，华东师范大学出版社2012年版，第270页。

际判断一样，在于了解当问题产生时应付问题所必须的条件"①。在这种语境下，知识只是对大写实在的被动反映和复制，只能在"实在论"的"符合论"的意义上判断真假，作为一种纯粹理论性的理智静观，不仅高高在上而不食人间烟火，价值无涉且与实践行动分离，"这种一直存在于理论和现实之间的分裂，以寻求认识上的绝对确信代替了在经验上获得实际安全的实践上的努力，结果原本会产生实际效果的注意力和精力被分散了"②。然而，在工具主义视域下，杜威却认为，认知本身就是一种基于生存关涉的未来性探究，就是调整和适应环境的实践行动和服务生活的工具手段。在这里，现实就是实在，知就是行，因此，观念、知识和真理不可能脱离人、脱离人的实际生活，相反，必须指向实践、朝向未来并归于效用。观念作为探究的工具，其意义就是操作和行动，"除非把观念变成行动，以某种方式或多或少整理和改造我们所生活的这个世界，否则，从理智上讲……，观念是没有价值的"③；知识也不是对既有实在的被动描述或复制，而是朝向未来的行动指南，虽然知识来自"朝后看"的回顾，但其价值却在于"朝前看"，在于"使人们得以可靠地、有安全地和有成效地去应对未来"④；因此，真理也不是对实在的终极揭示，其判断标准不是与实在的绝对"符合"，而是一种"地图意义上的符合"，取决于将其用作地图付诸行动所取得的实际效果，用他自己的话说就是："所谓的真理即效用，就是把思想或学说认为可行的拿来贡献于经验改造的那种效用。道路的用处不以便利于山贼劫掠的程度来测定。它的用处

---

① 《杜威全集》(晚期著作第四卷)，傅统先译，华东师范大学出版社 2015 年版，第 11 页。

② John Dewey, *The Later Works of John Dewey, volume 4* (*1925-1953*), ed. Jo Ann Boydston, Southern Illinois University Press, 1984, pp.28-29. 参见《杜威全集》(晚期著作第四卷)，傅统先译，华东师范大学出版社 2012 年版，第 23 页，译文有改动。

③ 《杜威全集》(晚期著作第四卷)，傅统先译，华东师范大学出版社 2015 年版，第 89 页。

④ 《杜威全集》(中期著作第九卷)，俞吾金、孔慧译，华东师范大学出版社 2012 年版，第 126 页。

决定于它是否实际尽了道路的功能，是否做了公众运输和交通的便利而有效的手段。"①

然而，尽管杜威通过一种基于我们与环境关系的自然主义说明和补充避免了詹姆斯实用主义真理观的"个人"困境，但仍然因为过于关注未来和实践效果而遭遇了诸多批评。譬如，刘易斯批评杜威说，因为"对传统的关于知识的正当性问题根本不感兴趣"②，所以"沉湎于知识的朝前看的功能，而忽视了朝后看的根据和条件"③；而柯亨则更进一步，认为杜威对实际效果的过分关注破坏了普遍性立场，以至于他"过分强调了思想的持续过程，而没有考虑到它所趋向的目的和寄托"④，并因此陷入了一种清教徒式的道德说教。在杜威看来，所有这些批评都是基于对真理概念的传统理解，也正是因为这个概念承载了太多传统哲学意识，所以他晚年很少谈论真理，甚至建议用"有根据的可断言性"取而代之。但无论如何，杜威对真理性质的功能主义揭示及其对传统哲学的本质主义真理定义方法的批判，都在继续强化着实用主义的方法论意义，更为重要的是，随着这种批判效应的持续放大，杜威也从认识论的批判转向了对整个传统哲学的改造。

杜威认为，哲学不是旁观者的遐思，而是一种形而上学的探究；其职能也不是发现关于那个大写的"本体世界"的绝对知识，而是"以智性化的形式，或者以问题的形式，将复杂而多变的社会中的最重要的震撼与内在的困境导入人们的意识"⑤，进而通过对生活经验的批判性审视解决社会

---

① ［美］杜威:《哲学的改造》，许崇清译，商务印书馆 1989 年版，第 85 页。

② C. I. Lewis, "Review of *The Quest for Certainty*, by John Dewey", Journal of Philosophy, 27（1930）:20.

③ C. I. Lewis, "Review of *The Quest for Certainty*, by John Dewey", Journal of Philosophy, 27（1930）:17.

④ M. R. Cohen, "Some Difficulties in Dewey's Anthropocentric Naturalism", *Philosophical Review*, 49（March 1940）: 227.

⑤ 《杜威全集》（晚期著作第八卷），马明辉等译，华东师范大学出版社 2015 年版，第 25 页。

实践中普遍存在的难题。与政治学、文学一样，哲学本身就是一种人类的文化现象，就是一种关于生活经验的普遍的批判理论，其终极价值就在于"不断地提供了对于在经验的一切方面所发现的各种价值（无论是关于信念的、制度的、行动的或生产的）进行批评的工具"①。因此，哲学应该作为一种哲学性批判的手段起作用，而不是一种逃避现实世界的纯粹沉思；不应该是哲学家专属的学院派的学术活动，而应该聚焦于对生活经验的批判探究。哲学实质上就是一种服务于人的生存的工具，一种为行动做准备并保证行动安全性的手段，"一种理智化的意愿、一个经受理性的辨别和考验的志向、一份归结为行动运作方案的社会希望、一套有关将来的预言"②。

如果说，在詹姆斯那里被提升为一种哲学方法论的实用主义，还在具体哲学问题的处理中存在着与传统哲学的龃龉不清和藕断丝连的话，那么，杜威则将这种方法论的哲学批判效应发挥到了极致，并最终宣告了与传统哲学的彻底告别。然而，杜威对实用主义方法论的应用却并不仅限于此。鉴于芝加哥学派的思想经历和影响，尤其是另一位实用主义者米德及其关于有机体与环境、个体与社会关系和心灵自我与社会关系的理论的启发，杜威不仅将其作为自然主义的补充进一步把实用主义方法论从哲学探究拓展到社会探究，而且也将其作为具体方法更广泛地应用在了对自由、民主和教育等大众社会问题和概念的讨论上。

正如 J. 坎贝尔总结的那样，"从本质上讲，杜威……的实用主义哲学，是一种关于社会重建的哲学。实用主义哲学把关注点从哲学家和其他知识分子的问题转移到普罗大众的问题上，它发展了一种有利于理智地解

---

① 《杜威全集》（晚期著作第一卷），傅统先、郑国玉、刘华初译，华东师范大学出版社2015年版，第8页。
② 《杜威全集》（中期著作第十一卷），马迅译，华东师范大学出版社2012年版，第38页。

决社会问题的方法"①。就杜威而言，这种方法就是通过有组织的、实验性的社会探究消除社会生活中的疑惑与冲突，进而实现社会重建的方法。尽管这种社会重建方法是从理智和实践两个层面展开的，但限于本书的哲学而非政治实践的主题，我们在这里只涉及其理智的层面。因为自由、民主、教育等术语或概念是把握和处理社会问题的手段和工具，所以，理智层面的社会重建也必然从这些概念的重构开始。杜威认为，所有这些概念都源于它们要处理的实际冲突和问题，都是对特定社会情景做出的一种反应，其含义也必然随着社会情景的变化而变化，然而，我们却没有将其理解为处理问题的手段，而是错误地将其视为已经确立且适合所有时代和社会的真理，以至于阻碍了我们的社会探究。因此，要有效推进我们的社会探究，就必须时刻保持对现实社会问题的敏感，并根据社会的实际变迁重新审视和解释这些术语和概念，以期准确把握问题、适当做出反应。

在传统自由主义的教条中，自由被表述为基于个人目标对别人意志和控制的摆脱，与平等水火不容。然而，在杜威看来，自由是一个社会性的问题，而不是一个个人性的问题，"一个人的实际的自由依赖于当时的制度安排授予他人的行动权力"②，因此，自由并不是绝对抽象和一成不变的，而是具体的和动态的，总是与特定时间和地点的压迫力量有关；自由也不是一种纯粹的"摆脱"，而是自由而充分的参与，是对使个人参与社会并获得为社会作出贡献的条件和权力的争取；它的终极意义与根据也不是一种绝对个人的为所欲为的特权，而是社会的共同利益，是这种最高的善本身。真正的自由是理性的自由，是社会共同体中的个人成长，是与普

① ［美］詹姆斯·坎贝尔：《理解杜威：自然与协作的智慧》，杨柳新译，北京大学出版社2010年版，第137页。

② 《杜威全集》（晚期著作第十一卷），朱志方等译，华东师范大学出版社2015年版，第370页。

遍利益相对的个人权利的获得，只有在这种意义上，我们才能构建一个互利意义上的自由社会。

与自由一样，民主作为另一个最为重要的政治术语和概念，其意义也"必须不断地重新探讨，必须不断发现，然后再发现、重造和重组"①，因为，民主也不是固定的，而"恰恰是必须根据社会生活的需要、问题和条件而努力实现的东西"②。杜威认为，民主并不是传统基于个人主义上的、作为自由实现方式和结果的一种政府制度的形式，而是一种社会理念，一种作为生活方式的"共同生活和交流体验的模式"，它实质上就是一种协作性的社会活动并在互动性的生活中得到检验，在这个过程中，个人不仅参与了共同生活，也获得了个人的成长。正如杜威在谈到其作为生活方式的主旨时表述的那样，"这个主旨可以表达为每一个成熟的人都必须参与那些支配着人类共同生活的价值的形成——不论从总体社会福利的立场看，还是从人作为个体的全面发展的立场看，这都是必要的"③。

既然自由和民主都既强调个人对共同生活的参与，又关涉每一个社会成员个人的成长，那么，自由和民主就不仅仅是一种单纯的政治性事业，而更是一种教育事业。在共同的社会生活中，民主与教育相互交织在一起并通过教育来实现，如果"民主必须在不同的时代以崭新的方式产生出来，而教育则扮演了助产婆的角色"④。在这种意义上，民主本身就是一种教育

---

① 《杜威全集》（晚期著作第十一卷），朱志方等译，华东师范大学出版社 2015 年版，第141 页。
② 《杜威全集》（晚期著作第十三卷），冯平等译，华东师范大学出版社 2015 年版，第255 页。
③ 《杜威全集》（晚期著作第十一卷），朱志方等译，华东师范大学出版社 2015 年版，第168 页。
④ 《杜威全集》（中期著作第十卷），王成兵、林建武译，华东师范大学出版社 2012 年版，第 110 页。

原则，而教育也可以看做是一种辅助性民主，并直接服务于社会重建的任务。因此，杜威认为，我们必须重新审视和重构"教育"概念的含义。因为教育过程就是一种共同生活的过程，所以，学校就不再是唯一甚至最终的教育机构和塑造力量。学校之外的社会、家庭都在履行教育的职能，与此相应，学校也应该从传统的教育机构转向成为一种社会机构，应该在社会生活和政治上更为敏感；教育的目标也不仅仅是通过传授和灌输培养拥有大量知识和专业技能的学生，而是通过思维和习性的锻炼培养出能够协作生活并对生活中的问题具有明智判断能力的社会成员。总而言之，民主的教育就是"在被导向各种社会目标的渐进成长过程中，对个体能力的解放"①。在杜威看来，生活就是成长，教育就是生活，所以，学习不仅仅是知识的获取，而是在"做"中学，在生活实践中学。

至此，杜威在作为合作性试验的社会生活的基本预设下，通过一种社会探究方法完成了对自由、民主、教育等社会问题和概念的审视和重构。尽管这种概念重构，作为社会重建的一个层面在实践性和可行性上遭到了诸多质疑，但无论如何，仅就方法论而言，这种社会探究作为其探究理论的一部分，仍然是对实用主义方法论意义的社会学充实。而在本书设想的实用主义谱系及其"古典"逻辑视域下，这种社会学充实不仅是对实用主义方法论意义的最后充实，即从皮尔士的科学探究、詹姆斯的哲学方法论到一般探究理论，也把其应用范围拓展到最大进而奠定了实用主义的宏大论域。因此，无论是从方法论还是从方法的具体应用来看，无论是从作为方法的实用主义还是从作为哲学的实用主义来看，杜威基于生存论释义的工具主义的实用主义都是实用主义"古典"逻辑的最后完成，并因此成就了古典实用主义的巅峰与辉煌。

① 《杜威全集》（中期著作第九卷），俞吾金、孔慧译，华东师范大学出版社 2012 年版，第 83 页。

第二节　分野抑或承续：方法辩证中的"古典"叙事

如前所述，尽管在方法论的充实意义上，实用主义的古典进程持续而融贯，但在作为方法的具体应用及其结果的观点内容上，却因为经典作家们个性风格、思想渊源、关注主题、核心概念的差异而极富断裂和冲突感，以至于形成了诸多"古典"叙事的分野学说。那么，在本书的谱系学重构尤其是作为线索的"方法论—方法"辩证互动的"古典"逻辑视域下，又如何看待这些"分野"呢？

一、实用主义的"古典"分野种种

众所周知，因为经典作家们的理论差异，实用主义的"古典"叙事从诞生之日起便烙上了强烈的断裂和冲突印记。从皮尔士本人最早表达的对"实用主义"一词的"非哲学"使用的不满①，到佩里和伯恩斯坦关于古典实用主义"是一场以詹姆斯对皮尔士的误解为起点的运动"②的基本归认，不仅夯实了这种"分野"格调，也激发了实用主义谱系叙事者的理论热情和阐述努力，并从不同的视角和线索出发，给出了形色各异的"分野"学说。除了对"分野"的早期或者简单判定以外，就论证充分度、观点新近性和关注影响力而言，尤以苏珊·哈克、雷谢尔、莫恩斯和陈亚军等的论述为代表。根据其叙事视角和逻辑线索，大致可以分为以下两大类。

第一类实用主义的古典"分野"说，从"实用主义作为一种方法论"的基本立场出发，通过对作为其方法体现且源于"意义探究"的"实用

① 涂纪亮编：《皮尔斯文选》，涂纪亮、周兆平译，社会科学文献出版社 2006 年版，第 7 页。

② ［美］海尔曼·J. 萨特康普：《罗蒂和实用主义》，张国清译，商务印书馆 2003 年版，第 82 页。

主义准则"的不同解释及其理论后果的分析，并最终根据其导致的实用主义整体"风格"或"版本"差异做出"分野"判定，主要以苏珊·哈克和雷谢尔的阐述为代表。对于苏珊·哈克和雷谢尔而言，毫无疑问，"实用主义应当是一种思考方法，而非一种学说体系，而作为方法，它体现在寻求意义的实际效果的准则中"①，而这个准则就是著名的"实用主义准则"。然而，尽管实用主义的经典作家们都把它视为实用主义的核心，但对之的解释及其后果却差异巨大，并形成了不同的实用主义风格。在苏珊·哈克看来，成熟的皮尔士坚持一种"经院实在论"，因为，虽然意义的探究归于"实效"，但这个实效更趋向于"语言化的经验"，而作为"可错性"探究终点所获得的"被人们一致同意的最后意见"的真理，也是"如此这般……，无论你或我或任何人是否认为它是如此这般"。然而，"如果说皮尔士哲学在逻辑和实在论的风格中趋向成熟，那么，詹姆斯哲学则在更为心理学和唯名论的格调中发展演变"②，因为他不仅更偏爱"在实际证实过程中使之为真的具体真理"，而且也更强调信念的"兑现价值"；而杜威尽管"把皮尔士的真理定义'注定要被所有参与探究的人一致同意的意见'描述为'最佳定义'，但却像詹姆斯一样，倾向于强调特殊真理胜过强调真理本身，强调实际证实过程胜过强调潜在的可证实性"③，而且他把真理看做"一种在真理和实在之间的相互调整"时所透出的唯心主义或者建构主义元素，也与皮尔士的实在论格格不入。因此，苏珊·哈克认为，正是因为詹姆斯、杜威对皮尔士实在论的背离，才形成了"实在论和唯名论"两种风格截然不同的实用主义，不仅导致了实用主义的"古典"分野，也

---

① 孙咏：《美国实用主义：演变及其当代走向——苏珊·哈克教授访谈录》，《广东社会科学》2014 年第 2 期。

② [美] 苏珊·哈克：《导论：新老实用主义》，陈波译，见《意义、真理与行动：实用主义经典文选》，东方出版社 2007 年版，第 14 页。

③ 孙咏：《美国实用主义：演变及其当代走向——苏珊·哈克教授访谈录》，《广东社会科学》2014 年第 2 期。

为以罗蒂为代表的"庸俗实用主义者"对古典实用主义的过度阐释大开方便之门，并因此在其"基础融贯论"和"坦诚实在论"（Innocent Realism）中表达了对皮尔士的感激和"回归"倡议①。与苏珊·哈克一样，雷谢尔秉持了对实用主义的方法认同，但无论是对"分野"的判定还是"回归皮尔士"的愿望，都表现得更为决绝和强烈。在他看来，实用主义的奠基人皮尔士所构想的实用主义，更关注一般的方法和标准，更关注客观性的"成功"，其任务就是提供一个客观性标准，一个测试我们实际信念的充分性的实在原则，因为，"在皮尔士那里，实用主义当然不支持放弃原则；相反，它的任务是根据其在实践中的应用效果为原则的经验确证和巩固提供一条康庄大道。"②而詹姆斯则"把主观的满意而不是决定性的客观功能效果视为实用主义的目标"，这不仅是对"把作为理性能力特征的有目的的充分性作为关注重点的皮尔士传统的无脑背离"③，进而把皮尔士"客观的—实在论的实用主义"演变成了一种"主观的—反实在论"版本，而且也一步步在对客观性的限制中导向了罗蒂式的后现代的"怎样都行"，甚至彻底毁灭和解构了皮尔士的方法。④因此，雷谢尔基于为避免实用主义的危机而寻求"一种自身充分且可接受的实用主义版本"的目的，在"实用主义的方法论转向"诉求中强烈呼吁"回归皮尔士"。

第二类古典实用主义的"分野"叙事，聚焦于对古典实用主义的历史演进、运思线索和核心概念的考察，并根据其内涵变异和转换做出"分野"

---

① ［英］苏珊·哈克：《证据与探究——走向认识论的重构》，陈波、张力锋、刘叶涛译，中国人民大学出版社 2004 年版，第 232 页。

② N. Rescher, *Realistic Pragmatism:An Introduction to Pragmatic Philosophy*, Albany: State University of New York Press, 2000, p. 59.

③ N. Rescher, *Realistic Pragmatism:An Introduction to Pragmatic Philosophy*, Albany: State University of New York Press, 2000, p. 78.

④ N. Rescher, *Realistic Pragmatism:An Introduction to Pragmatic Philosophy*, Albany: State University of New York Press, 2000, p. 64.

判定，以莫恩斯和陈亚军的论述为主要代表。在详细考察了皮尔士思想的德国来源，以及由符号理论所引发的从"没有超越经验的实在"到"超越经验的世界是实在论的前提"的观点变迁之后，莫恩斯得出结论说："皮尔士关于规律、习惯或者倾向的实在论是其成熟哲学的最基本特征。没有它，他的实用主义就无法理解。"① 然而，在《如何使我们的观念清晰》中对"实用主义准则"的表述却是实在论和现象学的混合体，它包含着与皮尔士成熟思想直接冲突的唯名论，譬如强调效果就是"可感觉到的效果"。不幸的是，詹姆斯却强调了皮尔士本人放弃的唯名论和现象论元素，把"实用主义变成了极端经验主义的一种形式"，② 并最终经过杜威的自然主义加工和罗蒂的推广，呈现为皮尔士和詹姆斯都反对的科学至上主义。也正是在这种意义上，莫恩斯做出了"分野"判定："因为詹姆斯在一些重要的方面误解了皮尔士，所以他改进的实用主义并不是皮尔士发展的实用主义。事实上，存在着两种实用主义。"③ 与莫恩斯一样，陈亚军先生也是从古典实用主义的发展历程入手，不同的是，他更注重从实用主义诞生和发展过程中的不同运思路径及其所导致的主题转变来论证"分野"。陈亚军认为，基于瓦解"心灵"的运思路径，皮尔士的"语言转向"直接促成了实用主义的问世，因为，正是为了化解推论语义学所面临的语义无穷倒退困境，他才提出了"实用主义准则"，并最终把语言的意义诉诸语言的实践活动及其可能导致的行为习惯。在这种意义上，"实用主义准则"不仅可以理解为"语言转向"的重要组成部分，而且"pragmatic maxim"也应该翻译为"语用学准则"。④ 尽管皮尔士完成了对经验的符号化，但只是范畴学说下的边缘概念，而在詹姆斯和杜威那里，重塑"世界"的本体

---

① H. O. Mounce, *The Two Pragmatisms*, London and New York: Routledge, 1997, p. 27.

② H. O. Mounce, *The Two Pragmatisms*, London and New York: Routledge, 1997, p. 43.

③ H. O. Mounce, *The Two Pragmatisms*, London and New York: Routledge, 1997, p. 2.

④ 陈亚军：《古典实用主义的分野及其当代效应》，《中国社会科学》2014 年第 5 期。

论关切，让"经验"通过现象学—生存论路径从边缘走向了中心，"'经验'而非'语言'最终成为实用主义的主题"。① 不仅因此造成了古典实用主义的"语言—经验"分野，而且也构设了当代新实用主义争论的中心话题。

二、背离与回归："皮尔士情结"的困局

如前所述，基于不同的叙事旨趣、聚焦线索和标准考量，实用主义叙事者们给出了诸多关于古典实用主义的"分野"描述，并因此呈现出了风格迥异的理论形态。然而，对这些"分野"学说的分类考察却表明，尽管方式和程度不同，但都不约而同地指向和隐现了一种"皮尔士情结"，即：作为实用主义创始人的皮尔士，因为被"误解"和"背离"而同时成为"分野"的判定依据和"分水岭"，于是，"回归皮尔士"也就理所当然地作为一种古典实用主义的谱系重构路径而被寄予厚望。毫无疑问，从表面看，"背离与回归"的逻辑并无不妥。一方面，皮尔士作为创始人，其"实用主义"版本理所应当被设定为参考标准，对其的误解和背离也一定会导致"皮尔士路线"的断裂，尽管背离的原因和着力点不尽相同，但都必然会造成实用主义的变异，进而呈现为"分野"；另一方面，面对古典实用主义的叙事冲突，尤其是分野之后的"实用主义版本"所遭遇的质疑和危机，基于回应质疑和规避危机的目的，就必须在各种多元冲突的叙事中重新确认"古典实用主义"的正宗和本真。在这种意义上，倡导"回归创始者皮尔士"不仅合情合理，似乎也是最好的选择。然而，当我们从古典实用主义的发生进程或者说从实用主义何以成为"古典"的意义上去考察这种"皮尔士的误解和背离"以及"回归的应然性"时，却发现这种"皮尔士情结"并非理所当然，甚至会陷入更为严重的困难：不仅作为"背离与回归"对象的皮尔士实用主义版本难以确定，而且也会因为悖论而导致"古

---

① 陈亚军：《古典实用主义的分野及其当代效应》，《中国社会科学》2014 年第 5 期。

典实用主义"身份的认定困难。

　　毫无疑问，把"分野"判定的出发点和标准诉诸皮尔士版本的实用主义本也无可厚非，毕竟标识实用主义诞生的"实用主义准则"源出于皮尔士。但对于作为"背离和回归"对象的皮尔士而言，哪一个版本才是其最终的实用主义版本，却很难确定。因为，就皮尔士对"实用主义准则"的阐述及其所透露出的立场而言，无论是"成熟性"还是"独立性"都难以承诺这个"最终版本"的认定。根据上述"分野"学说，无论是苏珊·哈克、雷谢尔还是莫恩斯，都把皮尔士对"实用主义准则"的阐述中的"实在论"立场作为其成熟立场，并以此为据把皮尔士最终版本归之于"实在论的实用主义"或者"客观的实用主义"，进而作为判定"分野"的依据。然而，在皮尔士对实用主义准则的阐述中，实在论立场却既不是"原初的"也不是"唯一的"。在首次阐述"实用主义准则"的论文《如何使我们的观念清晰》中，皮尔士的"效果"不但没有否认甚至指的就是"可感觉的效果"，这不仅与其实验精神的核心"对经验效果的强调"一脉相承，而且也在他反对天主教义圣餐的表述中得到了明确体现。[①] 正如莫恩斯总结的那样，"当他撰写 1878 年的论文时，皮尔士接受了这样一种观点——没有超越经验的现实"[②]，也就是说，皮尔士"实用主义准则"最早呈现的是基于现象学路径的经验主义或"唯名论"立场。即使是到了 1905 年和 1906 年，出于对"实用主义准则"的滥用的不满，皮尔士因为对"理智的概念"和"行为习惯"的强调而更趋"实在论"风格，但也没有彻底否定"效果"的感觉经验层面从而拒斥经验，而是对其进行了"符号化"改造，正如阿佩尔所言："皮尔士对于美国哲学的奠基是对英国和德国哲学的综合，更确切

---

① 涂纪亮编：《皮尔斯文选》，涂纪亮、周兆平译，社会科学文献出版社 2006 年版，第 94 页。

② H. O. Mounce, *The Two Pragmatisms*, London and New York: Routledge, 1997, p. 27.

地说，是对康德和休谟的综合"。① 不难看出，在皮尔士那里，无论是强调经验的唯名论还是强调语言的实在论元素，都一直相互在场，只是基于不同的问题和旨趣，在"实用主义准则"的运用和解释中呈现出了强弱的风格区别而已。显然，无论是把哪一种风格确定为最终或者成熟的皮尔士版本似乎都有二元割裂之嫌，不仅无法真正呈现一个整体和本真的"皮尔士实用主义"，而且也无法作为"背离和回归"的依据和坐标。而这种标准确定的困难，也必将在对"背离和误解了什么"和"向谁回归"的问题和回答中持续延伸，并最终放大为"分野"判定的无效。

更为严重的是，即使是能够确定最终的"皮尔士实用主义版本"，这种基于确定"本真实用主义"坐标的"分野"判定，也会带来更大的困难：不仅把"古典实用主义"的身份确认置于一种悖论境地，而且连詹姆斯、杜威等经典作家们的实用主义身份和谱系学地位也难以归认和描述。毫无疑问，古典实用主义的进程虽源于皮尔士，但按照前述"分野"理论，其发展进程却因为误解和背离而出现了断裂，更准确地说，是对皮尔士"实在论版本"或者核心概念"语言"的"经验"背离和转向。然而，古典实用主义的发生史却告诉我们，"是詹姆斯将实用主义发扬光大……詹姆斯死后，实用主义成为了主流教义，主要通过杜威和他的同学米德产生影响"，② 而且，取代语言的"'经验'才是古典实用主义的核心概念，可以说，实用主义的全部秘密就隐藏在这一概念之中"。③ 换句话说，正是因为这种背离和转向才肇始和产生了"古典实用主义"的理论主体，并在詹姆斯、杜威和米德那里被推向"巅峰和辉煌"，进而成就了其"古典"的身份和地位。那么，究竟是哪一种风格和版本才是真正的"古典实用主义"并代

---

① K. O. Apel, *Charles S. Peirce, From Pragmatism to Pragmaticism*, New Jersey: Humanities Press, 1995, p.20.

② H. O. Mounce, *The Two Pragmatisms*, London and New York: Routledge, 1997, pp.1-2.

③ 陈亚军：《超越经验主义与理性主义》，江苏人民出版社 2014 年版，第 4—5 页。

表其精神实质呢？如果是创始者皮尔士的版本，那么，基于"背离和误解"的后续的主体叙事本身就是一种错误，因此也不可能成就并被归认为"古典"；如果是詹姆斯、杜威的版本，那么，作为创始者的皮尔士就会被排除在"古典"之外，当然也就没有"回归"的必要和理由了。在这里，悖论显而易见，即：承认皮尔士的"背离与回归"，就会否认"事实上的古典实用主义"；承认"事实上的古典实用主义"，"背离与回归"就将失去意义和合法性，并最终让以此为据的"分野"判定彻底失效。

三、分野抑或承续：一个基于"古典"逻辑的回应

至此，基于"皮尔士情结"的分野学说，都因为坐标的确定困难和"背离与回归"的悖论性后果而陷入了困境。之所以如此，究其根源就在于，这些"分野"判定都是依据古典实用主义的叙事断裂尤其是经典作家们的立场、线索和观点差异而做出的，譬如皮尔士的实在论与詹姆斯的唯名论、核心概念从语言到经验的转向等。换句话说，都是依据"作为一种哲学的实用主义"层面上的差异而给出"分野"判定，并最终在"背离与回归"的悖论中造成了"古典实用主义"的身份认定困难。然而，正如我们所看到的那样，尽管观点各异，但"古典实用主义"依旧被作为一个统一体而承认，并通过这些冲突的叙事成就了其"古典辉煌"。在这种意义上，这些观点立场的差异以及以此为基的"分野"判定，并没有影响"古典实用主义"的自身统一性。事实上，承诺这种统一性的，就是前文所述的"古典"逻辑，即：实用主义作为方法论和方法之间的辩证过程。

如前所述，在以"实用主义准则"为线索的谱系学构想中，古典实用主义的叙事进程，是在作为方法论和方法的辩证互动中展开的。对于作为逻辑学家的皮尔士而言，实用主义最初被构想为一种方法，一种"正确推理的方法和原则"，正如他表述的那样："实用主义本身不是一种形而上学学说，它不试图决定任何关于事物的真理。它只不过是一种用以弄清一

些难解的词或者抽象概念的意义的方法"。① 然而，这并不是"实用主义准则"作为方法的全部内涵，实用主义不仅仅是一种具体方法，而更是一种方法论或者元方法，前者是对后者应用的具体呈现。不仅如此，就实用主义的"古典"逻辑而言，实用主义的方法论意义在詹姆斯和杜威那里被进一步充实，前者将其提升为一种哲学方法论，而后者则在生存论释义基础上将其拓展为适用于整个社会生活的一般探究理论。不仅因为应用范围的不断扩大而产生了诸多新的问题域，进而丰富了作为哲学内容的理论观点，而且也因为方法论意义的充实和深化，带来了对同一问题的不同看法。

毫无疑问，作为方法论或者元方法，"实用主义准则"指向任何对象，但又不针对任何一种特定对象，因此只是一种方法系统或者探究理论，不会产生任何特定的立场或者观点，因此也就不会产生具体（后果）意义上的差异；而作为一种具体方法，则是把前者应用并实施于某一种特定对象或者用于讨论和探究某种特定问题时的具体呈现。在这个过程中，基于特定对象、问题或者目的，不仅具体的、特定的立场（本体论的或者认识论的）将作为前提被选择，而且，当这种探究过程被落实为行动和实践时，也会根据对象的特定领域、性质和要求，对其经验层面或者理智意义进行不同的关注和强调，并最终在探究结果中形成并呈现出特定的理论和方法风格。显然，差异出现在"实用主义准则"的具体应用和方法及其结果上，而在其方法论或者元方法层面，则始终保持探究（实验）精神的一致和统一。

那么，在这种方法论视域下，又如何看待和理解前述古典实用主义的"分野"呢？如前所述，作为"分野"判定的依据，无论是唯名论对实在论、

---

① 涂纪亮编：《皮尔斯文选》，涂纪亮、周兆平译，社会科学文献出版社 2006 年版，第 44 页。

主观对客观的背离，还是核心概念从语言到经验的转向，都是"实用主义准则"作为具体方法被应用的过程中形成的后果和风格的差异甚至冲突，而在其元方法的意义上，这些差异则不可能也不会出现。因为，在皮尔士那里，"实用主义准则"不仅是"具体方法"，也有"方法论或元方法"的内涵，而后者正是通过前者得以贯彻落实和彰显，所以，作为具体应用和方法结果的差异和冲突，不仅不是对"实用主义准则"的背离，相反，恰恰是其本真精神的要求和体现。在这种意义上，詹姆斯"唯名论的实用主义"不仅不是对皮尔士"实在论实用主义"的误解和背离，相反，是对皮尔士及其"实用主义准则"本真意蕴的承继和应用范围的拓展。而且，对皮尔士最终版本的判定所透漏的"立场作为前提决定实用主义"的逻辑，也同样不符合"实用主义准则"的方法论初衷。因为，在皮尔士那里，本体论立场不仅不是实用主义的前提，相反，只是"实用主义准则"这一方法论(或者元方法) 的具体运用过程中的立场选择及其产生的本体论后果，如其所言："实效主义的另一种学说是经院哲学的实在论，它作为实效主义的本质结论包含在实效主义之中"。① 于是，前述"背离和误解"和"分野"判定便具有了一种反讽的意义：不是詹姆斯误解了皮尔士，而是我们误解了詹姆斯，误解了皮尔士的"实用主义准则"，并最终误解了整个"古典实用主义"；而"分野"也不是"实用主义"的线索背离和谱系断裂，相反，是对其方法论意蕴的拓展和承续。事实上，正是因为詹姆斯、杜威等经典作家对皮尔士方法论意义上的"实用主义准则"的具体应用和拓展，才形成了各种风格、立场和观点迥异的理论后果，并作为主体叙事成就了实用主义的"古典"辉煌。

---

① 涂纪亮编：《皮尔斯文选》，涂纪亮、周兆平译，社会科学文献出版社 2006 年版，第 32 页。

第 三 章

"古典"之后的"新"端倪

众所周知，19 世纪 70 年代末端启于皮尔士的实用主义，在威廉·詹姆斯那里得以理论化和成熟，并最终因为杜威的进一步系统化和推广应用而步入了理论和实践上的双重盛典。然而，到 20 世纪 30 年代，因为与 20 世纪初的科学尤其是物理学变革及其最新成果的隔膜、自身的方法定位、对学术职业化、专门化的冷漠以及分析哲学的涌入等原因，实用主义在辉煌了 30 年之后开始走向衰落，并逐渐淡出了人们的视野。事实上，这不仅是判定"古典"的时间依据，也是各种关于"新实用主义"的"复兴说"的建基之石。且不说这种"衰落"判定是否充分，仅就实用主义本身的影响而言也并没有完全消失，相反，不仅作为一种生活方式依旧在美国的政治、社会、思想领域潜在地发挥着作用，而且作为一种哲学方法也迎来了另一种新生，即：作为一种方法在与实证主义的相遇中被引入和应用。尽管这种应用，因为主要是服务于逻辑实证主义问题的解决而并非对实用主义本身的直接阐述，但是，依旧成为了实用主义生命力在弱势过程中的独特彰显。不仅因为激起了分析哲学中的实用主义冲动而开启了其"后古典"的复兴之路，也作为"古典"之后的新端倪成就了"新实用主义"的肇始叙事："分析哲学化的实用主义"。其中最具代表性的就是刘易斯的"概念论的实用主义"、莫里斯的"科学经验主义"和布里奇曼的"操作主义"。基于对这些学说与实用主义之间关联的紧密性、实用主义特质和元素的凸显性以及对实用主义整体叙事进程的影响力的考量，在这里，主要以刘易斯的"概念论实用主义"和莫里斯"科学经验主义"学说为重点例证对这种"新"端倪进行分析和阐述。

第一节 刘易斯的"概念论实用主义"及其谱系学地位

毫无疑问，C.I. 刘易斯是 20 世纪美国哲学不可绕避的哲学家之一，不仅因为其在模态逻辑、认识论、伦理学领域的独树一帜的论断而广受关注，而且也因为在 20 世纪之交美国哲学唯心论、实在论、分析哲学和实用主义并存的多元语境中的游刃有余和创造性"融合"，以及作为结果呈现的那个容含意义理论、认识论、价值和社会哲学的综合性哲学体系，而被 M. 墨菲（Murray Murphey）恭认为为 20 世纪的美国哲学提供了一种独特选择，[①] 而其哲学中浓厚的"分析哲学"气质也通常被视为"代表了美国哲学的一个转折点，标志着从美国古典实用主义开始向分析哲学传统的转变"[②]。然而，以"概念论的实用主义"为标识而被接受为一个实用主义者的刘易斯在实用主义谱系中的定位，却与其本人毕生追求的精确和清晰相距甚远。就国外而言，关于刘易斯的谱系学定位，主要有三类代表性观点：以罗森塔尔和墨菲为代表，直接把刘易斯及其"概念论的实用主义"归入古典实用主义，并赋之以"最后的古典"的荣耀；与此相反，J. 伊萨克和 J. 坎贝尔则把刘易斯归于"后古典的衰微"；而以罗克汀和大多数学者为代表，则采取了更为温和的谱系学归置，即：介于古典实用主义之后、新实用主义复兴之前的中间发展阶段。就国内而言，以涂纪亮、夏基

---

① Murray Murphey, *C.I.Lewis: The Last Great Pragmitist*, Albany: State University of New York Press, 2005, pp.405-406.

② Sandra B. Rosenthal, "From Meaning to Metaphysics: C. I. Lewis and the Pragmatic Path", *The review of Metaphysics*, Vol.33, No.3（Mar., 1980）, p.541.

松等为代表的中国学者也大多持这种阶段性划分方法，并因为其温和与包容性而更倾向于上述第三种观点。显然，基于不同的立场和视角所进行的这些谱系学归置都展现了其合理性的一面，但也都因为某种程度的片面性而面临着解释力的不足，并因此导致了对刘易斯实用主义谱系学定位的莫衷一是。事实上，这种谱系学归置的各自为政不仅会直接影响对其整体哲学的正确内涵认识和合理价值判定，而且也会因为模糊其"实用主义—分析哲学"的桥梁地位而人为地隐匿其关涉实用主义"新"进程的谱系学后果和意蕴，并最终因为其在"实用主义弱势存在或过渡阶段"的代表性而断裂整个实用主义谱系链条，进而影响对实用主义尤其是新实用主义谱系的重构。

一、最后的"古典"抑或古典之后

刘易斯在其 1929 年出版的著作《心灵与世界秩序》中概括和命名的"概念论的实用主义"（conceptualistic pragmatism），作为实用主义在弱势过程中存在活力的独特彰显及其原生路径的"调和"气质受到了广泛关注，不仅因此被公认为其实用主义立场及其实用主义者身份的标识，也因此成就了在实用主义发展史上不可替代的地位。尽管相对于公认的实用主义三大里程碑式哲学家，对刘易斯的哲学尤其是"概念论的实用主义"的研究稍显单薄和滞后，但不同的研究者，基于不同的出发点和聚焦点以及对实用主义谱系的不同理解和构造，仍然给出了各种各样甚至相互冲突的谱系学归置和定位。就其谱系学视阈的聚焦性和代表性而言，可简约归并为三类，即：最后的古典实用主义、后古典的衰微、实用主义的一个发展阶段。

就第一种谱系学定位而言，最具代表性的是当代美国著名的实用主义者和研究专家罗森塔尔和墨菲，他们不仅直接把刘易斯及其"概念论的实用主义"归入古典实用主义，而且强调式地赋之以"最后的古典"的荣耀。

基于对因为与逻辑实证主义的关联而通常把刘易斯归于"实用主义的分析哲学家"的不满,而考察了其从意义、认识论到形而上学的实用主义路径之后,罗森塔尔认为:"虽然刘易斯的'分析哲学'对理性批评家提出的各种合理质疑开放,但刘易斯的立场明确放弃了这样一种不充分的分析哲学,因为他的实用主义立场与这种分析传统并没有哲学上的亲近关联,相反,无论在精神上还是内容上都广泛渗透着古典实用主义传统"①。虽然其基本气质和书写风格以及与哈佛大学的长期合作关系等因素,导致了对其实用主义贡献的认识和评价缺失——把刘易斯排除在古典实用主义之外,但刘易斯的实用主义视角却"带来了关于一般哲学尤其是实用主义的独特学说和聚焦领域……,不仅为古典实用主义者们的文库带来了它们必然设想但却没有明确实现的特征上的发展,也为其他传统提供了促使它们走向更加深入对话的联结点"②,并因此明确把刘易斯与皮尔士、詹姆斯、杜威和米德一起并称为"古典实用主义的五个代表人物"③。另一个刘易斯哲学研究者和传记作者墨菲,则通过对刘易斯的生活和思想的全面描述和阐释,更为直接且更富崇敬意味地在其同名著作的最后尊之为"最后一个伟大的实用主义者"④。

如果说罗森塔尔和墨菲更多是基于对刘易斯哲学思想中的实用主义立场本身及其对古典实用主义立场的继承和发展进而归之于"古典实用主义"的话,那么,把刘易斯及其实用主义置入整个实用主义纵向发展史和其所

---

① Sandra B.Rosenthal, "From Meaning to Metaphysics: C. I. Lewis and the Pragmatic Path", *The review of Metaphysics*, Vol.33, No.3(Mar., 1980), p.541.

② Sandra B.Rosenthal, *C. I. Lewis in Focus: The Pulse of Pragmatism*, Bloomington and Indianapolis: Indiana University Press, 2007, p.1.

③ [美]桑德拉·罗森塔尔:《从现代背景看美国古典实用主义》,陈维纲译,开明出版社1992年版,"作者前言"第1页。

④ Murray Murphey, *C.I.Lewis: The Last Great Pragmitist*, Albany: State University of New York Press, 2005, p.407.

处时代的横向比较视阈，则会带来截然不同甚至相互冲突的谱系学归置，即：后古典的衰微，其中最有代表性也最具挑战性的当数伊萨克和坎贝尔。伊萨克从分析哲学和实用主义两大传统考察了刘易斯及其思想的历史地位和影响，他认为，就前者而言，刘易斯不仅因为无法使"整个领域趋于严格蕴含"而在生涯晚期放弃了逻辑研究，也因为不能应对来自实用主义传统内部的逻辑实证主义者诸如蒯因等的挑战，而无法像墨菲描述的那样"有效地处理20世纪40和50年代的如此迥异的诸问题"①；就后者而言，刘易斯也未能提供一种成功的实用主义版本以对抗"实证主义和自然主义的科学帝国主义"，进而作为"维持和发展古典实用主义理念和理想所必需再一次研究和学习"②的经典铺就实用主义的复兴之路，并最终令人信服地被撅升进入"实用主义的万神殿"。③因此，在伊萨克看来，与古典实用主义的历史地位和影响力相比，刘易斯只可能是后古典衰微期的"一个小人物"④。与伊萨克相比，坎贝尔则在一个更加广阔的"20世纪之交的美国哲学"发展语境中，通过对唯心主义、实在论和实用主义在美国学院哲学中获得的关注及其影响力的比较，得出结论说：随着20世纪20年代早期"实在论被美国学院哲学家们作为哲学研究方法的中心"开始，"实用主义便很快从美国哲学学术讨论的中心沦落至边缘地位了"，⑤甚至可以说"在美国学院哲学的发展历程中，实用主义哲学从来没有占据过统治地

---

① Murray Murphey, *C.I.Lewis: The Last Great Pragmitist*, Albany: State University of New York Press, 2005, p.405.

② Murray Murphey, *C.I.Lewis: The Last Great Pragmitist*, Albany: State University of New York Press, 2005, p.407.

③ Joel Isaac, "Why Not Lewis?", *Transactions of the Charles S. Peirce Society*, Vol.42, No.1（Winter, 2006）, p.59.

④ Joel Isaac, "Why Not Lewis?", *Transactions of the Charles S. Peirce Society*, Vol.42, No.1（Winter, 2006）, p.59.

⑤ James Campbell, "One Hundred Years of Pragmatism", *Transactions of the Charles S. Peirce Society*, Vol.43, No.1（Winter, 2007）, p.7.

位"①。在这种意义上，对于"学院哲学"风格浓烈的刘易斯及其问世于20年代末的"概念论的实用主义"而言，无论在实用主义传统内部还是在当时的美国哲学语境中，都不可能承载"古典实用主义"的延续使命，也不可能承担"古典实用主义"的盛典之誉。

与前两种的相对激进、相互冲突相比，对刘易斯的第三种实用主义谱系学定位则稍显温和与宽容，即：把刘易斯与莫里斯等一起归入介于古典实用主义之后、新实用主义复兴之前的中间发展阶段。之所以温和与宽容，是因为这种定位既不单纯局限于刘易斯的实用主义方面，也不纯粹集中于其分析哲学方面，而是基于"调和"者的基本判定及其对实用主义发展路径的改变意义上，把刘易斯的实用主义以及与之相似的其他实用主义名号一起作为一个发展阶段而单列出来。譬如，罗克汀就以"向逻辑实证主义靠拢，采取逻辑实证主义从数理逻辑和物理方面来讲哲学的这一特长，以补充和发展实用主义"② 为依据，把刘易斯和莫里斯一起归为皮尔士、詹姆斯和杜威之后的第三个发展阶段；与之相似，以涂纪亮、夏基松等为代表的中国学者也大多持这种阶段性划分方法，夏基松先生则更为具体，把刘易斯、莫里斯和布里奇曼一起称为"分析哲学化的实用主义"③，以区别于"古典实用主义"和"新实用主义（实用主义化的分析哲学）"。尽管在具体表述上各有不同，但却因为这种阶段性划分和归并更多集中于历史发展进程及其呈现的变化的"明显性"和"客观性"而被广为接受。然而，这种看似"温和"与"宽容"的阶段划分却并不清晰，因为表面发展变化的明确并不代表学理连续性、逻辑进程和观念谱系上的清晰，至少在为什么和如何使实用主义从"古典"至"新"的意义上并不清楚。

---

① James Campbell, "One Hundred Years of Pragmatism", *Transactions of the Charles S. Peirce Society*, Vol.43, No.1（Winter, 2007），p.3.

② 罗克汀：《论美国实用主义发展的主要趋势》，《哲学研究》1981 年第 12 期。

③ 夏基松：《现代西方哲学》，上海人民出版社 2006 年版，第 160 页。

纵观上述诸种谱系学归置，尽管各有合理性，但却要么因为强调实用主义立场的发展连续性而出现了"谱系学意义上的人为拔高"嫌疑，要么因为过分强调哲学背景之"大"而弱化了其贡献进而面临着"定位贬抑"的质疑，要么则直接归于一种表面清晰却实际模糊的"阶段划分"，并最终导致了对同一个刘易斯的谱系学定位上的莫衷一是，不仅直接影响了对刘易斯本人及其实用主义立场的正确认识和评价，而且也因为引发了实用主义谱系链条的断裂和混乱而使整个实用主义的谱系重构陷入困境。事实上，正如我们即将阐明的那样，由于其原生语境的多元化和生成路径的"调和"性，"概念论的实用主义"这个名称并不像其表面呈现的那样成为"实用主义"的专属"T台"，相反，却是对一种综合观点的"命名"，是刘易斯综合性哲学体系的综艺秀场。因此，从实用主义自身生成史的纵向关联和整体哲学语境的横向比较出发，全面厘清和"综合"呈现刘易斯"概念论的实用主义"的源生语境与展开路径，进而对刘易斯进行实用主义谱系学重置，就理所当然成了避免上述谱系困境并最终实现实用主义谱系重构的首要任务。

显然，对任何一个哲学家及其思想的谱系学定位都必须建基于纵向历史连续和横向空间关联的双向审视之上，刘易斯也不例外。对于刘易斯及其"概念论的实用主义"而言，前者就是在实用主义自身发展和学理进程之中纵向审视其"传承和连续"，而后者则是在同时代的哲学语境中横向检验其"调和与改变"；前者直接关乎其实用主义是否延续了"古典"，而后者则决定其是否引发了实用主义的"新"改变。事实上，这不仅是前述谱系学定位中的最具争议之处，也是对其进行实用主义谱系重置的关键所在。当然，这里所说的"古典实用主义"，是指皮尔士奠基，詹姆斯系统化，杜威、米德推广应用并走向盛典的实用主义。那么，在这种意义上，刘易斯的实用主义是否可以归入"古典"甚至冠以"最后的古典"荣耀呢？

毫无疑问，对于身处 19、20 世纪之交的刘易斯而言，实用主义构成了其思想的最初语境。因为早在就读于哈佛大学时，他就开始聆听詹姆斯的实用主义课程；而当 1908 年重返哈佛大学攻读博士学位并在严格意义上开始其学术生涯时，也正值詹姆斯的《实用主义》刚刚出版（1907 年）并引发了哲学学术界的广泛关注和讨论；而此后的 10 年，更是由于詹姆斯的系统化、杜威的推广应用及其引发的"社会思想界的巨大影响"而被公认的"实用主义辉煌时期"。然而，实用主义并非 20 世纪初美国哲学的唯一话语。因为，不仅作为一种系统的世界观盛行于 19 世纪末的唯心主义的影响犹存，而且以"新实在论"和"批判的实在论"为代表的实在论思潮也快速崛起，并以其专业优势迅速占据了"哲学研究方法的中心"。到 1920 年前后，则形成了唯心主义、实在论和实用主义的三足鼎立局面，到 20 世纪 30 年代，随着以罗素、逻辑实证主义为代表的分析哲学开始被认识并逐渐占据美国哲学的统治地位，实用主义已经开始衰落了。因此，无论是作为生成语境还是思想来源，实用主义都不是刘易斯思想的唯一选择，相反，只是多元中的之一。不仅如此，对于在其个人生活和思想历程意义上更多呈现为一个专业哲学家的刘易斯而言，实用主义的影响也是大打折扣，甚至不是最大的。因为，詹姆斯、杜威对传统哲学问题尤其是"知识问题"的背离及其对"实践可能性"的更多强调所带来的"学术"冷漠，使得实用主义在美国专业哲学界逐渐被边缘化，以至于有学者认为"1910 年以后，实在论就成了美国哲学的主流"[1]，而"实用主义从未在那个时期在美国的专业哲学中占统治地位，只是在 1900—1910 这十年短暂地成为过美国哲学讨论的中心"[2]。尽管这样的论断值得商榷，但却在另一

---

[1] James Campbell, "One Hundred Years of Pragmatism", *Transactions of the Charles S. Peirce Society*, Vol.43, No.1（Winter, 2007）, p.7.

[2] James Campbell, "One Hundred Years of Pragmatism", *Transactions of the Charles S. Peirce Society*, Vol.43, No.1（Winter, 2007）, p.11.

种意义上明确了实用主义在当时美国专业哲学界的边缘化地位及其影响力有限的事实。总而言之，作为其源生语境，实用主义并没有为刘易斯提供充分的"古典"条件和砝码。

事实上，这种"古典"的非充分性也一样体现在刘易斯的学术生涯进程及其"概念论的实用主义"的生成过程中。因为，无论是从问题域的承继，还是理论的基本框架和目标上，实用主义都没有成为刘易斯的唯一甚至是主要选择。如果说1908年重返哈佛大学攻读博士学位标志着刘易斯学术生涯的真正开始的话，那么，从这时起，刘易斯的哲学就是在罗伊斯的唯心主义和佩里的实在论之间调和游走的，以至于罗伊斯在评价其1910年的博士论文时这样感叹："我认为你主要受了佩里的影响，而我发现他却认为对你影响最大的是我。"[1]当刘易斯的哲学在此后的十年主要聚焦于符号逻辑时，决定其问题域和言说方式的显然也不是古典实用主义，而是当时古典实用主义已经背离的美国专业哲学界流行的逻辑、数学、自然科学倾向，罗伊斯的逻辑课程，怀特海和罗素的《数学原理》以及康德对逻辑理性地位的强调。从1920年到1929年《心灵与世界秩序》的出版期间，决定并影响刘易斯"概念论的实用主义"的实用主义立场的也不是詹姆斯、杜威这些古典实用主义者，而是作为古典实用主义奠基者的皮尔士，正如刘易斯后来总结的那样："皮尔士的依赖于概念的工具的和经验的意义、而非真理的任何绝对特征的'概念论实用主义'在某些方面是与我本人的思想相一致的，但詹姆斯和杜威的理论则不然。"[2]重要的是，与詹姆斯、杜威不同，在皮尔士那里，实用主义还只是作为"一种意义探究和检验方法"而并没有成为真正"古典"意义上的"中心论题和理论目标"，

---

[1] 李国山编：《刘易斯文选》，李国山、方刚等译，社会科学文献出版社2007年版，第4页。

[2] 李国山编：《刘易斯文选》，李国山、方刚等译，社会科学文献出版社2007年版，第12页。

而且"很明显，其学说与随后的实用主义者的观点的符合一致也是很有限的"①。在这种意义上，与其说"概念论的实用主义"立场承续自詹姆斯、杜威式的"古典实用主义"，倒不如说脉源于"古典气质"并不充分的皮尔士的"实在论的实用主义"②。而到了30年代之后，随着以逻辑实证主义为代表的分析哲学的"主流化"，在刘易斯对"概念论的实用主义"的后续阐述中，这样一种实用主义的方法态度得到了进一步强化，实用主义俨然成了其探讨和解决分析哲学问题的工具。在这种意义上，与其说刘易斯是在像詹姆斯和杜威那样"说实用主义"，倒不如说他是在"用实用主义说"。

综上所述，无论是作为源生语境，还是作为问题域、基本框架和理论目标，实用主义都未能在刘易斯及其"概念论的实用主义"中体现出充分的"古典"风格。因为，古典实用主义不仅只是多元语境的构成之一，就刘易斯的学院哲学气质而言，甚至不能称之为"主要"，而且，也没有把其"古典"的问题域延续下来，并因此在"说实用主义"的意义上成为刘易斯的"理论框架和目标"，甚至在观点上也出现了与古典实用主义的明显背离。正如刘易斯在命名"概念论的实用主义"时总结的那样，"我们并不能使这些更为正统的实用主义者，对这个见解全部，尤其是对于其中所包括的先验真理的学说负责"③。因此，仅就"古典实用主义"的传承和延续而言，刘易斯的"概念论的实用主义"的"古典"气质并不充分。当然，赋予其"最后的古典"荣耀就更加勉为其难了，相反，却因为其对实用主义与其他立场的"调和"而承诺了"古典之后"的身份，并在改变和

---

① 李国山编：《刘易斯文选》，李国山、方刚等译，社会科学文献出版社2007年版，第20页。

② Nicholas Rescher, *Realistic Pragmatism: An Introduction to Pragmatic Philosophy*, Albany: State University of New York Press, 2000, p.xiii.

③ 李国山编：《刘易斯文选》，李国山、方刚等译，社会科学文献出版社2007年版，第69页。

创造的过程中反向蕴含了实用主义的一个"新"开始。

二、分析哲学中的实用主义冲动：谱系学重置及其效应

如果说从实用主义自身的历史发展的纵向角度审视"古典"气质的"传承和连续"，决定了"概念论的实用主义"的"古典"与否，那么，在同时代的哲学语境中横向检验其"调和与改变"就成了其"古典之后"谱系归置的关键。如前所述，既然无论是在源生语境的影响还是在问题域、理论框架和理论旨趣上，古典实用主义都没有赋予刘易斯的"概念论的实用主义"以充分的"古典"气质，并因此成就其"最后的古典"之誉，那么，作为多元语境中的某种"调和"后果，"概念论的实用主义"又是在何种意义上并如何成就和承诺其"古典之后"的精确身份的呢？换句话说，他究竟在调和或者"在用实用主义说"什么？而这种调和是如何进行并为古典实用主义带来了什么样的改变呢？事实上，不仅对这些问题的回答直接关乎对刘易斯"概念论的实用主义"立场进行"古典之后"的谱系学归置的精确性，而且这样的问题设置也决定了我们横向检验其"调和与改变"的路径与着力点，即："概念论的实用主义"的问题域、理论旨趣与后果。

正如刘易斯在《心灵与世界秩序》的前言中说的那样："在精确逻辑的领域及其在数学上的应用中，先已开始了种种研究，本书中所呈述的思想即由这些研究产生"[①]，"概念论的实用主义"始于他对逻辑问题的关注和研究。而促成这一问题聚焦的则是罗伊斯在其逻辑课上对怀特海、罗素的《数学原理》这一分析哲学巨著的推荐，刘易斯如此回忆说："他亲手把第一批运到坎布里奇的《数学原理》（第一卷）中的一册交给了我。现在已难以说清这部著作当时给我们所有人带来的是怎样一种新奇了。……

[①] 李国山编：《刘易斯文选》，李国山、方刚等译，社会科学文献出版社 2007 年版，第 67 页。

我花了大半年的时间来阅读它。"①毫无疑问，逻辑并不是实用主义的中心论题，甚至在开始时，"刘易斯力图用这种方式使先验的真理特别是逻辑免受实用主义的腐蚀"，只是"当逻辑进到把范畴应用于经验时，实用主义的检验才获得它应有的位置"②。在这种意义上，刘易斯的问题域从一开始就属于以逻辑分析为标识的分析哲学，而随着因为逻辑无法检验自身而向认识论领域的问题拓展，这种分析哲学气质就愈加明显了。在接下来的讨论中，刘易斯不仅沿袭了分析哲学的中心论题——知识、意义问题，而且也直接把作为分析哲学基本教条的"分析命题和综合命题的区分"接受为理论前提和预设，并以此为基区分了"分析知识和经验知识"，"语言上的意义与感觉上的意义"，而这些问题不仅构成了"概念论的实用主义"的原初问题域，对这些问题的讨论和回答也构成了"概念论的实用主义"这一名称下的三个论点主题。③尽管因为实用主义考虑的引入而在理论终局上出现了与分析哲学，尤其是逻辑实证主义某种程度上的背离，尽管在此后对"概念论的实用主义"的后续阐述中把问题拓展到了形而上学和伦理学等领域，但这种原初问题域的确定仍然在更大程度上决定了其所有讨论在分析哲学的理论框架和话语模式下进行，并因此获得了"从实用主义向分析哲学的转向"的特征。也正是在这种意义上，刘易斯通常被认为"代表了美国哲学的一个转折点，标志着从美国古典实用主义开始向分析哲学传统的转变"。④

---

① 李国山编：《刘易斯文选》，李国山、方刚等译，社会科学文献出版社 2007 年版，第 4 页。

② ［澳大利亚］约翰·巴斯摩尔：《哲学百年 新近哲学家》，洪汉鼎、陈波、孙祖培译，商务印书馆 1996 年版，第 336 页。

③ 李国山编：《刘易斯文选》，李国山、方刚等译，社会科学文献出版社 2007 年版，第 69 页。

④ Sandra B. Rosenthal, "From Meaning to Metaphysics: C. I. Lewis and the Pragmatic Path", *The review of Metaphysics*, Vol.33, No.3（Mar., 1980），p.541.

　　然而，刘易斯在分析哲学问题域中的驰骋却不是在分析哲学传统轨道上的亦步亦趋，相反，却因为实用主义考虑的主动引入而显得自由自在。在逻辑问题上，虽然承诺了分析哲学关于逻辑真理的存在及其对于经验的准则地位，但却对其"先验性"和"真之确定"作了实用主义的解释。在他看来，逻辑规则之所以是先验的，不是说它是天赋或者先天存在的，而是指"在经验之前可以被确认的"，并最终把逻辑的确定性归于人应付环境的行动的实用性，而逻辑原则的正确性则取决于"与这个原则相符合的行为在正常情形下总是成功的"，"逻辑的有效性必须服从于作为行动指南的实用价值标准"①。在知识和意义问题上，刘易斯虽然在"分析/综合区分"预设下承认分析命题和综合命题、先验真理与经验真理之分，但却否认分析命题是无关经验的先天纯粹形式，并在区分了"语言上的意义"和"感觉上的意义"基础上断定：分析命题不仅相关于经验，而且正是通过应用于经验而表达的经验内容——"感觉上的意义"——来确认其意义的。而当作为一种"行动存在"的人选择解释经验的概念或范畴系统以获得意义确认时，则必须依据"我们的境遇、态度和习惯"，一个意义其实就是"一种目的性的态度"②；与此相似，当我们决定接受什么为真理时，"在当下没有决定性的标准可参考的情况下，简单性和便利性在对可行假说的选择上仍然是有其合理地位的"③，实际上，正如刘易斯所言："知识中的实用因素所涉及的是在应用解释的概念模式时所做出的选择。"④显然，由于实用主义立场和方法的引入，虽然开始于分析哲学的问题，但刘易斯却得出了远远超出分析哲学的结论，甚至呈现出了非常大的背离和冲突，以

① C. I. Lewis, *Mind and The World Order*, New York: Dover Publications, 1956, p.27.
② C. I. Lewis, *Mind and The World Order*, New York: Dover Publications, 1956, p.228.
③ 李国山编：《刘易斯文选》，李国山、方刚等译，社会科学文献出版社 2007 年版，第 170 页。
④ 李国山编：《刘易斯文选》，李国山、方刚等译，社会科学文献出版社 2007 年版，第 141 页。

至于罗森塔尔认为:"刘易斯的立场明确放弃了这样一种不充分的分析哲学"[1]。然而,尽管如此,仍然无法改变分析哲学对于刘易斯的理论出发点和基本框架地位,因为,无论实用主义立场对其结论有多大的影响和改变,但都是在为解决分析哲学的问题而服务的。在这种意义上,与其说刘易斯在阐明实用主义立场,倒不如说刘易斯是在主动地引入实用主义作为方法以解决分析哲学的问题,最起码是在解决他本人看来分析哲学自身所面临或者无法令人信服地解决的难题。在这里,皮尔士——而不是詹姆斯和杜威——的"实用主义"影子就非常明显了。

的确,就像前述第三种谱系定位也是大多数人认为的那样,从表面上看刘易斯是在调和分析哲学和实用主义,并因此确认了其"古典之后"的谱系学身份,但这样一种谱系学定位并不清楚,因为它并没有区分分析哲学和实用主义的精确地位。事实上,正如前述分析的那样,这种调和并非基于平等地位的为了调和而调和,相反,是基于对分析哲学问题处理和回答问题的不满,进而把实用主义作为解决问题的方法和手段而主动引入分析哲学的。换句话说,在刘易斯那里,实用主义从一开始就是在分析哲学的论域、框架内运行并为之服务的,相对于实用主义,分析哲学才是其中心论题和最终的理论旨趣。在这种意义上,我们似乎更有理由说,刘易斯的这种调和实质上是建立在分析哲学的主体地位基础上的调和,是一种把实用主义作为手段言说分析哲学的调和,是在"用实用主义说分析哲学",是在用实用主义的视角看分析哲学。因此,如果要给这样一种"概念论的实用主义"做一个"古典之后"的准确谱系学定位的话,那么,"分析哲学中的实用主义冲动"则更为合适。但是,这种定位并不是说刘易斯只是在把实用主义作为一种"现成不变"的方法简单地付之于运用,相反,这

---

[1] Sandra B. Rosenthal, "From Meaning to Metaphysics: C. I. Lewis and the Pragmatic Path", *The review of Metaphysics*, Vol.33, No.3(Mar., 1980),p.541.

种特殊的调和过程，也同样反向带来了对实用主义在问题域和思想内容上的拓展和推进，因为，正如罗森塔尔评价的那样，刘易斯的这种实用主义视角不仅"带来了关于一般哲学尤其是实用主义的独特学说和聚焦领域……"，而且"这样一种视角被实用主义的冲动彻底激活了，不仅为古典实用主义者们的文库带来了它们必然设想但却没有明确实现的特征上的发展，也为其他传统提供了促使它们走向更加深入对话的联结点"。① 事实上，刘易斯对分析哲学和实用主义的独具韵味的调和，不仅因为带来的双向发展结果而构成了我们把刘易斯的"概念论的实用主义"纳入"实用主义的谱系"并赋予其"分析哲学中的实用主义冲动"的基本理由，而且也因为对融合路径的实验性开拓而开启了分析哲学"后"转向和实用主义"新"复兴的统一进程。

如果说刘易斯的"概念论的实用主义"作为"古典之后"的一种"分析哲学中的实用主义冲动"而被纳入实用主义的谱系的话，那么，这种冲动为实用主义指明了什么样的未来发展路径从而改变了"古典实用主义"的发展进程，并在何种意义上促进了实用主义的发展呢？换句话说，它又是凭借什么样的谱系学后果与效应奠定其实用主义谱系学地位和价值的呢？

如前所述，"概念论的实用主义"是刘易斯基于 20 世纪 30、40 年代古典实用主义趋于衰落、分析哲学逐渐占据主流地位的语境，通过对分析哲学和实用主义的独特调和而提出并得到进一步精致阐述的。虽然，刘易斯的这种调和不是均衡意义上的调和，而是在分析哲学框架和问题解决旨趣下对实用主义的引入，从而呈现为一种"分析哲学中的实用主义冲动"，但无论如何，这种调和都因为"在实用主义之外的分析哲学话语中发展实

---

① Sandra B.Rosenthal, *C. I. Lewis in Focus: The Pulse of Pragmatism*, Bloomington and India-napolis: Indiana University Press, 2007, p.1.

用主义"的路径而中断了实用主义的"古典之路",并因此作为一种实验性的开拓为实用主义的"后古典之路"指明了方向。实际上,这种"调和"气质不仅是实用主义作为方法的本真精神的题中应有之义,也是实用主义未来发展进程中的实际路径选择。如果说刘易斯的"分析哲学中的实用主义冲动"还只是一种路径拓展实验的话,那么,这种冲动在同时代及之后的哲学家那里则引发并呈现为一种更为明确、更大规模的"调和"浪潮。其中最为直接、也最具代表性的就是莫里斯,他不仅明确倡导和主张把分析哲学与实用主义结合起来,而且也对这种结合进行了充分的理论论证和实际探索,而其作为结合的理论后果提出的"科学的经验主义",也与"概念论的实用主义"和布里奇曼的"操作主义"一起被冠以"分析哲学化的实用主义"称号。与此同时,这种调和浪潮也延续到了分析哲学之外的实在论传统。因为皮尔士以及作为新实在论者的佩里的影响,在刘易斯的论域中,"实在"从来都不曾缺席过。随着1910年《六位实在论者的方案和初步纲领》发表之后"新实在论"和1916年之后"批判的实在论"的崛起并逐渐成为美国学院哲学的主流,刘易斯基于实用主义立场的"实在"言说及其与实在论在"知识"问题上的共同关注,也引发了实用主义与"实在论"的对话和调和。从最具代表性的批判实在论者塞拉斯基于杜威实用主义立场对"所予神话"的拒斥开始,这种调和一直延续到了普特南和当代的雷谢尔,并构成了"新实用主义"谱系中的一个重要支脉:实在论的实用主义。总而言之,刘易斯的"分析哲学中的实用主义冲动"所激起的这种调和浪潮,不仅因为其产生的理论成果而成就了后古典实用主义的第一次辉煌,并因此避免了实用主义因为"古典"衰落而带来的谱系断裂,而且这种浪潮本身对这种"融合式"发展路径的进一步巩固和确认,也赋予了实用主义以古典之后的新希望,而"分析哲学与实用主义之间的融合"则作为基本路径直接主导了此后实用主义的"新"复兴进程。

如果说刘易斯的调和还只是基于具体分析哲学问题解决旨趣的一种

"冲动"式实验的话，那么，随着 20 世纪 40、50 年代分析哲学统治地位的确立，受过严格分析训练的哲学家们则开始在更为基础的意义上更加体系化、主动和有目的地引入实用主义，不仅因为把分析哲学和实用主义的发展纳入统一进程而实现了对二者的双重改造，而且也因为催生了分析哲学的"后"转向和实用主义的"新"复兴而主导和标识了"新实用主义"话语。首先开启并实践这一进程的是以蒯因、古德曼、怀特为代表的受过严格分析哲学训练的哲学家们，他们从分析哲学内部对作为其基本理论预设的"分析 / 综合区分"二元论原则进行了批判和驳斥，[①] 并基于实用主义的视角给出了解决方案，因为对逻辑分析方法和实用主义立场的双重强调，以及对二者的共同核心概念"经验"的关注而被称为"逻辑的实用主义"。尽管这一路径上的后续哲学家及其理论因为不同的论域和关注话题而呈现出了丰富的多样性，诸如：普特南、埃尔金以及作为科学哲学家的库恩等，但对"经验"概念核心地位的保持和持续关注，仍然保证了其分析哲学的经验主义特质和"实用主义"的身份。然而，与逻辑实用主义不同的是，在 20 世纪 70 年代"语言转向"语境中，以罗蒂为代表的哲学家们则把这种结合推向了另一种极端：他们以分析哲学中的"语言"取代实用主义的"经验"作为核心概念而拒绝"古典实用主义"，以实用主义的"多元"与"相对"祛除分析哲学的"确定"和"基础"，进而在否定二者的基础上否定了哲学自身的存在，并代之以"后哲学文化"。尽管罗蒂为其立场打出了"新实用主义"的名号，但其"欧陆哲学"气质与接近后现代主义的极端立场，却使得这种"结合"导致了双重否定的结果，进而使这种"新实用主义"自身陷入了"实用主义身份归属困难"，基于其对"语言"概念的强调和自身的狭隘性，我们称之为"语言的实用主义"。尽管，随

---

① 姬志闯：《论纳尔逊古德曼对"分析 / 综合区分"的拒斥及其效应》，《自然辩证法研究》2010 年第 6 期。

着实用主义与其他哲学论题和立场的对话，而产生出了很多别样的"新实用主义"，譬如：新实用主义美学、新实用主义神学等支脉，但分析哲学与实用主义的融合仍然占据了"新实用主义话语"的主导地位。因此，在其"分析哲学中的实用主义冲动"开启并支配了新实用主义发展路径的意义上，把刘易斯的"概念论的实用主义"称为实用主义的"新"开始、甚至直接归之于"新实用主义"也不为过。

尽管，刘易斯的"分析哲学中的实用主义冲动"所激起的"调和"尤其是"分析哲学与实用主义的调和"路径，奠基并主宰了后古典实用主义尤其是新实用主义的发展方向，但这种发展却因为调和对象、方式和旨趣的不同而远远超出了其原初范围设定。以至于作为其结果呈现的新实用主义，不仅因为理论自身的发散和多元而导致了其本身作为一种独特哲学形式的不融贯和统一性的缺失，并因此陷入了谱系学混乱，而且因为不同的衍生路径和观点而在相同话语主题上与古典实用主义发生了冲突，并因此陷入了关于它"还是不是实用主义"或者"还能否被纳入其谱系"而被称为实用主义的困难，[1] 正如雷谢尔总结的那样："对于实用主义而言，有多少人就有多少种解释，而且这种概括也已经被应用在了大量的不同论文、理论和教义——多样化的立场和有时相互冲突的不同倾向——之中"。[2] 造成这种现象的根本原因就是它们的"调和"已经远离了相互补充和发展的目标，进而放弃了原初调和对象的一些基本理念，其中最具代表性的就是以罗蒂为代表的"语言的实用主义"，在以"语言"取代了分析哲学和古典实用主义的共同核心概念"经验"之后，便陷入了"实用主义身份归属"困难。而在刘易斯的"调和冲动"中，分析哲学与实用主义的基本理念并

---

① 姬志闯：《构造的无羁与归敛——纳尔逊·古德曼哲学研究》，人民出版社 2013 年版，第 241 页。

② N. Rescher, *Realistic Pragmatism: An Introduction to Pragmatic Philosophy*, Albany NY: State University of New York Press, 2000, pp.48-49.

没有被抛弃，经验与语言也并没有被分割，也没有因此面临"语言和经验在实用主义中的相对优先性"①的非此即彼式选择困境，相反，是在二者的调和中，找到了经验与语言的共存，并因此实现了分析哲学与实用主义的互补式发展。因此，仅就避免上述困境这一目标而言，刘易斯的"概念论的实用主义"及其调和路径就必须被重新发现、认识和利用，并因此为上述困境的解决指明了方向。如果说，刘易斯的"分析哲学中的实用主义冲动"因为开启了"后古典"尤其是"新"实用主义的融合发展路径而"预言"了新实用主义，并因此定义了其实用主义谱系学地位的话，那么，这种路径也因为自身的"免疫力"而为当代新实用主义困境开出了"治疗处方"，并因此奠定了其谱系学价值。事实上，这不仅是刘易斯的"概念论的实用主义"的谱系学后果和效应的彰显，也是我们对其进行谱系学重置的意义所在。

第二节 科学经验主义：莫里斯对实用主义的"指号学"审视

如果说，刘易斯对分析哲学与实用主义的调和还呈现为一种"分析哲学中的实用主义冲动"的话，那么，莫里斯则表现得更为直接。他不仅明确倡导把分析哲学与实用主义结合起来，而且也对这种结合进行了充分的理论论证和实际探索，并最终以其"科学的经验主义"与刘易斯和布里奇曼一起构成了"分析哲学化的实用主义"的代表。莫里斯（Charles William Morris，1901—1979）是美国著名的哲学家，以其对指号理论的研究闻名于世。莫里斯于 1925 年在古典实用主义的重镇芝加哥大学获得博士

① Colin. Koopman, "Language Is a Form of Experience: Reconciling Pragmatism and Neopragmatism", *Transactions of the Charles S. Peirce Society*, Vol.43, No.4, (Fall, 2007), p.695.

学位，受教于米德和杜威，并于 1931 年后长期任教于芝加哥大学。随着 20 世纪 30 年代以卡尔纳普为代表的逻辑实证主义者把严格、清晰的分析哲学带入美国，美国本土的古典实用主义受到了严重冲击，年轻一代的学子纷纷皈依分析哲学，莫里斯也不例外。不仅从 1937 年开始就和卡尔纳普等人一起合作编辑出版《国际统一科学百科全书》，而且也通过与逻辑实证主义者的广泛接触交流，奠定了其分析哲学的基本语境和问题域。然而，从古典实用主义的鼎盛时期走来并受教于实用主义经典作家米德和杜威的莫里斯，并没有因为逻辑实证主义的盛行而逃离或者放弃实用主义，相反，是在坚持实用主义基本立场基础上明确主张与逻辑实证主义的融合，不仅以此来应对和处理以逻辑实证主义为代表的分析哲学的"符号"难题，而且也因此为实用主义的"后古典"的"新"复兴奠定了"方法"基础，明确了"结合"方向。更为重要的是，莫里斯为这种结合提供了一种可操作性的实践探究范例，让这种结合从"冲动"和倡导走向了实践运行。莫里斯从米德的行为理论出发，一方面继承了古典实用主义者尤其是皮尔士对于语言和符号的研究，另一方面借鉴和吸收了逻辑实证主义的逻辑分析方法，将其对指号的分析植入有机的行为—环境之中，从而开创了指号学研究的新篇章，并以"实用"的指号理论为基础，最终形成了作为实用主义和逻辑实证主义融合后果的"科学经验主义"。毫无疑问，无论是分析哲学还是实用主义，莫里斯都在其发展历程中起到了重要的承上启下作用，并构成了其谱系的关键环节。而这种承上启下的切入点和着力点就是两者都作为核心概念和讨论主题的"符号"或者"指号"，事实上，也正是其"指号学"作为方法论原则支撑了"科学经验主义"的整体建构。

一、作为方法论原则的"指号学"理论

莫里斯对于将实用主义和分析哲学进行融合有着清醒的方法论意识和神圣的使命感，正如他明确指出的那样，他所要建立的"科学的经验主义"

的方法论原则"处于指号（signs）的一般理论，即指号学（semiotic）之中"①，所以，对其指号学理论进行分析考察就成了我们进入莫里斯"科学经验主义"思想世界的必需。莫里斯的指号理论有两个基本的研究方法：一个是行为主义的，可以追溯到皮尔士、米德和杜威等古典实用主义者；另一个是逻辑的，可以追溯到以卡尔纳普为代表的逻辑学家这里。② 实际上，他所要建立的"具有实用价值的指号科学"这一目标本身就是对两者的融合。

莫里斯认为，人类（也包含某些高级动物）在与环境的交互过程中，不仅会与当时当地的环境有着直接的映现关系，而且还可以通过某些媒介物与其他时间和空间范围中的对象发生间接的联系，譬如，我们可以用图形标示道路状况，我们可以用语言描述其他时空范围内发生的事情等。这种间接的联系有效地拓展了人类和高等动物的生存时空，对于人类的生存来讲具有至关重要的作用。那么，我们为什么能够以某些媒介物与对象发生间接的联系呢？在莫里斯看来，我们正是通过使用指号完成这种联系的，换句话说，正是指号的作用机制促成了我们与对象的间接关联。在这种意义上，使用指号不仅构成了我们生存行为机制的重要组成部分，也是人类获得自身独特标识的依据和一切理性思考的原点，因此，通过对人类使用指号（sign）的过程进行考察，不仅可以揭示出人类指号行为的内在机制，而且还可以为建立一般的哲学奠定重要的基石。然而，莫里斯在考察了指号学的当下状况之后指出，"我们必须承认，从科学的观点，因而也是从实用的观点来看，指号学的目前状态是很不令人满意的"③。虽然导

---

① 涂纪亮编：《莫里斯文选》，涂纪亮等译，社会科学文献出版社 2009 年版，第 4 页。
② [美] C.W. 莫里斯：《指号、语言和行为》，罗兰、周易译，上海人民出版社 2011 年版，第 1 页。
③ [美] C.W. 莫里斯：《指号、语言和行为》，罗兰、周易译，上海人民出版社 2011 年版，第 2 页。

致这种状况的原因有很多，但最重要的是指号本身的复杂性。指号是比语言更宽泛更丰富的符号系统，可以分为动物的指号和人的指号、语言的指号和非语言的指号，科学中的指号和文艺、技术、宗教和哲学中的指号等不同的内容。所以，莫里斯得出结论说，我们有必要也必须创建一种"具有实用价值的指号科学"以指导和实现我们的生存。然而，莫里斯并不认为自己可以一举解决指号学研究的全部问题，他的研究只是为未来的指号学研究抛出了一块引导砖，用他自己的话说就是"可以作为一个引子，来导向未来将要带来的那种真正的科学的和在文化上丰富多彩的指号学"①。

莫里斯首先要解决什么是指号的问题。在日常话语实践中对于"指号"和"符号"的轻松使用和在理论上对"指号"进行界定的巨大困难形成了鲜明的对照。"指号"的英文表达是"sign"，一般译为"符号"，另一个与之意义相近的英文表达是"symbol"，中文语境一般译为"象征"或"符号"。为了将两者区分开来，莫里斯著作的中文译者将"sign"译为"指号"，将"symbol"译为"符号"。之所以做出这种区别翻译，主要是因为在莫里斯的哲学理论中，指号和符号的差异不仅不可忽视而且是本质性的。在莫里斯看来，指号不仅更具一般性，而且是和人们实际使用指号的过程密不可分的，是动态的有生命力的，"指号是一种经验—活动（experience-act），这种经验活动蕴含了并且要求一个继起的经验活动作为它在效用方面的根据"②；而符号却是静态的、非语境依赖性的，比如人们在谈话过程中对语言的使用就是一种指号行为，但是当人们把谈话内容记录下来作为文字就成了静止的符号。不难看出，莫里斯对指号和符号进行明确区分的核心目的，实际上是在强调：与静止的符号相比，指号是一种鲜活的、富

---

① ［美］C.W. 莫里斯：《指号、语言和行为》，罗兰、周易译，上海人民出版社 2011 年版，第 3 页。

② ［美］C.W. 莫里斯：《指号、语言和行为》，罗兰、周易译，上海人民出版社 2011 年版，第 26 页。

有生命力的经验过程，而这也正是其思想的实用主义底色所在。

那么，"指号—行为"这一经验过程具体是指什么呢？莫里斯首先通过两个例子进行了说明。第一个是关于狗的实验，在实验过程中通过对狗进行训练，可以使这条狗在看不到食物的情况下听到蜂鸣器发出的声响，并据此跑到某个特定的地方来寻找食物。对于狗而言，蜂鸣器的声响显然就是在某地有食物的一个指号，并且是一个非语言的指号。第二个是人类的行为，一个人在驾驶途中被告知前面的路因山体滑坡被堵塞了，这个人听到这些话后改变了自己的行驶路线。而这个所听到的声音，就是关于路上有障碍物的指号。通过对这两个非语言指号和语言指号实例的分析，莫里斯给出了他自己关于指号的定义思路和一般看法，即：将指号和"追求—目标"（goal-seeking）的经验过程联系起来加以定义，"如果某个东西 A 是用这样一个方式控制了指向某个目标的行为，而这种方式类似于（但不必等同于）另一个东西乃在它被观察到的情况下用以控制指向这个目标的行为的那种方式，那么，A 就是一个指号"①。就前述例子而言，蜂鸣器的响声替代食物控制了狗觅食的行为，语言描述替代人的实际观察控制了人到达某一目的地的行为，因此，蜂鸣器和语言在和上述追求—目标的行为相联系的过程中就成了替代性的指号。

莫里斯进而对人们使用指号的过程进行了细致的分析。他指出，"某个事物起着一个指号的作用的那个过程，可以叫做指号过程（semiosis）"②，它包含有四种要素：第一种要素是指号媒介物（sign vehicle）；第二种要素是所指谓（designatum）；第三种要素是解释（interpretant）；而解释者（interpreter）则是第四种要素。譬如在动物实验的例子中，蜂

---

① ［美］C.W.莫里斯：《指号、语言和行为》，罗兰、周易译，上海人民出版社 2011 年版，第 8 页。

② ［美］C.W.莫里斯：《指号、语言和行为》，罗兰、周易译，上海人民出版社 2011 年版，第 79 页。

鸣器的声响就是指号媒介物（S），食物就是所指谓（D），满足进食就是解释者（狗）对蜂鸣器声响的解释（I）。与此类似，在人的行为例子中，描述路况的声音就是指号媒介物（S），实际的路况就是所指谓（D），如何改变路线避开拥堵到达目的地就是解释者的解释（I）。通过对指号过程进行更精确的形式分析之后，莫里斯又重新给指号下了一个更恰当的定义，"对于 I，S 是关于 D 的一个指号，如果由于 S 的出现，I 考虑到（take account of）D"①。在这里不难看出，莫里斯对指号过程的分析是行为主义式的。之所以坚持这种方式，并不是要否定"私有经验"（private experience）及其在指号过程中的价值，只是因为，在莫里斯看来，如果将对指号的分析和内省心理学联系起来的话，对于指号学的科学化和客观化是有害无益的。所以，他更愿意撇开对指号解释者和使用者内在心理状态的考察，仅从外在的行为表现来考察指号过程。

如前所述，指号过程包含解释者、指号媒介物、所指谓和解释四个要素，这四个要素可以分别抽离出其中两个要素来考察它们之间的关系。有三组不同的关系就构成了指号过程的三个基本层次，这也是大家最为熟知的莫里斯关于语形学、语义学和语用学三个层次的划分。既然在莫里斯看来，"指号学作为一门科学，应用了特别的指号去陈述关于指号的那些事实。指号学是一种讨论指号的语言"②，那么，前面所描述的指号过程的三个层次也就构成了他所设想的指号学的三个基本分支，即语形学、语义学和语用学，它们分别研究指号过程的语形的、语义的和语用的方面。

第一个层次涉及诸指号之间的关系，这是指号过程的语形方面（syntactical dimension），可以用"Dsyn"来代表，对指号之间关系的研究就是语形学（syntactics）。莫里斯认为，语形学研究的是指号之间的语形关系，

---

① 涂纪亮编：《莫里斯文选》，涂纪亮等译，社会科学文献出版社 2009 年版，第 79 页。
② 涂纪亮编：《莫里斯文选》，涂纪亮等译，社会科学文献出版社 2009 年版，第 84 页。

不涉及指号和对象或者指号和解释者之间的关系，语形学是指号学所有分支中最发达的一个分支。虽然对语形学的研究从古希腊时期的逻辑学家就已经开始了，最早体现在逻辑学家对于几何公理系统的演绎性特征的分析上，但是莫里斯却发现，传统的语形学研究有很多的局限性：一方面是因为这种研究不是自觉的，另一方面研究本身还存在很多混淆。当代哲学对于语形学的研究典型地体现在卡尔纳普的逻辑句法学（logical syntax）中，并把注意力集中在语言的逻辑句法上，对"语形规则"（包括形成规则和变形规则）进行了细致的考察。

第二个层次涉及指号媒介物和所指谓之间的关系，也就是说是对指号和指号所涉及的对象之间关系的研究，这个关系被称为"指号过程的语义方面"（semantical dimension），用"Dsem"这个指号来代表，对这个方面的研究被称为语义学，主要研究指号和它们指示的或者可以指示的对象之间的关系。莫里斯认为，与成熟的语形学研究相比，语义学的研究虽然在卡尔纳普和塔尔斯基等人的著作中取得了重要的进展，但是仍然缺乏语形学的明晰性和系统性。语形学对语言规则的研究是对指号之间结合的规则的研究，语义学同样需要研究语言的规则，即语义学规则，语义规则不是指号之间结合的规则，而是一个指号何以能够用于对象，是将指号和指号所指示的情况对应起来的规则。语义规则是使得指号超出语言范围与世界发生联系的重要机制。

第三个层次涉及指号和解释者之间的关系，这个关系叫做指号过程的语用方面（pragmatical dimension），可以用"Dp"来代表，对指号和解释者之间关系的研究便是语用学（pragmatics）。因为，莫里斯在区分指号和符号的过程中强调指号是一个富有生命力的经验过程，并因此不同于静止的符号，他更关注的是指号实际使用的过程。在这里，实用主义对莫里斯的深远影响体现得淋漓尽致，并促使其将指号学的研究从语义学拓展到语用学，正如莫里斯明确承认的那样，"'语用学'这个术语，显然参照了

'实用主义'这个术语而制造出来的"①，并且，"'语用学'这个术语，有助于表明皮尔士、詹姆斯、杜威和米德等人的成就在指号学范围里的重要性"②。事实上，不仅如此，皮尔士、詹姆斯和杜威等人关于概念和符号的解释还直接启发了莫里斯语用学理论的形成，以至于他这样总结实用主义的洞见："一个指号的解释者是一个机体；解释是机体由于指号媒介物而对不在当前的诸对象做出反应的那种习惯；而这些不在当前的诸对象（如果它们在当前的话）是和当前的一些疑难情况（problemation situation）有关的"③。

尽管与实用主义有着这样的紧密关联，但莫里斯仍然强调指出，"语用学"是研究指号和其解释者之间关系的科学，作为一门独立的科学，必须与"实用主义"区分开来。如果语形学关注的是指号组合的规则、语义学关注的是指号和对象对应的规则，那么，语用学在某种程度上也是对于某些"规则"的探究，语用学探究的是语用规则，语用规则是对于某些语词在实际的使用过程中，在那些特定的条件下才能加以使用的具体规则。比如"早安"这个词，究竟应该在什么样的情形下来使用就是由语用规则约定的，正如莫里斯指出的那样，"如果对某些词语应用时所依据的条件的陈述，不能够用语形规则和语义规则表述出来的话，那么，这个陈述就构成这些语词的语用规则"④。尽管有各自相对独立的研究对象和领域，但指号学的三个分支语形学、语义学和语用学并不是彼此相互独立的，而是一个不可分割的整体。在某种程度上语义学的研究是以语形学为前提的，而语用学的研究又是以语形学和语义学为前提的，对于语言的完整描述需

---

① 涂纪亮编：《莫里斯文选》，涂纪亮等译，社会科学文献出版社 2009 年版，第 103—104 页。

② 涂纪亮编：《莫里斯文选》，涂纪亮等译，社会科学文献出版社 2009 年版，第 104 页。

③ 涂纪亮编：《莫里斯文选》，涂纪亮等译，社会科学文献出版社 2009 年版，第 105 页。

④ 涂纪亮编：《莫里斯文选》，涂纪亮等译，社会科学文献出版社 2009 年版，第 108 页。

要将"语形规则""语义规则"和"语用规则"结合起来才能完成,所以,"这三门学科中的每一门虽然都是通过这一种或那一种方式来研究指号,但是它们中的任何一门都不能够定义'指号'这个语词,因而也就不能定义它们自身"①。

莫里斯对指号的研究并不局限于语言指号,其目的也并不仅仅满足于对于语言的一系列规则的制定和说明,秉承逻辑实证主义"统一科学"的理想,他的指号学有着更高的旨趣和追求,即:消除语言混乱并作为所有科学的工具,用他自己的话说就是:一方面"指号理论对于消除语言的混乱是一个有用的工具"②,另一方面"指号学不仅是诸科学中的一门科学,而且还是所有科学的工具科学或工具(instrument)"③。指号学如何发挥其作为所有科学的工具这一效用呢?首先有助于促进自然科学研究的知识生产,不仅通过对科学家进行必要的指号学训练,使其能批判性地认识自己的语言并最终养成一种精确应用语言的习惯,而且通过对某一科学语言的精确分析为进一步的科学研究奠定基础。其次有助于促进人文科学对人类行为的了解和控制。

二、"科学经验主义"及其实用主义意蕴

莫里斯学术思想的实用主义和逻辑实证主义双重背景,使得他不得不面对二者的遭遇和冲突,准确地说是面对逻辑实证主义对古典实用主义的挑战。但他并没有采取鸵鸟战略对实际的威胁和挑战视而不见,而是在豁达积极的接受基础上,比较分析二者的优势局限,以其从二者共同的核心概念"符号"为切入点建构一种科学的指号学理论,并以此为方法论原则将逻辑实证主义和实用主义整合到一个更大的哲学框架之下,即:"科学

---

① 涂纪亮编:《莫里斯文选》,涂纪亮等译,社会科学文献出版社 2009 年版,第 123 页。
② 涂纪亮编:《莫里斯文选》,涂纪亮等译,社会科学文献出版社 2009 年版,第 79 页。
③ 涂纪亮编:《莫里斯文选》,涂纪亮等译,社会科学文献出版社 2009 年版,第 127 页。

的经验主义"。在他看来，当我们把视野加以拓展，从"科学的经验主义"出发，就会发现逻辑实证主义和实用主义并不是对立和相互排斥的关系，它们是更广泛地作为一般指号理论的哲学的一部分。莫里斯没有固守古典实用主义的"基本教旨"，对逻辑实证主义进行简单的排斥和否定，也没有简单地转身投入逻辑实证主义的阵营，完全抛弃实用主义。事实上，正是这样一种融合发展的路径和立场，既用另一种"语言分析"方式和土壤保留和延续了古典实用主义的火种和生命力，进而开启了实用主义浴火重生的"新"复兴机制，也为逻辑实证主义在北美的立足和"后分析"转向提供了本土方法支撑和创新动力源泉。

莫里斯认为，指号学可以分为语形学、语义学和语用学三个分支，分别研究指号之间的关系、指号和对象的关系、指号和解释者之间的关系。指号学不仅可以为自然科学和人文科学研究提供工具，而且在某种程度上决定着哲学研究的某些基本路向，比如逻辑实证主义就对应于语形学的研究、传统的经验主义对应于语义学的研究、而实用主义则对应于语用学的研究。莫里斯批评语言学的研究将语形学、语义学和语用学分别当作专门的学科分割开来加以研究，因而不能形成统一的指号科学。与此同时与指号学的这三个分支构成映射关系的三个基本的研究路向也被当作各自独立的哲学立场和方法，因而也为各自狭隘的研究所限制。因此，莫里斯设想，统一的指号科学需要将语形学、语义学和语用学三个亚学科统一起来，那么，统一的哲学也应该将逻辑实证主义、传统的经验主义和实用主义统一起来，这个统一的哲学就是莫里斯所谓的"科学的经验主义"，正如他总结并宣称的那样："科学的经验主义由此证明，它能够把逻辑实证主义、传统的经验主义和批判的实用主义的那些真知灼见结合到一起"[1]。

既然指号学有语形学、语义学和语用学三个分支，那么就意味着我们

---

① 涂纪亮编：《莫里斯文选》，涂纪亮等译，社会科学文献出版社 2009 年版，第 4 页。

可以分别从形式、经验和实用三个层面来研究"意义"问题，而在统一的指号科学视域下，要获得对于意义的完整说明就必须将意义的三重维度统一起来。因此，作为对应于三个层面的逻辑实证主义、经验主义和实用主义哲学，也应该在"统一哲学"的意义上从对意义研究的某一方面中解脱出来，统一于对意义的完整说明。然而，莫里斯却发现，无论是逻辑实证主义、经验主义还是实用主义，都因为聚焦于意义的某一方面而存在着各自的局限性。首先是逻辑实证主义对意义的形式方面的研究。莫里斯认为，在卡尔纳普等人把"哲学和形式逻辑看作是同一的，然而，按照这种看法，哲学又变成和科学逻辑一样的东西"①。显然，莫里斯并不反对对意义的形式方面的研究，但逻辑实证主义者将哲学分析等同于逻辑分析，在某种程度上忽视了语言符号和经验对象的关系，以及语言符号的心理效果和社会效果，从而导致了这样的结果："哲学分析不对非语言的对象做出经验的论断"。换句话说，逻辑实证主义将哲学等同于科学逻辑的做法推广到极致就会切断哲学和现实世界之间的联系，"形式主义者只能对语言进行设计或者分析；在使用某种特定语言时，要发现什么是世界上真实之物，这便是形式主义者力所不及的"②。

经验主义对意义的经验层面的研究同样存在局限：一方面陷入了个人主义和主观主义，另一方面对于形式科学的研究缺乏足够的重视。这是因为，传统经验主义建基于"非物质的实体"这一心灵概念的基础之上，从这一概念出发，心灵便被视为独立于身体的能够进行思考和接受印象的独立实体，并因此在知识论上陷入了唯心主义或不可知论。进入 20 世纪，实用主义哲学对传统经验主义的心灵概念进行了改造，借助于达尔文的生物进化论，将心灵的研究从内省心理学推向了客观心理学，把心灵看作是

---

① 涂纪亮编：《莫里斯文选》，涂纪亮等译，社会科学文献出版社 2009 年版，第 7 页。
② 涂纪亮编：《莫里斯文选》，涂纪亮等译，社会科学文献出版社 2009 年版，第 25 页。

具身性的自然过程，在人、社会与周围世界的协调过程中来发挥作用。在这种视域下，心灵不再是独立于身体而存在的思维实体，而是机体和环境之间交互作用的反应系统所具有的客观性质，而意识则在某种程度上就是机体对环境所发生的事件做出反应的能力。实用主义对传统心灵概念的这种自然化改造，使得经验主义超越个人主义进而在主体间性的维度上来理解心灵及意义，所以，"既然意义毫无剩余地是潜在的主体间的，因此这种意义上的心灵并不包含任何本质上是私人的东西"①。也正是在这种意义上，我们说实用主义"是对传统经验主义的一种重大矫正"②。

与逻辑实证主义和经验主义相比，实用主义对意义的研究更注重于实用层面，正如莫里斯指出的那样，"实用主义对意义和知识的社会方面的强调，与维也纳学派的较多的个人主义气味以及由此产生的关于有意义之物的较为狭窄的定义形成鲜明的对照"③。显然，实用主义和逻辑实证主义分别建立在不同的自然科学基础之上，实用主义以生命科学为基础，而逻辑实证主义则以数理逻辑和物理学为基础。尽管有着不同的侧重，但实用主义和逻辑实证主义的研究并非不可调和，相反，在某种程度上却是相互补充的。实用主义需要向逻辑实证主义学习如何更加认真地对待形式科学，而实用主义对意义的社会学和生物学方面的研究也可以反过来帮助逻辑实证主义克服其过分学究式的逻辑分析方法。

如果按照莫里斯基于"指号"意义的统一设想，将实用主义、逻辑实证主义和经验主义整合起来，那就是"科学的经验主义"。那么，什么是"科学的经验主义"，它又是如何克服传统经验主义的局限性的呢？莫里斯首先指出，"科学的经验主义"这个名词是指这样一种气质，即："按照某些命题通过对事物或对所意指的那类事物的观察而获得证实的程度，把这

---

① 涂纪亮编：《莫里斯文选》，涂纪亮等译，社会科学文献出版社2009年版，第59页。
② 涂纪亮编：《莫里斯文选》，涂纪亮等译，社会科学文献出版社2009年版，第59页。
③ 涂纪亮编：《莫里斯文选》，涂纪亮等译，社会科学文献出版社2009年版，第21页。

些命题纳入知识体系之中，而不把任何可能被证明是科学方法或科学大厦的必要部分的唯理论因素、宇宙论因素或实用主义因素排除出去，不加考虑"①。从这个说明我们不难看出，科学经验主义首先是一种知识论，并且这种知识论奠基于经验证实的基础之上，凡是无法通过经验证实的知识都不能纳入到人类的知识体系之中。在这一点上，莫里斯显然秉承了逻辑实证主义，但同时要比逻辑实证主义更具包容性，它还包括某些宇宙论和价值观，唯理论因素、宇宙论因素和实用主义因素都在科学经验主义的考虑范围之内，所以在某种程度上科学经验主义又不止是知识论。在这里，不仅莫里斯将实用主义和逻辑实证主义的融合意图显露无遗，而且也在实践上给出了探究式建构答案，即："科学经验主义"。换句话说，科学经验主义实质上就是由莫里斯在统一的指号学基础上，对当代哲学的基本路向进行调和折中的结果。正如他本人总结阐明的那样，"由上述考虑而导致的内容丰富的观点，就同时包括了彻底的经验主义、方法论的理性主义和批判的实用主义；这种观点可以恰当地叫做科学的经验主义"②。

就其主要内容而言，最能彰显科学经验主义的综合内涵和"调和"价值的就是其"科学观"和"元科学观"了。人类对自然界的科学研究可以采用不同的方法，比如经验观察的方法或者数学的方法，在传统科学研究过程中这两种方法是相互对立的，分别为经验主义者和理性主义者所倡导。不同的研究方法带来了不同的科学概念，要么是演绎推理的科学，要么是经验归纳的科学。但是，莫里斯却认为，就当代科学而言，科学就是"实验科学"，"实验科学的方法的发展，可能是西方文明的最重要的理智的贡献"，而"数学和实验方法结合在一个单一的方法中"③ 则构成了西方科学全盛的标志。这种科学方法的统一在某种程度上也带来了科学的统

---

① 涂纪亮编：《莫里斯文选》，涂纪亮等译，社会科学文献出版社 2009 年版，第 4 页。
② 涂纪亮编：《莫里斯文选》，涂纪亮等译，社会科学文献出版社 2009 年版，第 68 页。
③ 涂纪亮编：《莫里斯文选》，涂纪亮等译，社会科学文献出版社 2009 年版，第 64 页。

一，科学研究不再是单凭数学方法或经验观察某一种单一的方法就可以开展的事业，作为"实验科学"的科学必须将两种方法有机结合和统一起来。"这样，理性主义和经验主义就不再是认识自然的相互敌对的方法，而成为实验科学——它应用观察的—假设的—演绎的—实验的方法——的互相补充的组成部分"①。

如果说实验科学要求在方法论上逻辑分析和经验主义必须结合起来的话，它还会进一步带来哲学立场方面的变革，并要求我们把当代哲学发展的某些基本路向进行综合以克服其各自立场的局限性。那么，科学经验主义作为综合之后所产生的哲学立场对于实验科学的研究具有什么样的意义和价值呢？于是，莫里斯提出了发展"元科学"的设想，即"把全部的科学事业作为科学研究的一个对象"②。也正是在能够为"元科学"的发展提供重要支撑和帮助的意义上，科学经验主义的价值才能够充分体现出来。科学作为知识和理论是由一系列的指号所组成的，元科学研究的第一个方面的内容就是将这些指号和经验对象、使用者抽离出来进行纯形式方面的研究，即对科学语言的语形学研究。元科学研究的第二个任务是对科学语言的语义学研究，语义学研究科学著作中的那些指号和对象之间的关系，分析科学语词和语句在什么样情况下和特定的对象、特定的情况建立起联系。元科学研究的第三个方面的内容是科学语言的语用学研究，由于科学语言所使用的指号是科学家活动的产物，所以指号和科学家之间的关系也是元科学研究的重要内容，这个研究具有丰富的内容，包括科学家是如何工作的，科学活动和人类的其他种类的活动之间的关系等。所以，莫里斯总结说，"科学是由许多指号组成的一个整体，这些指号与指号相互之间、指号和对象之间，以及指号和实践之间都有某些特定的关系；因而科学就

---

① 涂纪亮编：《莫里斯文选》，涂纪亮等译，社会科学文献出版社 2009 年版，第 64 页。
② 涂纪亮编：《莫里斯文选》，涂纪亮等译，社会科学文献出版社 2009 年版，第 68 页。

同时是一种语言、一种关于对象的知识和一种活动。相互联系的关于科学语言的语形学、语义学和语用学的研究，继而又组成了元科学——科学的科学"①。在莫里斯看来，科学发展到一定阶段必定要求将自身作为科学研究的对象，这就推动了元科学的产生，从其研究的几个层面的基本内容来看，元科学实际上就是将科学经验主义应用于科学的产物。

莫里斯身处古典实用主义的自身危机和逻辑实证主义的外来挑战的双重境遇之中，一方面使得莫里斯具有宽广的学术视野，对于逻辑实证主义和实用主义分歧和差异有着清醒的认识，另一方面则使得莫里斯的哲学具有很强的折中主义特点。虽然他对各种哲学路向的折中最终服务于将所有科学研究加以统一的"元科学"设想，使得哲学的功能和价值在"反对一切形而上学"的意义上被严重削减，并因此遭到了与逻辑实证主义类似的诸多质疑和批评，虽然他对实用主义的引入还更多聚焦于实用主义尤其是杜威、米德关于"经验""心灵"的思想内容而不是"方法论"层面，但无论如何，莫里斯都在一种结合旨趣下为实用主义和逻辑实证主义的共存发展提供了一条兼具探索和创新的可行路径。就实用主义而言，如果将其置入实用主义的百年叙事进程，其谱系学意义和贡献就更为凸显：一方面，将始于刘易斯的分析哲学中的实用主义冲动推进为一种主动的结合，并通过构造"科学经验主义"的实践范例实际开启了一条"新实用主义"的源生路径，无论是"分析哲学的实用主义化"还是"实用主义的分析哲学化"，都直接激发了后来的蒯因、古德曼、戴维森、普特南，并最终构成了"新实用主义"的话语主体；另一方面，莫里斯源于皮尔士和逻辑实证主义共同核心概念的"指号"出发点，不仅为自詹姆斯以来以"经验"为核心概念的实用主义话语注入了似乎被遗忘的"语言"热情，也因为对"指号"实用层面的"经验"内容的强调而正式展开了"语言—经验"的

---

① 涂纪亮编：《莫里斯文选》，涂纪亮等译，社会科学文献出版社 2009 年版，第 69 页。

话语模式，并作为主要线索贯穿了几乎整个此后的"新实用主义"叙事。事实上，在实用主义的古典之后的"新"端倪期，无论是对分析哲学与实用主义结合路径的实践推进，还是其指号学理论对此后实用主义叙事的影响，莫里斯都比刘易斯更称得上"新实用主义者"。

第 四 章

实用主义的"语言"转向与复兴

　　如果说刘易斯、莫里斯和布里奇曼为代表的"分析哲学化的实用主义",只是将实用主义作为一种解决问题的方法而稍显被动地引入,并因此激起了"分析哲学中的实用主义冲动"进而呈现为"古典"之后的"新"端倪的话,那么,随着20世纪50年代经典分析哲学自身问题的暴露,对实用主义的关注和采纳则具有了更多的主动性。不仅因为把实用主义置入了一个"语言转向"的宏大语境,进而把实用主义的"新"进程从"分析哲学化的实用主义"直接推向了"实用主义的分析哲学化",也因为对作为分析哲学标识和核心概念的"语言"的审勘和重释,而肇始并双向推进了分析哲学的"后"转向和实用主义的"新"复兴。就新实用主义的源生路径而言,因为把实用主义作为具体方法应用于以"语言""经验"为核心概念的分析哲学问题而拓展了其应用范围,与此同时,也因为将实用主义作为思潮结合与融流的平等主体而创新了其"应用方式";就其产生的理论后果而言,除了问题域的拓展带来的叙事或理论内容的极大丰富之外,也在对分析哲学和实用主义的双重改造中,赋予了"新实用主义"一种崭新的形态,即:"后分析哲学"。根据其融流的广泛度及其对分析哲学和实用主义的改造度,可以大致分为两个阶段:前一个阶段以蒯因、古德曼、塞拉斯为代表,虽然对实用主义的引入更具主动性,但仍然因为某种"不自觉"而囿于"分析哲学"或者"实在论"的基本立场,蒯因和古德曼被冠以"逻辑实用主义"之名,而后者则聚焦于通过"拒斥所予"对"经验"

概念的批判；后一个阶段则以戴维森、罗蒂和普特南为代表，尽管戴维森没有直接从实用主义立场出发，但对分析哲学的改造后果却因为极具"颠覆性"而成为了"后分析哲学"的典型，而罗蒂和普特南则直接经历了从"分析哲学"到"实用主义"立场的转变，并因为亲承了自己的"实用主义"身份而构成了"新实用主义"家族的核心人物①。既然"语言"和"经验"构成了分析哲学和实用主义的主题概念，所以其叙事也可就此分为两类，前者以蒯因、古德曼、戴维森、罗蒂为代表，塞拉斯、麦克道威尔和普特南则以"经验"为主题。

　　本章主要围绕"语言"线索下的"新实用主义"叙事展开讨论。

第一节　实用主义与"语言转向"

　　既然，实用主义与分析哲学的结合与融流，作为"新实用主义"的主要源生路径发生于"语言转向"的基本语境，罗蒂甚至直接将其"何以为新"归于"语言转向"并用"谈论语言"作为其"新"之标识，② 那么，澄清实用主义尤其是"新实用主义"与"语言转向"的关系，梳理"新实用主义"的"语言转向"进程，就理所当然成了首当其冲的理论任务。

一、皮尔士的"语言转向"与实用主义的诞生

　　一般而言，"语言转向"的肇始者被归认为弗雷格，并作为基本特征构成了对此后整个分析哲学传统的标识。然而，早在此前的 19 世纪 60 年代，皮尔士就已经通过旨在质疑笛卡尔式的认识论传统的两篇文章——

---

① 　陈亚军：《超越经验主义与理性主义》，江苏人民出版社 2014 年版，第 147 页，注释 1。
② 　R. Rorty, *Philosophy and Social Hope*, New York: Penguin Putnam Inc., 1999, p.95.

《关于所谓人特有的某些能力的质疑》和《四种不可能的某些后果》——
提出了相似的主张。尽管此时的皮尔士所谈论的是符号而没有直接指向
语言，但其"语义学"的意味却已显露无遗。在第一篇文章的后三个质
疑中，皮尔士就明确指出：思想并非先于符号，"每一个思想都必须通过
另一个思想而得到解释，或者说，所有思想都是通过指号表达出来"①，而
且，"一个词项的意义就是他所传递的概念"②，因此符号的意义也并非源
自对象，而是来自符号之间的推论关系。而在第二篇论文中，除了对前述
结论做了更为清晰的概括外，皮尔士还集中讨论了符号的特性——"三元
结构"，并以此为前述结论提供了依据。事实上，正是这种三元结构把对
思想的理解和意义置于了语言符号的网络之中，而这也正是"语言转向"
的核心要义所在。

然而，把语言的意义置于语言系列并通过寻找意义解释项确定符号意
义的做法，却面临着陷入无穷倒退的危险。为了解决这种推论语义学困
境，皮尔士建议用行动的习惯作为最终解释项，但却没有给出详细说明。
直到 1878 年，才在《如何使我们的观念清晰》中提出了用以确定概念意
义的"实用主义准则"，即："考虑一下我们认为我们概念的对象具有一些
什么样的效果，这些效果具有一些可以想象的实际意义。这样一来，我们
关于这些效果的概念就是我们关于这个对象的概念的全部"。③ 在这里，
皮尔士不仅通过将符号解释项与使用符号的行动结合起来实现了从"语义
学"到"语用学"的转向，进而解决了前述推论语义学的困境，而且也作
为标识宣告了"实用主义"的诞生。然而，正如皮尔士指出的那样，"实

---

① 涂纪亮编：《皮尔斯文选》，涂纪亮、周兆平译，社会科学文献出版社 2006 年版，第
120 页。
② 涂纪亮编：《皮尔斯文选》，涂纪亮、周兆平译，社会科学文献出版社 2006 年版，第
121 页。
③ 涂纪亮编：《皮尔斯文选》，涂纪亮、周兆平译，社会科学文献出版社 2006 年版，第
95 页。

用主义准则"首先是作为"一种用以弄清楚一些难解的词或者抽象概念的意义的方法"① 提出的，但是因为建基于符号学理论，所以也必然"是他终其一生的符号学的后来的产物"②，进而作为其符号学理论的最后板块承诺其"语言转向"的完成。也正是在这种意义上，陈亚军先生才得出结论说，就皮尔士的符号学而言，把"Pragmatic Maxim"译为"语用学准则"更为贴切。③

从上面的分析不难看出，符号（语言）概念是皮尔士的最初关注和出发点，因此，作为皮尔士符号学的一部分，"皮尔士准则"首先是一种"语用学准则"；而作为一种哲学的诞生标识，它又呈现为"实用主义准则"，并激起和贯穿了整个实用主义的叙事进程。因为，"实用主义准则"的提出又作为符号学的产物标志着"语言转向"的完成，所以，实用主义的诞生不仅与"语言转向"紧密相关，甚至说它源于"语言转向"也不为过。尽管，随着古典实用主义的发展，"经验"逐渐取代"语言"成为了其核心概念，但就其在皮尔士那里的源生而言，实用主义不仅不排斥"语言"，而且恰恰是建基于此。因此，当我们重新审视"将'新实用主义'归源于'语言转向'，并将其与'古典实用主义'的区别归认为谈论对象从'经验'到'语言'的转变"的观点时，我们不禁要问，罗蒂的"语言转向"是否已经狭义到可以忽略皮尔士，就像他在实用主义的谱系中把皮尔士作为"仅仅为它起了个名字"而排除出去一样？之所以会得出上述结论，是因为罗蒂不仅忽略了皮尔士对"语言转向"的贡献，也根据后皮尔士的古典实用主义叙事进展中"经验"成了核心概念而排除了"语言"。事实上，在实用主

---

① 涂纪亮编：《皮尔斯文选》，涂纪亮、周兆平译，社会科学文献出版社 2006 年版，第44 页。

② C. Morris, *The Pragmatic Movement in American Philosophy*, New York: George Braziller, Inc., 1970, p.18.

③ 陈亚军：《超越经验主义与理性主义》，江苏人民出版社 2014 年版，第 48 页。

义的叙事中，"语言"和"经验"从一开始就不对立，而正是在以其为代表的两种运思路径的辩证互动中行进的，进而延伸并贯穿了"新实用主义"的叙事进程。不仅如此，更值得关注的是，皮尔士的"语言化的经验"，已经作为调和当代实用主义叙事中的"语言与经验"对立的策略选择，在"新古典实用主义"那里得到了彰显和回应。

二、新实用主义的"语言"进程

尽管"语言转向"作为源生语境构成了古典实用主义的题中应有之义，但随着"经验"取代"语言"成为其核心概念以及古典实用主义在 20 世纪 40 年代的相对式微，作为最主要的后古典复兴路径——实用主义与分析哲学的结合与融流——产物的"新实用主义"，仍然因为分析哲学的影响和对"语言"的关注而烙上了更加强烈的"语言转向"印记。虽然"语言转向"并不像罗蒂认为的那样可以作为实用主义"新—老中断和区别"的绝对标准，[①] 但从"经验"到"语言"的核心概念和话语主题的二次转变，毕竟刺激并导引了实用主义"新"复兴的进程，并因此构成了"新实用主义"叙事的主要线索。

对于"语言转向"之后的分析哲学而言，虽然"语言"成为必然的主题，但"经验"也并未从其话语中彻底消失，甚至在早期分析哲学譬如逻辑经验主义那里，仍然是谈论"世界"的关键概念。但是，随着塞拉斯对"所予"的拒斥、蒯因对"经验主义两个教条"的批判以及戴维森对"图式—内容二分"的否定，"经验"已经失去了连接我们与世界的中介地位，进而被与世界相对应的"语言"所取代。在这种意义上，如果说塞拉斯、蒯因、古德曼、戴维森还因为处于"语言与经验的分离"阶段而更多地表现出"分析哲学"立场的话，那么，罗蒂则直接用"语言"取代"经验"，

---

① R. Rorty, *Philosophy and Social Hope*, New York: Penguin Putnam Inc., 1999, p.24.

不仅因为从"实用主义"立场出发将"语言"解释为一种实践工具而背离了分析哲学，也因为彻底抛弃了带有浓厚基础主义倾向（尤其是杜威）的"经验"概念而背离了古典实用主义，并最终在对分析哲学和实用主义的双重重构中，造就了独特的"新实用主义"形态。事实上，这也正是罗蒂公开打出"实用主义"旗号并自称"实用主义者"的根本原因所在。

然而，"语言"对"经验"的这种罗蒂式的彻底取代，必将导致"经验世界"的彻底丧失，同时也会在语言与世界的关系中将二者彻底分割开来，并因此导致知识论和本体论的双重困境。所有这些，都遭到了麦克道威尔和普特南的质疑和批评，并试图通过改造的方式倡导"经验"的回归。前者基于一种康德式的"经验概念化"解决二元分离问题，后者则试图通过"实在论"和"整体论"统一框架下的"彻底经验主义"消解"二元论"。然而，与"经验派"不同，布兰顿在面对同样的困境时则采取了另外一种策略，即：在捍卫罗蒂的基础上修正其哲学路线。一方面，通过将罗蒂的融贯论与实用主义的"实践优先"结合起来，发展出了"推论语义学"和"规范语用学"，进而修正了罗蒂的融贯论；另一方面，则通过融贯论与实在论的统一保证了世界及其客观性，并最终在"保持语言"的前提下，把"新实用主义"推向了一种"分析的实用主义"。

虽然基于"语言转向"的新实用主义叙事是在"语言"和"经验"的辩证互动中进行的，甚至还夹杂着"实在论"、康德主义和黑格尔主义等其他立场，而且，即使是"语言"这个概念本身，不同的哲学家也有不同的理解，并因此具有了不同含义，但是，"语言"毕竟作为其中的一条主要线索贯穿了新实用主义的叙事进程。事实上，也正是基于此，我们才把蒯因、古德曼、戴维森和罗蒂家族相似式地纳入"语言"线索下的新实用主义进行集中讨论。尽管布兰顿仍然明显地沿着"语言"线索行进，但因为其哲学思想同时吸收和融入了麦克道威尔、普特南的思想资源，而且也更为新近，所以并没有把他放在本章，而是作为"新实用主义"的新近叙事放在第五章进行讨论。如果说，新实用主义的"语言"进程以"语言"取代"经验"为标识，那么，对作为实用主义和早期分析哲学共同核心概念的"经验"概念的批判就是这个进程的开始。于是，基于经验批判的"语言"哲学家蒯因和古德曼就成了我们讨论的首要对象。

第二节 "语言"的实用主义审勘：蒯因、古德曼

一、蒯因的"逻辑实用主义"及其谱系学地位

对当代英美哲学尤其是分析哲学而言，蒯因无疑崇至誉盛且不可绕避，经验论的重构、行为主义语义学、认识论的自然化、本体论承诺等诸多原创且至今仍然活跃的论题，及其对分析哲学乃至整个"二战"后美国哲学进程的影响和推进，不仅承诺和例证了其 20 世纪最杰出的分析哲学家的身份和地位，也因此"为英美哲学，还可能为一切哲学，确立了从大约 20 世纪 50 年代至少到 80 年代的议程表"①。然而，无论是从来源、形成还是最终指向上看，分析哲学都不可能是其思想谱系的唯一囿限和归属，正如传记作者内尔森指出的那样："蒯因至少可以归入三个理智传统，也受到这三者的影响"②。除了从洛克到卡尔纳普的经验论传统和以罗素为代表的现代数理逻辑传统外，由皮尔士到詹姆斯、刘易斯的实用主义传统同样扮演了重要角色，并因此构成了其思想的基本底色。然而，与其分析哲学家身份不同，对其实用主义身份及其实用主义谱系学地位的考察和认

---

① ［美］L.汉肯森·内尔森、［德］杰克·内尔森：《蒯因》，张力锋译，中华书局 2014 年版，第 5 页。

② ［美］L.汉肯森·内尔森、［德］杰克·内尔森：《蒯因》，张力锋译，中华书局 2014 年版，第 2—3 页。

同，却既不充分也不统一，甚至相互冲突。于是，对蒯因的各种谱系身份设定进行分析考察，进而在前述实用主义谱系重构基础上，将其进行谱系重置就成了回答问题的关键之匙。事实上，这不仅直接影响对蒯因思想的整体认知，也必将突破"分析哲学"的谱系视域，进而在分析哲学和实用主义两大思想谱系中彰显其独特的哲学意蕴。

（一）蒯因的实用主义身份之辩与谱系重置

如前所述，尽管我们已经对蒯因思想的实用主义来源、特质和底色有所觉知，但对其实用主义者的身份判定和谱系定位，却仍然因为蒯因的个人表述、对其思想理解的个性化差异和作为标准的实用主义认同不一致等原因而极富多样性，甚至还相互冲突。在这种意义上，说它是"实用主义身份之谜"也不为过。就"蒯因是不是实用主义者？"这个问题而言，回答可以归为两类：不是或者是。

第一类回答是否定性的，认为蒯因不是实用主义者。这一类判定的最大代表是蒯因本人，尽管他坦承受到实用主义的影响尤其"坚持杜威的自然主义"①，在《经验主义的两个教条》的结尾以及反对卡尔纳普时，也都明确表示"转向实用主义"和"赞成一种更彻底的实用主义"。但蒯因不仅从没有公开承认过自己的实用主义身份，而且始终对其持一种保留态度，正如在晚年的一次访谈中他回答的那样，"我不能很准确地对自己归类。我曾被归类为逻辑实证主义者，也曾被归类为实用主义者。我更愿意把自己称为经验主义者，只是经验主义这个称呼太宽泛了。"②苏珊·哈克是另一个坚定的否定者，她对蒯因的实用主义身份尤其是将其看作刘易斯之后继承古典实用主义的代表人物更是不屑一顾。在她看来，"虽然蒯因

---

① W. V. O. Quine, *Ontological Relativity and Other Essays*, New York: Columbia University Press, 1969, p.26.

② W. V. O. Quine, Philosophy: Interview by Steven Vita for Verry, Quine D &Follesdal D（ed）, *Quine in Dialogue*, Cambridge: Harvard University Press, 2008, p.36.

的立场确实比刘易斯或卡尔纳普的更为激进，但'更为彻底的实用主义'却有点夸大其词"。[①] 尽管蒯因的工作容易让人联想到皮尔士，并且呈现出了对杜威思想的承袭和趋近，但无论是从他提及实用主义的严肃性和自觉性，还是从对皮尔士的态度以及与"实用主义"尤其是她尊崇的"皮尔士版本的实用主义"的契合度看，蒯因都只能是一个实证主义者而非实用主义者，而且在《实用主义者在经验主义中的地位》以《经验论的五个里程碑》为名重印时，蒯因更是直接删掉了原稿中的实用主义部分。与哈克不同，韦斯特既承认蒯因运用实用主义的主动与自觉，也认同其思想中的实用主义因素和特质：他不仅天才地"以实用主义的方式和爱默生主义切入了符号逻辑学家与逻辑实证主义者最为复杂的话语"[②]，而且在对经验论教条的批判中，也明确显示了对皮尔士、詹姆斯和杜威的实用主义回应。但是，蒯因思想中尤其是在对传统认识论的游移态度和物理主义本体论的坚持上凸显的逻辑实证主义残余，却大大限制和束缚了走向实用主义的步伐，以至于他"更似自然主义者，而非实用主义者"[③]。普特南同样给出了否定回答，在他看来，蒯因关于逻辑实证主义的反驳和"本体论的相对性"论调，会导致相对主义的泛化和对重要哲学问题的回避，因此并不是一个严格的实用主义者。

值得注意的是，虽然他们都否认了蒯因的实用主义者身份，但却并不否认蒯因思想与实用主义之间的源流关联、学理张力及其实用主义因素和特质。也正是这种普遍性认同构成了第二类肯定性回答的主要判据，并通过两种基本路径展开。第一种路径，主要从实用主义乃至整个美国哲学发

---

① ［美］苏珊·哈克主编：《意义、真理与行动：实用主义经典文选》，东方出版社 2007 年版，第 35 页。

② C. West , *The American Evasion of Philosophy: A Genealogy of Pragmatism*, Madison Wisconsin: The University of Wisconsin Press, 1989, p.184.

③ C. West , *The American Evasion of Philosophy: A Genealogy of Pragmatism*, Madison Wisconsin: The University of Wisconsin Press, 1989, p.184.

展史的角度出发，认为在实用主义式微与分析哲学鼎盛交错共存的 20 世纪 40、50 年代，以蒯因为代表的一大批分析哲学家（譬如古德曼、怀特、塞拉斯等）通过引入实用主义发起了对分析哲学的批判和改造。不仅主动推进"分析哲学的实用主义化"而催生了分析哲学的"后分析"转向，也通过"实用主义的分析哲学化"拓展了实用主义的应用和问题域，进而肇始了古典实用主义的"新"复兴。贝肯认为"蒯因的语境不是源自皮尔士、詹姆斯和杜威，而是源自刘易斯、卡尔纳普，并以实用主义的结论形式出现"①，莫恩斯表示"蒯因的观点被视为对逻辑实证主义的一种进步，而逻辑实证主义本身就是对实用主义的一种进步"②，陈亚军则总结说："蒯因身上浓缩了战后美国哲学的发展史，它清晰地表明了新实用主义是怎样由传统分析哲学脱胎而出的"③，而夏基松先生则直接把新实用主义定义为"是指逻辑实证主义衰落以后实用主义在新的历史条件下又一次复兴的一种新的分析哲学运动与后分析哲学运动"。④ 也正是在这种意义上，处于实用主义"新—老"转换之际的蒯因，与古德曼一起被作为"逻辑实用主义"的代表归认为"新实用主义者"。

与第一种路径的历史视角不同，第二种路径则聚焦于蒯因与实用主义的直接比照，从其思想来源和特质与实用主义的通同和符合出发给出分析和回答，尽管判定者的关注点和着力点不同，各自认同的"实用主义版本"也并不统一。罗蒂立于"语言转向"语境把具有分析背景并彰显"语言"情结的蒯因纳入了新实用主义阵营，雷谢尔基于浓厚的"皮尔士情结"将蒯因作为"系统的实用主义"的代表纳入了"认知领域的方法论实用主义"谱系⑤，而

① M. Bacon, *Pragmatism: An Introduction*, Cambridge: Polity Press, 2012, p.9.

② H. O. Mounce , *The Two Pragmatism*, London and New York: Routledge, 1997, p.176.

③ 陈亚军：《实用主义：从皮尔士到布兰顿》，江苏人民出版社 2020 年版，第 143 页。

④ 夏基松：《现代西方哲学》，上海人民出版社 2006 年版，第 178 页。

⑤ N. Rescher, *Realistic Pragmatism:An Introduction to Pragmatic Philosophy*, Albany: State University of New York Press, 2000, p.92.

米萨克和豪斯曼则分别将蒯因归入了以"真理理论"① 和"意义理论"为主题线索与核心内容的实用主义版本。

毫无疑问，作为对象的蒯因思想和作为依据的实用主义构成了回答问题的两个关键。然而，无论是否定的还是肯定的回答，都没有否认其与实用主义之间的源流关联和学理张力及其呈现的实用主义因素和特质。换句话说，对蒯因思想的实用主义方面的理解是相对统一的，不会对其身份判定的多样性带来决定性影响。因此，问题的根源就只能出在第二个关键因素上，即对作为判定依据的实用主义的认同不一致。在前面的第二章中，我们基于一种自然主义的谱系构想，以"实用主义准则"为线索，通过将实用主义叙事纳入其作为方法论和方法两种内涵的辩证互动进程，完成了对实用主义谱系的重构，不仅刻画出了一个相对统一的"方法论的实用主义"形象，也解决了作为第二个关键因素的"实用主义"判据的自身统一性问题。在解决了两个关键因素之后，接下来的任务就是通过对蒯因的谱系重置，并在"历史"和"逻辑"两个方向上对其实用主义身份进行考察评判了。

就自然发生史而言，如果说 20 世纪 30 年代哈佛大学怀特海、刘易斯的指导，作为蒯因思想的源起成就了作为其最早思想展现的博士论文的"逻辑"底色，那么，40 年代罗素尤其是卡尔纳的影响则完成了其"逻辑实证主义者"的身份塑造。然而，即使在这一时期，实用主义仍然扮演了其原初语境中的另一个重要角色，因为，他不仅接触过詹姆斯的《实用主义》，还因为撰写书评的邀请完整阅读了《皮尔士文集》的四卷内容，并直接在"标志着从美国古典实用主义开始向分析哲学传统的转变"② 的刘易斯那里获悉了"概念论的实用主义"。进入 50 年代之后，实用主义的角

---

① C. Misak, *The American Pragmatists*, New York: Oxford University Press, 2013, p.x.
② Sandra B. Rosenthal, "From Meaning to Metaphysics: C. I. Lewis and the Pragmatic Path", *The review of Metaphysics*, Vol.33, No.3（1980）.

色更为重要和凸显,不仅被作为方法主动引入了对分析哲学的批判,而且也作为要素融入了其思想内容的形成。就实用主义的发生进程而言,这一时期的实用主义正处于"后古典"的相对式微和沉默期,而蒯因推进的"分析哲学的实用主义化",则为实用主义提供了再次出场的机遇和应用土壤。如前所述,既然新实用主义之"新"就在于对"古典"实用主义方法的创造性拓展和应用,那么,蒯因则因为提供了全新的"语言"问题域和超越"古典"话语方式的应用,而构成了实用主义"新—老"转换的中轴。

如果说作为蒯因思想的发生语境和融于分析哲学批判的生成"方法",确立了其实用主义谱系中的"历史"地位,那么,这些应用产生的理论成果所构成的思想内容则承诺了其"逻辑"维度的谱系地位。实际上,除了方法,古典实用主义的诸多观点也被承袭下来作为要素融入了其思想、论断和观点的形成,并通常以"实用主义的结论形式"被阐发出来。经验论教条批判中对"二元论"的拒斥、基于"外部感受器激发"的经验重构、"一元方法论"的整体论及其对基础主义的反对、作为"预测未来经验的工具"的科学定位、行为主义语义学、"概念或语言框架选择"语境下的本体论言说等,都以不同的方式不同程度地呈现了对古典实用主义的继承和发展,并最终以"逻辑实用主义"的统称之名呈现为"新实用主义"叙事。显然,无论是从自然发生的"历史"维度还是思想自身的"逻辑"进路看,在以"实用主义准则"为线索、基于自然主义立场重构出来的实用主义谱系中,蒯因的思想无疑都构成了不可或缺也不可绕避的环节。如果说对蒯因的谱系重置与考察对其实用主义身份给出了"发生史"意义上的确认的话,那么,在思想特质和义理逻辑上,蒯因的实用主义又是如何呈现的呢?

(二)何种意义的实用主义者:蒯因的实用主义思想特质

毫无疑问,蒯因的实用主义思想集中源发并形成于对分析哲学尤其是逻辑实证主义的批判和改造,因此,作为批判的代表和主力,蒯因首先将标靶指向了作为其基本立场的经验论。在 1951 年发表的《经验论的两个教条》中，蒯因指出了制约现代经验论的两个教条：一是"分析 / 综合的区分"，它坚持以意义为根据的分析命题与以事实为根据的综合命题可以清晰区分；二是还原论，认为所有的有意义的命题都等值于一个关于直接经验的陈述，且可以孤立地被证实。在否定了通过定义和"保真替换"说明的"同义性"后，蒯因同样否定了通过"语义规则"解释"分析性"的可能，并得出结论说："尽管有这一切先天的合理性，分析陈述和综合陈述之间的分界线却一直根本没有画出来"①，进而否定了第一个教条。在这里，我们已经清晰地看到了实用主义的影子，正如韦斯特说的那样："蒯因对于分析 / 综合之分的抛弃，……符合詹姆斯和杜威的反二元论精神"②。但值得注意的是，这种符合却并非被动的偶然巧合，相反是对实用主义倾向的主动响应和拓展，因为，不仅在当时的美国，实用主义的反二元论立场已经被作为一种基本立场而广泛认同和采用，譬如怀特的《一种无根的二元论》和古德曼的《意义的相似性》，而且，就"分析 / 综合的区分"是二元论立场在现代经验论中的具体表现而言，蒯因的拒斥也是将古典实用主义向分析哲学领域的拓展和应用，而这也是"实用主义的分析哲学化"进程的开始。

第二个教条坚持认为每一个综合命题都可以还原为经验陈述，并且可以被孤立地证实。这种设想是否可行，关键在于"证实"和"经验"是否可行，或者说取决于"还原"与"将要还原到的点"是否胜任。蒯因首先反驳了基于还原的"证实"方案，他认为，我们根本不可能将整个科学理论都分解为一个个孤立的陈述，然后再将其还原为直接的经验报道以证实其意义，因为，虽然"科学双重地依赖于语言和经验，但这个两重性不

---

① ［美］W. V. O. 蒯因：《从逻辑的观点看》，陈启伟、江天骥等译，中国人民大学出版社 2007 年版，第 33 页。

② C. West, *The American Evasion of Philosophy: A Genealogy of Pragmatism*, Madison Wisconsin: The University of Wisconsin Press, 1989, p.185.

是可以有意义地追溯到一个个依次考察的科学陈述的"①，而且"我们关于外在世界的陈述不是个别地而是仅仅作为一个整体来面对感觉经验的法庭的"②。据此，蒯因提出了整体论知识观，即："我们所谓的知识或信念的整体，……是一个人工的织造物。……整个科学是一个力场，它的边界条件就是经验。……但边界条件即经验对整个场的限定是如此不充分，以至于在根据任何单一的相反经验要给哪些陈述以再评价的问题上是有很大选择自由的"。③ 如果整体论成立，那么基础主义与真理符合论就必须放弃，因为既不存在任何知识的阿基米德支点，也不存在陈述与经验的一一对应；如果作为整体的知识无法得到经验证实的保证，那么任何陈述都不可能免于修改，也因此不存在反映客观世界及其本质的绝对确定性知识，而所谓的科学就只能是根据实践的需要而进行的约定性的理性创造，实质上就是"根据过去经验来预测未来经验的工具"。④ 毫无疑问，这里呈现的反基础主义、反本质主义，实践有效性标准，无一不是实用主义的思想精髓和典型特征。

根据整体论的知识观，经验并不能像逻辑实证主义设定的那样确证科学系统，所以，要想在保留逻辑经验主义传统的经验核心基础上避免相对主义的危险和指责，"他必须说明语言是如何同世界的非语言部分'挂上钩'的"⑤，进而对经验内容以及"它是如何将自己分配给我们的理论的"

① ［美］W. V. O. 蒯因：《从逻辑的观点看》，陈启伟、江天骥等译，中国人民大学出版社2007年版，第37页。
② ［美］W. V. O. 蒯因：《从逻辑的观点看》，陈启伟、江天骥等译，中国人民大学出版社2007年版，第36页。
③ ［美］W. V. O. 蒯因：《从逻辑的观点看》，陈启伟、江天骥等译，中国人民大学出版社2007年版，第37—38页。
④ ［美］W. V. O. 蒯因：《从逻辑的观点看》，陈启伟、江天骥等译，中国人民大学出版社2007年版，第39页。
⑤ ［美］L. 汉肯森·内尔森、［德］杰克·内尔森：《蒯因》，张力锋译，中华书局2014年版，第65页。

给出说明。换句话说，蒯因必须重构作为还原支点的"经验"来说明一些理论相对于其他理论的优越性，正如他多年后强调的那样："我的含糊词项'经验'也期待着一个理论"①。蒯因首先抛弃了"经验"的"所予"和"观念"的意义，并建议用源于感觉接受器激发的"感觉事件"取代"感觉材料"作为经验的内容，进而在借助语言习得和实地语言学家制定翻译手册两种路径解释了语言与非语言的感觉事件之间的关系基础上，完成了对"经验"概念的"观察句"重构，即：观察句的经验内容就是被外部接受器激发的其成分观察句的内容。且不说蒯因对语言与经验之间的那个"钩子"的解释是否成功，仅就将"经验"的改造引向"语言"这一点而言，就充分体现了对实用主义的创新与发展。众所周知，皮尔士提出"实用主义准则"的逻辑起点就是用语言取代观念作为意义的承载，换句话说，就是通过"语言"路径实现的，"实用主义准则"也因此可以被理解为"语用学准则"②。虽然此后的"经验转向"，仍然在自然主义视野中将语言纳入了"经验"源生的世界，但却因为经验的纯粹化和生存论释义而逐渐淡出，不仅凸显了语言与经验之间的对立，也形成了"新—老"实用主义之间的"语言—经验"鸿沟。因此，蒯因重新将对经验内容的说明诉诸语言与外在刺激之间的关系，不仅在"语言的回归式转向"意义上呼应了皮尔士的语言路径，也因为"经验的概念化"推进了古典实用主义的"经验"改造。更为重要的是，将经验内容定位于外部接受器对其成分观察句内容的激发，则彻底把语言与本质性的确定意义分离开来，并最终落实于基于理论负载和刺激意义的外在行为，在推动传统语义学向"行为主义语义学"转变的同时，也构成了蒯因实用主义的典型特质，正如他本人坦承的那样，"我受到了鼓舞而认为，行为主义语义学是实用主义的一个突出的特点"。③

① W. V. O. Quine, *Theories and Things*, Cambridge: Harvard University Press, 1981, p.40.
② 陈亚军：《超越经验主义与理性主义》，江苏人民出版社 2014 年版，第 48 页。
③ ［美］W. V. O. 奎因：《实用主义者在经验主义中的地位》，《哲学译丛》1990 年第 6 期。

　　如果说对分析哲学的批判所产生的上述论点从不同方面呈现了蒯因的实用主义思想的话，那么，作为其哲学延伸和融聚后果的"本体论承诺"和"自然化的认识论"，则是对其实用主义的综合呈现和整体刻画。与古典实用主义一样，蒯因延续着对传统形而上学本体论言说的拒斥，但他既没有像詹姆斯和杜威那样将形而上学实在论消解于生活实践，也没有像更为激进的古德曼那样以"非实在论"的形式将之悬搁一旁，而是将其作为一种通过约束变项实现的约定性设定归于"语言"或者概念框架的选择。正如他指出的那样，"在本体论方面，我们注意约束变项不是为了知道什么东西存在，而是为了知道我们的或别人的某个陈述或学说什么东西存在；这几乎完全是同语言有关的问题。"① 我们接受什么样的本体论，实质上就是选择什么样的概念框架或者理论，而这些选择则取决于其结构的简单及其作为"预测未来经验的工具"的实际效用。事实上，这不仅构成了其本体论的实用主义特质所在，也以一种新的言说方式推进了实用主义的本体论话语进程。既然本体论作为一种方便的约定性语言设定失去了大写的先验性，那么，以此为基的传统基础主义认识论也就失去了确定性的信念和知识承诺。在蒯因看来，认识论与自然科学一样是对实在的一种探索、是可错的和可纠正的，并不具有超越科学的第一哲学意义，进而基于杜威的自然主义立场倡导一种自然化的认识论，正如他总结宣告的那样，"在哲学上，我坚持杜威的自然主义。……知识、心灵、意义是它们不得不与之打交道的同一个世界的一部分，并且必须按照使自然科学充满生机的同样的经验精神对它们加以研究。这里，没有先验哲学的位置。"② 至此，蒯因不仅基于"语言转向"语境完成了对传统形而上学本体论和认识

---

① ［美］W. V. O. 蒯因：《从逻辑的观点看》，陈启伟、江天骥等译，中国人民大学出版社2007年版，第14页。

② W. V. O. Quine, *Ontological Relativity and Other Essays*, New York: Columbia University Press, 1969, p.26.

论的重释和改造，也因为贯穿其中的实用主义立场方法而呼应和推进了实用主义"改造哲学"的初衷和进程。

（三）"新—老"转换的枢纽：蒯因哲学的谱系学效应

如前所述，蒯因思想尤其是实用主义思想源生于分析哲学和实用主义的互动，并通过对"分析哲学的实用主义化"和"实用主义的分析哲学化"进程的双向推进得以发展和形成，不仅因此促成了经典分析哲学的"后"转向，也催生了古典实用主义的"新"复兴。就实用主义的谱系而言，前者因为将实用主义立场方法引入对分析哲学的批判和改造而为古典实用主义提供了复兴的契机和土壤；而后者则因为"语言"范式下对实用主义方法的创造性应用为其提供了新的理论生长点和发展路径，因此，无论是在自然发生的历史意义还是在义理演进的逻辑意义上，蒯因的实用主义思想都构成了实用主义"新—老"转换的枢纽，并因为这种承前启后的地位和极具个性的阐释而具有了独特的谱系学效应。

基于分析哲学语境对实用主义问题的"语言"化讨论，不仅在"回归"意义上呼应了皮尔士提出"实用主义准则"的"语言"路径，也在"扭转"意义上改变了此后古典实用主义尤其是詹姆斯和杜威的"经验转向"进程，进而奠基和规划了"新实用主义"的生发路径和话语范式；而在具体问题中对实用主义方法的创造性应用及其理论成果，则在承续"古典"的同时作为实用主义的新生内容和原点话题直接构成并影响了"新实用主义"叙事及其后续话语。对"分析/综合区分"及其背后二元论的拒斥，在普特南的"事实与价值二元分立的崩溃"和"无根的伦理学"中得到了回应；对本体论的"语言"问题归认及其基于概念框架选择的约定性言说方式，在罗蒂那里被发展到了极致；认识论的自然化在"预言的实用主义"谱系中被韦斯特进一步诠释为"美国人对以认识论为中心的哲学的逃避"；而行为主义语义学则作为"实用主义的典型特征"被广泛认同并作为基本立场贯穿了几乎整个"新实用主义"叙事进程。

然而，蒯因思想的哲学效应却并不仅限于此。因为，如果将这种"中转"地位置入更为广阔的以"实用主义准则"为线索的自然主义谱系语境，那么，其效应将会在"方法论—方法"和"语言—经验"的双重变奏中进一步放大，并最终影响和关涉实用主义的整体谱系进程和未来取向。如前所述，新实用主义区别于"古典"之"新"就在于对已经完成于古典时期的"方法论"实用主义作为具体方法的展开和应用。尽管早在刘易斯那里就开始了将实用主义引入分析哲学的尝试并唤起了某种"分析哲学中的实用主义冲动"①，但直到蒯因，实用主义才被作为基本立场方法在分析哲学中得到了创造性应用，而他本人也因此被认定为"新实用主义"的肇始者和开始标志，并作为转换枢纽构成了区分"新—老"实用主义的界标。如果仅就蒯因而言，这个界标的意义只涉及个人的身份认定，但若对整个实用主义的谱系而言，其意义和效应就会大大凸显：不仅因为奠基和规划了新实用主义的生发路径而为"新实用主义"提供了身份认同的生成性依据，也作为区分界标构成了判断"新实用主义"谱系归属的阶段性标准，并最终为解决"新实用主义的身份认同困难"指明了方向和路径。

如果说"方法论—方法"的变奏更关注实用主义的谱系线索的话，那么语言与经验的变奏则直接指向了实用主义的概念主题。从总体上看，实用主义的叙事始终贯穿着语言与经验之间的变奏：在皮尔士那里，语言作为其哲学的源起成就了"实用主义准则"的提出；而詹姆斯和杜威则基于一种现象学思维方式完成了"经验转向"，经验也取代语言成为了古典实用主义的核心概念。随着与分析哲学的融合发展，语言再次登场成为了新实用主义的生成语境和主流标志，而到新实用主义后期，面对心灵与世界的关系难题，经验又重新被召回。但值得注意的是，在古典实用主义那里

---

① 姬志闯：《分析哲学中的实用主义冲动及其谱系学后果》，《河南大学学报》（社会科学版）2016 年第 6 期。

却没有造成二者的绝对断裂或冲突，因为在皮尔士那里经验是概念化的经验，而在杜威那里，语言也同样被纳入了其自然主义的世界。然而，"语言转向"却预设了语言与经验的断裂，譬如在罗蒂看来，语言转向就是为了避免古典实用主义尤其是詹姆斯和杜威的经验概念所带来的基础主义嫌疑，不仅陷入了二者的对立和非此即彼，也分别作为"新—老"实用主义的核心概念而构成了两者之间的鸿沟。但与罗蒂不同，在同处"语言转向"的蒯因那里，语言与经验之间不仅没有出现断裂，相反，是将经验内容的说明诉诸语言与外在刺激之间的关系，并就此完成了对经验的"观察句"重构。在这里，经验内容和语言形式融合在一起，经验不仅体现为语言实践即观察实践的历史化，也获得了一种作为观察句的语言形式，并最终形成了一种作为经验的语言即观察句，换句话说，已经"把经验与语言之间的关系重新描述为类似于一个领域和发生在其中的一类行动之间的关系。"① 就此而言，蒯因的新实用主义不仅没有因为语言而放逐经验进而造成二者的对立，相反，却通过经验重构获得的作为一种经验形式的语言为消解对立提供了可行路径。因此，他的新实用主义也不会因为出现与古典实用主义之间的鸿沟，相反却在经验的重构中体现了对古典实用主义的继承和发展，并最终承诺了实用主义整体谱系的融贯。在这种意义上，"他不仅为后来的新实用主义哲学家们开辟了一条复兴实用主义的道路，而且亲手为他们准备了远足的行囊"。②

二、"构造世界"视域中的实用主义话语：古德曼

作为 20 世纪最负盛名和最有影响力的哲学家之一，纳尔逊·古德曼素以兴趣广泛和涉猎博繁著称，正如 G. 阿贝尔所言："古德曼的著作覆

---

① C. Koopman, "Language Is a Form of Experience: Reconciling Pragmatism and Neopragmatism", *Transactions of the Charles S. Peirce Society*, 43（2007）.

② 陈亚军：《实用主义：从皮尔士到布兰顿》，江苏人民出版社 2020 年版，第 143 页。

盖了逻辑、知识论、科学哲学、心理哲学、一般符号理论和美学领域的研究，……当代哲学中的很多基本问题都和他的名字连在了一起"。① 然而，与其哲学的多元和驳杂相比，对古德曼的谱系归属和身份认定却显得异常单一，即：总会把他与"语言分析"联系起来，进而贴上"分析哲学家"的标签。表面看来，这种谱系归属和身份标识似乎并无不妥，毕竟标志古德曼学术起点的博士论文《对特质的研究》，就是对著名分析哲学家卡尔纳普的著作——《世界的逻辑构造》——的批判性研究。也正是基于此，古德曼才被普特南誉为"第二次世界大战以后，最伟大的两三个分析哲学家之一"②。然而，纵观古德曼哲学的整体逻辑进程，却发现事实不尽如此。实用主义不仅作为"语言分析"之外的另一条核心线索贯穿了其整体哲学进程，而且，无论是对卡尔纳普构造系统的批判和重构，还是"构造世界"视域中对经验、语言和实践的阐释以及作为其理论后果的"艺术的认识论转向"，也都充分体现了古德曼对"古典实用主义"方法论意蕴的本真承续和创造性重释。也正是在这种意义上，尽管古德曼本人并没有公开承认自己的"实用主义"身份，甚至还表达了对某些（罗蒂式的）"新实用主义"的不满，但他仍然被公认为"新实用主义"的代表人物，而其身处"新—老实用主义"之际的"承前启后"性及其对"新实用主义"困境的预见和前瞻性免疫，则进一步确立和彰显了古德曼在实用主义谱系中的地位和当代价值。

（一）实用主义的"方法论"回归与重释

毫无疑问，古德曼的哲学源起并隶属于分析哲学尤其是卡尔纳普的分析传统，然而，正如黑尔曼在《表象的结构》"序言"中总结的那样："它

---

① G. Abel, "Logic, Art, and Understanding in the Philosophy of Nelson Goodman", *Inquiry* 34, 1991, p.311.

② H. Putnam, "N. Goodman, Philosopher and Project Zero CoFounder, Dies", *Harvard University Gazette*, 3 December, 1998.

是多么明显地抛弃了其先辈们的某些论题，并且在很多重要实质性问题上是多么显著地对立于一直以来长久持存的经验主义传统"①。事实上，正是古德曼的这种批判式的继承和重构，不仅映现了其独特的"实用主义"气质，也实现了对实用主义的"方法论"回归和创造性重释，并因此与蒯因一起被归认为"逻辑实用主义"的代表人物。

如前所述，因为源起于卡尔纳普的《世界的逻辑构造》研究，所以其中展示的那个构造系统，便成了古德曼哲学的首选标靶和研究指向。然而，与达米特等其他批评家不同，古德曼并没有把这个构造系统简单地认定为一个认识论的"经验主义还原"系统，进而作为基础主义的范例而全盘否认和拒斥，② 相反，却在基于"准确构造和清晰定义系统对象"目标的方法论意义上表达了对"构造主义"的认同。在古德曼看来，尽管这个系统因为选择了"原初经验"作为系统基础会导致认识论上的经验还原和基础主义危险，但并不影响它的方法论意义，因为，这个构成性系统作为一种"理性重构"，不仅仅是在具体方法意义上对知识的实际经验还原，而更是向我们展现一种逻辑构成系统内的对象并确定这个对象的一般方法，或者说，就是表明一种通过逻辑构造澄清概念意义的一般方法。实际上，这种超越具体方法的方法论意义，不仅是古德曼认同和继承卡尔纳普"构造主义"方法的核心所指，也是卡尔纳普本人的强调所在："我们的工作不是颁布禁令，而是获得约定。……每一个人都可以自由地建立它自己想要的逻辑学……，他的所有要求就是：如果他想谈论它，就必须清楚地说明他的方法，并给出句法规则而不是哲学论证。"③尽管没有预设自己的实用主义身份，也没有明确把实用主义作为自己的先设方法，但在这里，

---

① N. Goodman, *The Structure of Appearance*（Third edition）, Reidel, 1977, p.xix.

② M. Dummett, "Constructionalism", *Nominalism, Constructivism and Relativism in the Work of Nelson Goodman*, ed. Catherine Z. Elgin, Garland Publishing Inc.,1997,pp.30-31.

③ R. Carnap, *The Logical Syntax of Language*, Routledge & Kegan Paul,1937,pp.51-52.

我们却明显看到了皮尔士作为逻辑学家的影子和他给出的那个"实用主义准则"的方法论灵魂。因为，在皮尔士那里，被构想为"一种用以弄清楚一些难解的词或者抽象概念的意义的方法"[①] 的实用主义准则，不仅可以揭示艰涩词项的意义，也可以揭示某些形而上学的无意义性，它指向任何对象，但又不针对任何一种特定对象。或者说，它不仅仅是一种具体方法，而更是一种方法论或者元方法意义上的方法系统或一般的探究理论。

如果说古德曼对构造主义方法的继承映现了实用主义的方法论蕴含，那么，他对构造主义的批判和重构则在"具体方法"的意义上给出了例证，并最终在"构造世界"的实践进程中实现了创造性重释。在卡尔纳普的构造系统里，意义的获得和澄清是通过解释项与被解释项之间的"同义性"分析实现的。然而，古德曼却论证说，因为"外延同一"标准太过严格，所以"同义性"分析根本就不可能实现，并建议用一条灵活的语境敏感性标准"外延同构"取而代之。也就是说，我们可以根据我们的目的和需要，来划定这个可以相互替换的语境并调整我们的标准，从而通过"意义相似"的"解释"而不是"绝对同义"的"分析"实现对语词意义的澄清和再定义。在这里，古德曼显然已经借助于"语境敏感性标准"，把意义澄清的任务从语义分析移交给了语言的实际使用和效果，而这也正是皮尔士基于语用学转向给出的"实用主义准则"的核心要旨。

然而，古德曼并没有就此止步，而是把这种方法推向了所有"不可理解的对象"的澄清和构造。为了消除"抽象实体"的模糊性，他主张用外延主义的"个体计算方法"取代柏拉图主义的"类计算方法"，进而提出了以"拒斥类"为标识的"现代唯名论"；基于对"反事实句""素质"和"可能者"这些不可理解之物的厌恶，古德曼把它们同源归并为一般的"投

[①]　涂纪亮编：《皮尔斯文选》，涂纪亮、周兆平译，社会科学文献出版社 2006 年版，第44 页。

射"（projection）问题，并最终给出了一种基于语言使用实践和实际效果判定的"牢靠性"（entrenchment）解决方案，不仅回答了"绿蓝悖论"和"新归纳之谜"，也把所有理论问题的解决路径从"纯粹逻辑论证"引向了"实践"，正如普特南对这种策略改变所评价的那样："古德曼尊重形式逻辑，但是，当使用形式逻辑以某种方式乔装改扮一个问题，而在实践中并不奏效时，他不会固执于形式逻辑"。① 更为重要的是，古德曼的"实践"并非传统二元论框架内对立于理论认识的实际"经验行为"，而是包含两者的"构造世界的统一实践"。因为在构造主义视域内，认识并不是对对象的被动描述，而是在已有概念框架基础上对认识对象的重新分类、组织、解释和再造，认识本身就是对世界的构造，并因此与实际的"经验行为"一起统一于构造世界的实践。换句话说，古德曼的实践既包含经验行动的内容，也有理论理性的指向。事实上，也正是这种双重指向的实践概念，体现了古德曼与皮尔士的完美契合，它不仅包含了皮尔士在"实用主义准则"的早期表述中凸显的"实际效果"的感觉经验内容，也指向了他为了避免实用主义的滥用而在后期修改中强调的"理智的"客观行为习惯。然而，在古德曼那里完美结合的两种指向，在皮尔士那里却因为"实用主义的人本主义和实验主义的科学主义之间的龃龉"② 而难以统一。也正是在这种意义上，我们说古德曼的"实践"概念完成了对皮尔士"实用主义准则"的创造性重释。

（二）"构造世界"视域中的经验、语言与实在

"语言"是皮尔士哲学的源起，正如 C. 莫里斯总结的那样，"他（皮尔士）的'实用主义准则'是他终其一生的符号学的后来的产物"。尽管皮尔士基于科学家的"实验精神"并没有远离经验，但正是当他把语义交

---

① N. Goodman, *Fact, Fiction, and Forecast*, Harvard University Press, 1983, p.xiv.

② 陈亚军：《超越经验主义与理性主义》，江苏人民出版社 2014 年版，第 55 页。

付于语用的"实际效果"时，"经验"才正式进入了他的语言或者说语义学视野，并在此后对"实用主义准则"的修正性阐释中完成了对经验的"语言化"改造。然而，皮尔士的思路并没有在古典实用主义进程中得到延续：经验，先是在现象学的视域内被詹姆斯从这一合体中剥离出来，进而以前反思的"纯粹经验"形式实现了"本体论"归置，并在杜威那里完成内涵的生存论转向和重释之后取代语言成为了古典实用主义的核心概念。显然，这种转变的根源并不是对经验概念关注的连续性和重要性的断裂，真正的关键在于言说经验的方式及其产生的内涵变异。在皮尔士的"实用主义准则"中，经验只是这个意义解释系统的出发点和解释项，换句话说，只是作为方法论工具被言说的，并没有任何绝对的本体论意义。而在詹姆斯和杜威那里，经验则更多在前反思的本体论和生存论意义上被强调，并因此在"彻底经验主义"语境中隐匿了"语言"。即使是在与皮尔士一样忠于"语言分析"的 C.I. 刘易斯那里，这条思路也仍然没有改观，他认为，在认识论意义上，知识的绝对"经验基础"不仅必不可少，而且毋庸置疑。

然而，随着分析哲学"语言情结"的滥觞，对传统经验主义"经验基础"地位的质疑和批判也带着实用主义的气质随之展开。蒯因论证了作为经验主义教条的"绝对经验还原"的不可能，而塞拉斯则促成了"所予神话"的破灭。虽然，对语言的强调颠覆了经验的本体论基础地位，但其整体思路依然没有逃出"语言—经验"的二分框架，只是实现了语言和经验的本体地位的互换而已。换句话说，无论是经验还是语言，都是在一种绝对本体论的意义上被言说，而不是相对于一个分析和解释系统或者作为方法论系统的解释项被讨论的。而在同属于分析哲学阵营的古德曼那里，我们却看到了完全不同的景象。虽然因为卡尔纳普的哲学渊源而关联于经验主义，但古德曼从一开始就没有专注于经验本身，而是聚焦于用来构造和解释概念的那个"构造系统"。他感兴趣的不是经验是否有具有绝对的本体论基础地位，而是它能否在有效服务于语义澄清的意义上作为这个构造系统的基础或者解释项被选择。正如他指出的那样，"我的目的并不是说明一个实在论的基本要素优越于一个殊相主义的基本要素，因为，对我来说，这两个同样都是合法的选择。我认为，一种系统相对于另一种系统的优点，是通过结果而不是基本要素的检验来发现的。"①准确地说，古德曼对经验的言说从一开始就是在语言系统内进行的，经验就是作为方法论工具或者解释项被引入并服务于"语言"及其语义澄清的。事实上，这不仅是皮尔士"实用主义准则"的产房和要义所在，也是其经验言说方式在后古典时期的鲜有呈现。

古德曼很少就经验本身给出描述，即使是《艺术语言》中对审美经验的专门讨论，也严格区别于前反思的纯粹经验，而始终与语言（符号）融为一体。在古德曼的构造世界视域内，我们用符号构造世界样式进而构造世界，并通过符号与对象之间的指称关系实现，譬如指谓（denotation）和例证（exemplification）。符号（语言）与经验不可能分离存在，"接受和解释却是根本无法区分开来的活动；它们始终是相互依赖的；……纯真之眼什么也看不见，洁净的心灵空洞无物。……内容并不能通过剥去层层注解而被提取出来。"②因此，符号不是纯粹形式的、被动的、没有经验内容的符号，经验也不是脱离符号的纯粹的、粗糙的感觉材料和内容；语言是动态的、历史性的、连续的、生动丰富的构造经验的融聚；而经验则是符号化的经验。在这里，我们又一次捕捉到了皮尔士投向"第三范畴"的智慧和专注的眼神。

与经验和语言一样，古德曼的"本体论"和"实在"言说也是基于"构造系统"或者在方法论意义上展开的。在他看来，对于一个构造系统而

---

① N.Goodman, *The Structure of Appearance*（Third edition）, Reidel, 1977, p.138.

② N. Goodman, *Languages of Art: An Approach to a Theory of Symbols*, Indianapolis, IN: Bobbs-Merrill, 1968, p.8.

言，"把什么当做基础元素只是一个选择问题"①，而选择什么以及以此为据做出的本体论判断，最终取决于能否有效地服务于对象的构造和语义的澄清。也就是说，本体论只有在相对于"构造系统"或者方法论的意义上才有意义。事实上，这也正是作为现代唯名论代表人物的古德曼却最终选择一个抽象"特质"作为基础要素的实在论系统的原因所在。任何要素都不具有绝对的本体论地位，即使是传统哲学中那个被公认为绝对基础的大写的、中性的"实在"世界也不例外。世界是通过构造样式被构造出来的，"为了很多目的，我们也可以把正确的世界描述、世界描绘和世界感知，以及世界存在的方式，或这些样式，视为我们的世界"。②把什么视为"实在"以及它是"实在的"还是"唯心的"的判断并不重要，重要的是作为一个系统要素能否产生实际效果，即：有效地澄清其意义并推进我们的理解。

在这里，古德曼既无意否认世界的存在，也无意在"实在论"和"唯心论"之间做出非此即彼式选择，"根据我对这些术语的使用，'实在论'杜绝了所有的唯心主义系统；'唯心主义'杜绝了所有的实在论系统；'非实在论'没有歧视任何一种方式"③，只是从"是什么"的本体论追问转向了"如何言说实在"或者说"在何种意义上是实在"的方法论追问。事实上，这不仅是古德曼用"非实在论"（irrealism）而不是"反实在论"（anti-realism）标识其立场的原因所在，也是皮尔士基于"实用主义准则"的"经院实在论"的独特含义所指。在这种意义上，古德曼更像是一个皮尔士意义上的实用主义者，而其"非实在论"对传统本体论言说方式的超越，则是对"实

---

① N. Goodman, *A Study of Qualities*, New York: Garland, 1990, p.96.

② ［美］纳尔逊·古德曼：《构造世界的多种方式》，姬志闯译，上海译文出版社 2008 年版，第 4 页。

③ N. Goodman, "On Some Worldly Worries", *Starmaking: Realism, Anti-Realism, and Irrealism*, P.J. McCormick, ed, Cambridge, MA: MIT Press, 1996, p.167.

用主义准则"的本体论意蕴的创造性呈现。

（三）艺术的"认识论转向"：美学的实用主义变奏与拓展

在古典实用主义的美学话语谱系中，尽管皮尔士和詹姆斯都表达了对美学的关注，但真正实现美学的实用主义转向和完成实用主义美学理论建构的是杜威，并最终在其"《艺术即经验》"中获得了第一个系统化的阐明"。[1] 沿着古典实用主义的现象学（经验）进路，杜威对经验进行了生存论改造，进而实现了对艺术的经验重置，即：艺术即经验。然而，杜威的实用主义美学并没有被发扬光大，甚至没有持续太久。因为，随着分析哲学的滥觞和古典实用主义的衰变，"语言转向"语境中的分析美学大潮逐渐淹没了以"经验转向"为标识的杜威实用主义美学，"经验"作为美学核心概念的地位也因为其基础主义隐忧而在与"语言"的博弈中日益沦落，并最终被彻底取代。虽然舒斯特曼的断言"实用主义美学肇始于杜威，而且也差不多在他那里终结"[2] 稍显绝对和悲观，但其谱系的断裂之势似乎已不可避免。然而，作为分析美学代表人物的古德曼并没有陷入"语言分析"的牢笼而否定"经验"，而是通过一条颇具皮尔士风格的"一般符号学"路径，实现了"语言与经验"的融合及其对艺术的诊断，不仅为分析美学的实用主义回归提供了可能，也创造性地拓展了美学的实用主义变奏之路。

对于分析美学"四大家"之一[3] 的古德曼而言，符号学（语言）无疑构成了其美学的应然坐标和逻辑起点。然而与其他分析哲学家不同，古德曼并没有局限于对纯粹形式"语言"的关注，而是在构造世界视域内，扩

---

① R. Shusterman, "Aesthetics", *A Companion to Pragmatism*, John R.Shook, Joseph Margolis, M alden（ed.）, MA: Blackwell Publishing Ltd, 2006, p.352.

② R. Shusterman, *Pragmatism Aesthetics*, 2 edition, Maryland: Rowman and Littlefield Publishers, 2002, p.xvi.

③ J. Margolis, "The Eclipse and Recovery of Analytic Aesthetics", *Analytic Aesthetics*, Richard Shusterman（ed.）, New York: Basil Blackwell Ltd, pp.161-189.

展为对包括字母、语词、文章、图画、图表、乐谱等在内的一般符号的功能性考察。而且，因为符号直接参与了构造世界的实践进程，所以符号也不是被动的纯粹形式的符号，而是通过与对象之间的"指称"关系——诸如指谓、例证和隐喻——主动指向内容并发挥作用，进而在推进理解的意义上履行了认知功能。在这里，我们又一次感受到了皮尔士符号学的影响和气息，因为在他那里，符号从一开始就直接参与了人类动态的思维活动和认知过程，"所有思想都是通过指号表达出来的"。[①] 事实上，这不仅是古德曼的一般符号学理论区别于分析哲学传统"语言"概念的关键所在，也是其进行艺术诊断并实现"认识论转向"的必由之路。

在古德曼的一般符号学视域内，作为构造世界方式的艺术，并不是一种被动的模仿和观照，而是通过重新组织、选择甚至创造推进了我们对对象的理解，不仅因此具有认识功能，而且艺术本身就应被视为构成"认识论整体的必需成分"。[②] 换句话说，艺术的本性就是一种主动履行着符号认识功能的符号系统，而不是传统美学的纯粹主义"本质"界定。因此，判定一个对象是否是艺术，并不取决于它是否具有或者符合纯粹主义的永恒艺术本性，而是看这个作品是否是履行着这种功能的符号或者符号系统，这不是"什么是艺术"的问题，而是"何时是艺术"的问题。至此，古德曼实现了艺术的"认识论转向"，也正是在这里，我们看到了他对分析美学的逃离和对杜威实用主义美学的回归式呼应，正如舒斯特曼所言："在挑战将艺术标准地等同于它的物质客体的方面，古德曼的实用主义结合了杜威的实用主义"。[③]

---

① 涂纪亮编：《皮尔斯文选》，涂纪亮、周兆平译，社会科学文献出版社 2006 年版，第 120 页。

② [美] 纳尔逊·古德曼：《构造世界的多种方式》，姬志闯译，上海译文出版社 2008 年版，第 106 页。

③ [美] 理查德·舒斯特曼：《哲学实践：实用主义和哲学生活》，彭锋等译，北京大学出版社 2002 年版，第 149 页。

然而，古德曼并没有就此止步，而是在构造世界视域内，进一步让"语言"向"经验"开放，进而为分析美学的"经验回归"和实用主义转向铺平了道路。因为作为构造世界的方式参与了构造世界的实践，所以艺术语言（符号）不再是静止的、被动的、纯粹形式的符号，而是动态的、历史性的、连续的构造经验的融聚，"审美经验……包括把符号系统与其中的字符以及这些字符所指谓和例证的东西统一起来，包括对作品进行解释。也包括从作品的角度来重新组织世界，以及从世界的角度重新组织作品……审美态度……与其说它是一种态度，倒不如说它是一种行为，即：创造与再创造。"① 因此，在构造世界的实践进程中，不存在没有经验内容的纯粹形式的语言，也没有非语言化的、直接的纯粹经验，换句话说，语言本身就是经验，就是经验的一种时间性形式。也正是通过这种经验充实性符号，古德曼实现了语言和经验的融合，不仅避免了分析美学"拒斥经验的纯粹符号化艺术分析"导致的一般"分析困境"：反本质主义的艺术界定与本质主义分析之间的悖论，也为作为杜威美学标识的"经验回归"提供了可行路径而承续了实用主义美学的谱系。

然而，古德曼的这种实用主义承续却并非亦步亦趋，而是一种创造性变奏。古德曼接受了皮尔士的符号学和"符号化经验"，却摈弃了他"美是一种质的规定性"主张；他呼应了实用主义美学的"经验转向"，却对杜威"非语言的、直接的经验"进行了"语言化改造"。也正是在这里，我们看到了皮尔士和杜威的握手言和。更为重要的是，这种"作为经验形式的语言"，不仅因为赋予了"语言"经验内容而催生了分析美学的实用主义转向，也因为对杜威"经验"的语言改造而为实用主义美学提供了一

---

① N. Goodman, *Languages of Art: An Approach to a Theory of Symbols*, Indianapolis, IN: Bobbs-Merrill, 1968, p.24.

条"新—分析实用主义"路径。如果置于从杜威到舒斯特曼的实用主义美学整体谱系，那么，古德曼美学的效应将会进一步放大。尽管古德曼对杜威经验的"现象性、当下性和直接性"的改造遭到了舒斯特曼的批评①，但其美学仍然作为"经验回归"的先导构成了古典和当代实用主义美学的两大代表杜威和舒斯特曼之间的谱系链接和中转桥梁，而且，古德曼的"经验充实性符号"对"语言与经验"的惯性分离的先天免疫，也将把实用主义美学从"语言与经验之间的非此即彼"变奏模式下解放出来，进而为其困境克服和当代面向提供参考坐标。②

（四）复兴与预见："新—老实用主义"之际的古德曼及其效应

无论是从发生历史还是从学理逻辑上看，古德曼在实用主义谱系中都毫无疑问处于"新—老实用主义"转换之际。从时间上看，古典实用主义从鼎盛走向衰变的 20 世纪 30 年代，不仅是古德曼以其博士论文的撰写和提交为标识的学术生涯的开始，而且，直到标志其哲学思想系统化的《构造世界的多种方式》出版的 1978 年间，近半个世纪的学术盛期也正好贯穿了整个实用主义复兴进程；从学理逻辑上看，由古德曼作为主力肇始和推进了"分析哲学的实用主义化"和"实用主义的分析化"进程，不仅推动了分析哲学的"后"转向，也催生了实用主义的"新"复兴。然而，与其他分析哲学家不同，古德曼既没有因为执着于分析哲学问题的解决而停留于对实用主义方法的工具性使用，也没有因为对古典实用主义的愚忠而拘泥于对其论题、观点和结论的非批判采纳，而是在构造世界的独特视域中，对分析哲学和古典实用主义进行了双重改造和创造性重释，进而实现了对分析哲学的"后"转向和实用主义的"新"复兴进程的双向推进。因此，

---

① R. Shusterman, "The End of Aesthetic Experience", *The Journal of Aesthetics and Art Criticism* 55, 1997, p.36.

② 姬志闯：《经验、语言与身体：美学的实用主义变奏及其当代面向》，《哲学研究》2017年第 6 期。

无论是对古典实用主义的继承和改造，还是对"新"实用主义的肇始和推进，身处"新—老"转换之际的古德曼都作为不可绕避的桥梁界碑，诠释和履行了古典实用主义"新"复兴的内涵和使命。

更为重要的是，古德曼的新实用主义并不是在古典实用主义原有进路上的"接着说"，而是在一种全新视域和路径上的"重新说"，不仅因此而成功规避了困境的遗传性继承，也因为对困境的先天免疫而拥有了一种前瞻性的"预见"特质和功能。众所周知，古典实用主义的"符号学"（皮尔士）和"现象学"（詹姆斯、杜威）两条进路，肇始的语言和经验的原初分野，在后古典的"分析哲学的实用主义化"进程中被进一步强化和凸显为"语言与经验的优先性对立"，并作为源生路径产生了两种截然不同甚至冲突的"新"实用主义：一方面是出于对"语言的相对主义后果"的担忧而坚持"非语言性的直接经验"的新古典实用主义右翼；另一方面则是基于对"经验的基础主义倾向"的不满而选择"语言"的"语言实用主义"左翼。然而，古德曼却没有陷入"语言与经验的非此即彼式选择"，而是在构造世界的实践进程中将两者融聚为"作为一种经验形式的语言"，"既不存在语言如何再现经验的基础主义问题，也不存在语言如何与语言之外的某种东西相联系的语言学问题"①。所以，既不会出现上述两种新实用主义担忧的"相对主义或者基础主义极端后果"，也将避免冲突带来的谱系学困境，并因此作为经典案例为实用主义的未来发展和路径选择指明方向。事实上，这种对困境的先天免疫能力，正是古德曼在实用主义谱系中的独特地位和价值所在，而且也在代表当代新实用主义最新发展的普特南、埃尔金和麦克道威尔的路径选择中得到了实际回应和体现。

---

① C. Koopman, "Language Is a Form of Experience: Reconciling Pragmatism and Neopragmatism", *Transactions of the Charles S. Peirce Society* 43, 2007, p.716.

第三节　实用主义的"语言"体验：戴维森、罗蒂

一、真理、意义与行动：走向更彻底"语言转向"的戴维森

尽管并没有明确承认自己的实用主义者身份，但正如格洛克（Hans-Johann Glock）所指出的，戴维森与蒯因一样，显然都受到了逻辑实证主义和美国实用主义的影响，而且作为蒯因的学生，秉承了其从内部解决以逻辑实证主义为代表的分析哲学问题的思路进而为实用主义提供了逻辑分析方法，并因此被纳入了包括蒯因、古德曼的逻辑实用主义阵营。① 然而，与其老师不同，戴维森并没有局限于逻辑实证主义的框架和图景，从而像蒯因那样在拒斥了经验主义的两个教条之后试图保留和达成一种"新经验主义"，而是通过对其第三个教条"图式—内容"二分的批判彻底否定了经验主义，不仅因为摒弃了"经验"只保留了"逻辑"而更加彻底地推进了"语言转向"，而且也因为就此否定了其"经验主义"根基而改变了以逻辑实证主义为代表的经典分析哲学的走向。更为重要的是，戴维森在这个更加彻底的"语言转向"语境中所展开的关于真理、意义、行动等核心问题的述说，不仅因为聚焦于"语言"（理性）而进一步推进了分析哲学的"后实证"或"后分析"转向，也因为符合了实用主义从"经验"到"语言"的主题转换而彰显了独特的"新"实用主义特质。事实上，也正是在这种意义上，戴维森才被罗蒂作为"最好地陈述了实用主义命题的分析哲学家"视为其最欣赏的"新实用主义"同伴。

---

① Hans-Johann Glock, *Quine and Davidson on Language, Thought and Reality*, Cambridge: Cambridge University Press, 2003, p.1.

（一）拒斥"图式—内容"二分：走向更彻底的"语言转向"

毫无疑问，在实用主义的谱系叙事中，蒯因思想的实用主义特质是在分析哲学与实用主义的结合尤其是在从内部展开的对以逻辑实证主义为代表的分析哲学的批判中呈现出来的。而这一批判的核心与重中之重，则是他对作为分析哲学根基的现代经验主义的两个教条的批判。如前文所述，蒯因通过对"分析性"概念的考察及其整体论的知识观实现了对"分析—综合二分"与"还原论"的否认和拒斥。然而，值得注意的是，蒯因对经验论的批判并没有导致对经验论本身的否认，而是基于某种改造取向试图坚持一种"没有教条的经验论"，一种改造后的"新经验主义"。换句话说，"经验"不仅没有被扫地出门，相反是在整体立场中实现了某种新生，正如他明确指出的那样："科学双重地依赖于语言和经验"①，"我们关于外在世界的陈述不是个别地而是仅仅作为一个整体来面对感觉经验的法庭的"②。

显然，在蒯因那里，经验依然独立存在，语言和经验的区分也必然存在，也正是基于此，戴维森表达了对蒯因经验主义批判不彻底的不满。在他看来，蒯因对经验论的批判虽然克服了前述两个教条，但仍然包含着概念图式与经验内容的二元论，戴维森称之为经验论的第三个教条，"人们有可能摒弃意义和分析这两个概念而同时又保留语言体现一种概念图式这一看法。因此，取代分析与综合的二元论，我们便得到概念图式与经验内容的二元论。……关于图式和内容（即起组织作用的概念体系和某种有待组织的事物）的第二种二元论是无法理解的和无法辩护的。这种二元论本身是经验主义的一个教条，即第三个教条"。③戴维森认为，正是这个二

① [美] W. V. O. 蒯因：《从逻辑的观点看》，陈启伟、江天骥等译，中国人民大学出版社2007年版，第37页。
② [美] W. V. O. 蒯因：《从逻辑的观点看》，陈启伟、江天骥等译，中国人民大学出版社2007年版，第36页。
③ [美] 唐纳德·戴维森：《对真理与解释的探究》（第二版），牟博、江怡译，中国人民大学出版社2007年版，第226—227页。

元论残余，使得蒯因对前两个教条的批判效力大打折扣，因为，它本就是与第一个教条"分析—综合"的二元论同源同根，是一直支配和困扰现代哲学的"'主观与客观'二元论的构想形式"①。更为严重的是，因为无法有效弥合二者之间的裂隙进而为知识提供有效辩护，导致了各种各样的概念相对主义和怀疑论，"一旦选定笛卡尔式的出发点，就无法断定证据是或者大约是什么东西的证据。唯心论、经验论的各种还原论形式和怀疑论就隐约出现了"。②

于是，基于对其怀疑论后果的不满，戴维森以作为其典型形式的概念相对主义为标靶，从包含这种二元论的库恩和费耶阿本德的"范式之间不可通约"学说入手，展开了对"图式—内容"二元论的批判。戴维森首先考察了概念图式与经验内容发生关系的两种路径之后得出结论说，无论是组织关系还是适应关系都不能成立。因为，就前者而言，既不可能组织一个单一的对象，也没有任何一种语言只组织经验；而后者则会因为"真理"与"转译"概念的脱离导致概念图式和真理的双重相对。因此戴维森认为，"图式—内容"二元论以及以此为基的概念相对主义都是不可理解的。毫无疑问，戴维森的批判是直接指向经验论并因此呈现为对分析哲学走向的改变，然而值得注意的是，若将其置入分析哲学与实用主义结合的更大语境，则会因为其实用主义气质而彰显出更大的谱系学意义。

既然作为经验主义教条的概念图式与经验内容的二元论不成立，那么，就只能放弃经验主义而关注语言，而且，语言也不是与经验对立的独立实体，也不是我们关于世界的知识必须从中穿过的屏幕或者过滤器，换句话说，语言不再是"主体与客体之间的中间物，也不是我们用于形成实在图

① D. Davidson, "The Myth of the Subjective", *Subjective, Intersubjective, Objective*, New York: Clarendon Press, 2001, p.43.

② D. Davidson, "The Myth of the Subjective", *Subjective, Intersubjective, Objective*, New York: Clarendon Press, 2001, p.43.

画的手段，而是作为人类行为的一部分"。① 因此，其意义也不可能像蒯因的刺激意义那样取决于来自实在世界的经验内容，而只能是在社会公共性语言实践和应用中的融贯解释。所有这些都最终汇聚并呈现为对"语言转向"的进一步推进和彻底化，不仅承续了古典实用主义拒斥二元论的传统特质，也迎合了"新实用主义"转向的语言诉求。更为重要的是，随着图式—内容二元对立的消解，语言与实在、语言与世界的对立也会消解，而这也必将带来以此为基的本质主义和基础主义的消解。事实上，这种反本质主义、反基础主义不仅正是实用主义的题中应有之义，而且，随着这样一种基本立场的变化，关于真理、心灵、实在、行动等的传统哲学话语，譬如符合论的真理观、形而上学的实在论等，也必将被重新审视甚至放逐，进而在新的语境中被重新阐释。就此而言，戴维森对图式—内容二元论的批判，不仅因为反本质主义、反基础主义而直接呈现了其实用主义特质，也因为为真理、心灵和行动等一系列问题的进一步阐释打开了实用主义空间而具有了整体的谱系学意义，正如罗蒂总结的那样，"戴维森在破坏了逻辑经验主义假定的模式—内容的二元论后，可以说，保存了逻辑而抛弃了经验主义（或更确切地说，保留了对语言的关心而抛弃了认识论）。这样，他使我们能够用弗雷格的洞见去确证杜威的整体主义和实用主义。"②

（二）真理论语义学：真理与意义的实用主义阐释

如前所述，对图式—内容二元论的批判和拒斥不仅为一系列哲学概念的阐释提供了实用主义空间，也构成了其话语展开的基本语境，而对于作为分析哲学家的戴维森来说，首当其冲要直面的就是真理和意义概念了。既然图式—内容的对立不存在，语言与实在、语言与世界的二元关系也就

---

① ［美］理查德·罗蒂：《哲学和后哲学文化》，见《后哲学文化》，黄勇编译，上海译文出版社 1992 年版，第 9 页。
② ［美］理查德·罗蒂：《实用主义、戴维森和真理》，见《后哲学文化》，黄勇编译，上海译文出版社 1992 年版，第 241 页。

不存在，建基于这种基础主义关系的符合论意义上的永恒真理也不可能存在。所以戴维森认为，在本质意义上，真理不可定义，而致力于对真理概念进行解释、定义和分析的传统真理论也都是徒劳。然而，戴维森并不是要否认真理概念的作用，因为"不掌握真理概念、则不仅语言而且思想都是不可能的"，而是要改变使用"真"的方式，不要试图去定义真，而是要去揭示"使之为真"。"真"不是一个超验的概念，而是与个别的人的具体思想、行为、语言和境况等联系在一起的，并与信念、意义等构成了一个不可分割的整体。因此，要阐明真理概念，就只能通过与它系统相关的其他概念以及我们将它应用于话语和思想时所依据的证据来说明，换句话说，就是通过与其他相关概念的关系揭示出"使之为真"的运作机制。在这里，我们不仅看到了反本质主义、反基础主义，而且看到了对整体论的承诺，而这些正是实用主义精神的体现，正如罗蒂评价的那样，戴维森对实用主义的贡献，就"在于他指出了，除了由詹姆斯所把握的规范用途外，'真'还有消除引证的作用"。① 更为重要的是，同样是基于此，戴维森才发现了真理论的方法论意义，而其与意义的紧密关联，则直接促成了他将真理论应用于语义解释并最终构造了真理论语义学。

　　然而，戴维森理解的语言的意义并非传统语义理论中被实体化的意义。与真理概念一样，定义性的意义解释同样不可寻求，意义不是基于指称的一种抽象实体，而是基于语言使用实践的一种组合性解释。因此，所有的意义理论都"必须对这种语言中语句的意义给出一种建构性解释"②，都必须根据一个语句中的语义组成部分及其结合方式对该语句的意义做出解释，并因此是一种"组合性意义理论"（compositional meaning

① ［美］理查德·罗蒂：《实用主义、戴维森和真理》，见《后哲学文化》，黄勇编译，上海译文出版社 1992 年版，第 219 页。

② D. Davidson, "Theories of Meaning and Learnable Languages", *Inquiries into Truth and Interpretation*, New York: Clarendon Press, 1984, p.3.

theory）。换句话说，一个胜任的意义理论不仅必须是组合性的，而且也必须能够对该语言的每一个语句都给出一个意义解释。然而，戴维森在考察了最具代表性的弗雷格的意义理论后发现，弗雷格通过引入单独词项的意义实体进而将其扩展到语句的策略并不成功，并以一个著名的"弹弓"论证否认了把语句视为指称着它们意义词项的合理性，正如他略带讽刺地总结的那样："悖谬的是，意义（meanings）看起来恰恰没有改善意义理论"①。

既然真理、意义处于一个系统关联的整体之中并且需要通过彼此获得解释，那么意义理论就可以由真理论来表征。因为，如果一个人理解了真理论反映的元语言的语句关系和句法结构，他就可以掌握元语言进而理解对象语言，也就是说，一个被充分认识的真理论可以作为方法为我们提供意义理论需要说明的知识，进而解释对象语言中的任何语句。也正是在这种意义上，戴维森才认为一种真理论可以充当一种组合性意义理论的工具，并且发现，塔斯基的约定—T 的真理论形式正是最合适的这样一种工具。于是，在 1967 年发表了《真理与意义》之后，他就试图通过塔斯基的公理化真理定义为模型寻找词语实际上所意谓的东西，为语句的意义给出一种建构性的解释，并最终呈现为一个被恭称为"戴维森纲领"的真理论语义学。蒯因曾如此评价戴维森的这一天才洞见和创造性工作："在罗素得以出名的研究成果发表前后，意义与真在某种程度上密切相关这一点是显而易见的，但直到戴维森，才把塔斯基的真理论视为一种意义理论的真正结构。这一洞见是语义学上的一个重大进展。"②

塔斯基的真之语义论是针对一种给定的语言，建立一个实质上适当和

---

① ［美］柯克·路德维希:《唐纳德·戴维森》，郭世平译，复旦大学出版社 2011 年版，第 41 页。

② W. V. Quine, *Theories and Things*, Cambrige, Mass: The Belknap Press of Harvard University Press, 1981, p.38.

形式上正确的对"真语句"这个词语的定义，即约定—T模式：(T)：s是真的，当且仅当p，例如："雪是白的"是真的，当且仅当雪是白的。但塔斯基的约定—T仅仅是从语言形式上证明了所谓的真即对象语言与元语言之间的一致，"是真的"作为一个谓词还尚待解释，在自然语言中也没有实际用途。于是，戴维森指出，约定—T不应该仅仅停留在形式的层次上，还应该被用于自然语言，而约定—T中的真之条件就是对这个句子的意义的解释。与塔斯基的对约定—T的解释要基于对语言的意义的把握为前提不同，戴维森用约定—T来作为工具达到对意义理论的理解。在他看来，"一个满足塔斯基约定—T的真理论给我们提供了我们想要从一个组合性意义理论得到的全部信息"。①

至此，对于自然语言的解释而言，一种外延上适当的真理论似乎运行良好。但戴维森发现，当我们身处一种真实的日常语言活动时，或者说对于一种语境敏感的语言来说，这种外延上的适当性就明显不够了，因为不仅诸如说话者的态度、信念、兴趣等更多的语境要素参与了进来，而且，它们构成的整体论结构也具有了更强的动态调整可能。因此，要使一个真理论在这种情况下始终满足约定—T并成为解释性的，就必须加上一些额外的阐明性约束。为了解决这个问题，戴维森提出了"彻底解释"的构想，希望通过一个说话者面对一个完全未知的语言和信念系统这样一种极端场景来说明解释是如何可能的。从另一方面看，戴维森的目标是建立一种解释人的日常语言活动的自然语言语义学，他拒绝对语言解释的经验主义理解，但并不拒绝经验的资源，因此，为了说明真在约定T中经验性成分，戴维森必须对人们使用语言这一经验事实做出说明，以便将相关的经验要素纳入T模式的整体框架中。在这种意义上，戴维森的

---

① ［美］柯克·路德维希：《唐纳德·戴维森》，郭世平译，复旦大学出版社2011年版，第43页。

彻底解释构想，实质上就是试图从彻底解释的角度说明真、意义、信念和行动的各个因素及其相互关系。在这里，我们不仅看到了戴维森从语义学向语用学的明显转变，而且，那个充分表征实用主义精神的整体论又一次清晰地呈现了。

彻底解释的程序包含两个方面，一方面是对于语句的"持真态度"，另一方面是说话者所在的环境中的事件和情况。由于戴维森假定彻底解释者的立场是探究意义及相关问题的最基本立场，因此要想理解解释者何以能够通过经验证据而将他人看做一个说话者，宽容原则就不是可有可无的，而是必需的，即：第一，一致性原则，即在整体上，说话者和解释者的信念和逻辑标准是一致的；第二，说话者的话语大体上是真的。也正是通过这样一种运作，才保证了信念的一致性，进而达成了"融贯产生符合"的效果。不难看出，在彻底解释中，不仅对于态度和意义的指派要基于说话者的全部态度以及整个语言的理论背景，而且，还需要说话者在没有任何主导框架预设情况下进行实时调整，并作为"一个对于其环境中的事件以及其他说话者都作出恰当反应的合理的能动者"①，"使整个系统以自己的方式得以运行"。仅就此而言，实用主义精神便已展露无遗。更值得注意的是，宽容原则所导致的"融贯产生符合"的效果，也被罗蒂作为一种"谦逊的符合论"真理观归入了实用主义阵营，并直接与杜威联系在了一起，正如他总结的那样："这样的学说使人们想起了实用主义这个专门驳斥二元论、专门消解由这些二元论产生的传统问题的运动。戴维森工作与蒯因工作的亲缘关系，及蒯因工作与杜威工作的亲缘关系，使我们把戴维森看做是属于美国实用主义传统的观点变得很有吸引力。"②

① 〔美〕柯克·路德维希：《唐纳德·戴维森》，郭世平译，复旦大学出版社 2011 年版，第 19 页。
② 〔美〕理查德·罗蒂：《实用主义、戴维森和真理》，见《后哲学文化》，黄勇编译，上海译文出版社 1992 年版，第 203 页。

（三）行动与心灵：实用主义的"新"表征

众所周知，对实践和行动的关注和强调贯穿了整个古典实用主义叙事，并因此构成了实用主义的标识性特征。与古典实用主义一样，戴维森同样强调和关注行动，因为，无论是将语言视为人类行为的一部分，还是真理论和意义观对人类行为的强调，都使得他不得不对行动作出解释和说明。然而，戴维森的行动解释并没有沿着传统行动哲学甚至是古典实用主义的道路展开，而是基于一种彻底的"语言转向"语境通过对"因果理论"的复兴完成的。不仅因此构成了其区别于一般行动哲学的独特性，也呈现出了相对于古典实用主义的"新"气象，正如路德维希在谈及他的主要哲学贡献时总结的那样："行动哲学是戴维森哲学中最具特色的部分，也是他的哲学被看作新实用主义的主要根据"。①

戴维森的行动言说围绕对行动哲学的两个基本主题的回答展开，即：什么是行动？如何解释行动？就第一个问题而言，戴维森认为，行动是一种由适当理由引起的事件，但并非所有由一些理由适当引起的事件都是行动，只有在某种描述下是有意图的事件才是行动，反之就是"非行动"事件，如其所言，"如果一个人的作为可以从某个方面来描述，而这个方面使这个作为成为有意图的，那么这个人就是该行动的能动者"。②毫无疑问，这是一种行动解释的因果理论。在对反因果论者的各种论证进行反驳之后，戴维森给出了第二个问题的答案：有意图的行动可以根据行动者的理由来解释。他把这种根据理由对行动的因果解释综称为"合理化"，或者说"理由把行动合理化了"③。

---

① ［波］K. 路德维希、U. M. 齐林：《戴维森在哲学上的主要贡献》，《世界哲学》，2003 年第 6 期。

② D. Davidson, "Agency", *Essays on Actions and Events*, New York: Clarendon Press, 1980, p.46.

③ D. Davidson, "Actions, Reasons, and Causes", *Essays on Actions and Events*, New York: Clarendon Press, 1980, p.3.

　　然而，并不是所有的意图都构成行动的理由，或者说二者并不始终一致并引起行动，譬如"非理性的"或"不自制的"行为，正如他自己担忧的那样："行动的因果理论受到与行动者的最佳判断相冲突的有意图行动的挑战"。① 这个挑战的实质是能动者的行动理由与他的意图之间的关系问题，戴维森的回答是：理由以正当的方式引起意图，进而引起行动。尽管这种回答仍有牵强之嫌，因果理论本身仍有其他问题需要解决，但这些并没有否定"原因"的存在因而不能从根本上动摇行动与行动解释的因果理论。关键是，通过这种因果理论，戴维森强调把行动与信念、欲望、命题态度联系了起来，从而表明一切行动都是有理性的，都是可以理性化的，不存在"无理性"或"反理性"的行动。在这里，不仅前文所述的那个整体论再次出现，而且也据此将行动与意图相关联并归于了行动者，所有这些都与古典实用主义的基本立场完全一致。

　　不同的是，基于更彻底的"语言转向"语境，戴维森比古典实用主义更强调语言而不是经验，并因此改变了对行动的言说和解释方式。古典实用主义从"经验"入手而把行动（实践）理解为"实际运用语言与环境打交道或者人和环境的实际交换的活动"，而戴维森则基于对"语言"实践意义的强调而将其理解为"运用语言或者实际运用语言推论的实践"。② 换句话说，与古典实用主义不同，戴维森是基于"语言"而以分析的方式在谈论和解释行动，进而得出了"所有行动都是理性的"结论。更重要的是，这种行动解释，不仅因为强化了行动与理性的互生互释而进一步弱化甚至消解了"理论—实践"的二元论，而且也"排除了传统实用主义遗留

---

① ［美］柯克·路德维希：《唐纳德·戴维森》，郭世平译，复旦大学出版社 2011 年版，第 75 页。

② 陈亚军：《意向、理由与行动》，《华东师范大学学报》（哲学社会科学版）2013 年第 1 期。

下的行为者的神秘意图问题"①。在这里，我们清晰地看到了戴维森对实用主义的推进和发展，而这也正是戴维森实用主义之"新"并因此被称为"新实用主义"的关键所在。

与其行动哲学紧密相关的另一个重要且原创性的哲学贡献，就是戴维森提出的被称为"非还原的物理主义"的"不规则一元论"（anomalous monism），因为对行动的解释或者合理化，必须归原于由信念、态度、意向等意识状态构成的整体的理由，并最终将诉诸心理活动。也正是这个理论及其核心洞见"精神不规则论"，几乎塑造了戴维森所有关于心灵、精神、物质、心灵与物质的关系以及能动者问题的观点与看法，并因此构成了其心灵哲学的基本立场与核心论题。早在对"理由解释不是似律性解释，因此不是因果解释"这个反因果论证的反驳中，戴维森就提出，即使不存在心理物理规律或者心理规律，心动与理由之间的关系也是似律的。"不规则一元论"就是基于这种观点逐渐演变而成的，根据这种理论，每个事件都是物理事件，所有严格的规律都是物理规律，不存在严格意义上的心理规律，因此也不存在联结心理事件和物理事件的严格的心理物理规律。但这并不影响心理事件与物理事件之间发生因果的相互作用，因为心理事件受制或依赖于物理属性。

戴维森从三个前提性假设出发对此进行了论证，即：（1）有些心理事件是与物理事件发生因果相互作用的；（2）有因果联系的事件必定符合某个严格的规律；（3）不存在可以用来断定和解释心理事件的严格规律。虽然这些论证仍然面临着诸多质疑，但丝毫不影响"不规则一元论"所带来的震撼性效果。除了据此实现了对行动的因果解释这个最直接的效果外，当我们将它置入心灵哲学语境而作为一种心灵理论时，效果的震撼性会进

---

① ［波］K. 路德维希，U. M. 齐林：《戴维森在哲学上的主要贡献》，《世界哲学》2003 年第 6 期。

一步放大，对传统心灵哲学而言甚至是颠覆性的。因为不存在心理物理规律，所以心理事件就不可能还原为物理事件，如果扩展至心身问题，则会否认心灵对身体、精神对物质的决定性依赖，进而承诺心灵、精神、主观的独立性。这一点在戴维森的三角测量理论中表现得异常明显，在说话者、解释者与世界这三者之间，戴维森没有赋予任何一方以优先地位，并因此使得"三元组解释模式，体现出一定的实用主义成分。"① 而在断言所有事件都是物理事件且不存在心理物理规律情况下，心理事件仍然可以与物理事件发生因果作用，不仅会在物理一元论的基础上否定将心灵作为实体看做"机器中的幽灵"的传统身心二元论，而且也会在整体论的意义上提供联结身体与心灵、物质与精神或者弥合二者之间鸿沟的有效途径。在这里，就对二元论的拒斥本身而言，戴维森显然是古典实用主义的，因为这一点始终都是它的基本立场和目标。然而，无论是对心身二元论的拒斥路径，即：基于"不规则一元论"从而否定将心灵作为实体看作"机器中的幽灵"，还是对心身鸿沟的弥合方法，即：基于"语言转向"语境和"非还原的物理主义"，"把心理事件和物理事件归结到具体的行动者完成某个语言交流活动的场景，把行为者（说话者）的环境看作实在确定心理事件和物理事件的关系中起决定作用的因素"②，都远远超出了古典实用主义的视域。也正是在这种意义上，戴维森不仅是实用主义的，更是"新实用主义"的。

诚然，戴维森不是典型的美国实用主义者，他在很多重要的问题上与实用主义分道扬镳。他的著作既没有伦理和政治的抱负，也没有直接采用已有的实用主义准则，而只是以逻辑分析为手段独立发展出了与实用主义类似的观点。但正如前面所述的那样，无论对概念图式和内容的二分的批

---

① 梁义民：《戴维森意义理论研究》，社会科学文献出版社 2016 年版，第 247 页。
② ［波］K. 路德维希、U. M. 齐林：《戴维森在哲学上的主要贡献》，《世界哲学》2003 年第 6 期。

判带来的反二元论、反基础主义，真理论语义学中更彻底的"语言转向"、整体论以及对符合论真理观的拒斥，还是行动哲学和心灵哲学中的"行动因果理论"与"非还原的物理主义"，无不充分体现着典型的实用主义精神。不仅如此，作为逻辑实用主义者，戴维森还在更彻底的"语言转向"语境中以更加清晰的分析方式推进和发展了实用主义问题和观点。也正是在这种意义上，戴维森才被罗蒂作为"最好地陈述了实用主义命题的分析哲学家"广泛引用和讨论，进而作为典型代表纳入了"新实用主义"阵营，并因此奠定了他在实用主义谱系中不可忽略的地位。

二、罗蒂的"语言实用主义"及其极端体验

在"古典"之后的"新实用主义"阵营中，如果说与蒯因、古德曼对"经验"的爱恨交织相比，戴维森走向了更彻底的"语言转向"的话，那么，将这一转向推向极致的则非理查德·罗蒂莫属了。他并没有像蒯因、古德曼、普特南那样在批判之余仍保持着与经验主义的藕断丝连，而是将语言视为一种自足的实践工具从世界（经验）中剥离出来，并将其作为理智探究的唯一起点和凭依而彻底放逐了"世界"（经验），放弃了经验主义。对罗蒂而言，实用主义也不例外。他不仅在这种彻底的"语言转向"语境中，第一个旗帜鲜明地打着实用主义的旗号肇始了其在 20 世纪 70 年代的强势复兴，而且也将"语言转向"作为区分新老实用主义的标准从而成就了"新实用主义"的独特标识。在他看来，"两者之间的中断是所谓的'语言转向'"[1]，"我们新实用主义者不再像老实用主义者那样，谈论经验、心灵或意识，而是用谈论语言取而代之。"[2] 就此而言，正如 C.G. 普拉多总结的那样，"罗蒂的实用主义首先是否定这样一种可能性，即在理智探究

[1]　R. Rorty, *Philosophy and Social Hope*, New York: Penguin Putnam Inc., 1999, p.24.

[2]　R. Rorty, *Philosophy and Social Hope*, New York: Penguin Putnam Inc., 1999, p.95.

中诉诸任何超语言学(extra-linguistic)的东西"①，也正是基于此，我们通常将其"新实用主义"冠以"语言实用主义"之名。然而，这种彻底的"语言转向"和极致的"语言"关注，也使得其实用主义话语在"世界的丧失"中趋显激进和挑衅而招致了诸多批评和非议：不仅因为对"古典实用主义"的"经验"背离被归于"一个稀里糊涂的后现代思想大杂烩"②而嗤之以鼻，也因为"后哲学文化"对哲学传统的否认和颠覆被视为"独特的美国另类"而饱受质疑。事实上，这也正是我们称之为"极端体验"的原因所在。

（一）基础坍塌后的心灵与世界

毫无疑问，与同时代的哲学家一样，罗蒂的哲学发轫同样始于对从古希腊开始一直延续至今的西方理性主义哲学传统的批判和超越。因为，在他看来，基础主义正是贯穿和支撑这一哲学传统的主流，并因此构成了总括它的最合适的标签，所以，对于秉承实用主义的罗蒂而言，理所应当予以拒斥。在分析考察了基础主义产生的心理（视觉隐喻）和社会（绝对安全感）根源及其从希腊到康德再到罗素、胡塞尔的历史变形和呈现之后，罗蒂认为，这一哲学公设已经在批判洪流中趋于崩溃：一方面，蒯因和塞拉斯通过对"经验主义教条"和"所予神话"的批判动摇了其认识论根基；而另一方面，海德格尔和萨特则以"无本质存在"揭示了其本体论上的荒谬。如果说基础主义瓦解了，那么，作为其基本框架两极的"基础"的心灵与世界又如何呢？换句话说，既然知识（哲学）是"视"和"思"的共铸产物，那么作为视之对象的世界和思之工具的心灵又该如何看待呢？

因为西方理性主义传统秉持认识论优先，而心灵又是作为其典型形态的西方近代镜式认识论的核心舞台，所以，罗蒂首先通过对其产生过程的历史考察对笛卡尔式的"心灵"概念进行了解构和批判。罗蒂认为，希

---

① [加拿大] C. G. 普拉多：《罗蒂的实用主义》，《世界哲学》1984 年第 5 期。
② [美] 苏珊·哈克等：《关于实用主义的两篇访谈》，王洪光译，《哲学分析》2022 年第 1 期。

腊人将心灵看作"理性的心灵"与笛卡尔将心灵看做内在实体的"意识的心灵",有着重大区别。后者使得心灵从一种理性机能转变成了独立的实体和内在的世界,认识成为了内在的意识对外在世界的表象。在他看来,"从作为理性的心转向作为内在世界的心的笛卡尔转变,与其说是摆脱了经院哲学枷锁的骄傲的个人主体的胜利,不如说是确定性寻求对智慧寻求的胜利。……科学,而非生活成为哲学的主题,而认识论则成为中心部分。"①正是对确定性的追求与对不可怀疑性的强调,使笛卡尔将思想事件与物理事件区分开来。"心理的"本来是描述某种状态的谓词,不具备实体的性质,但形而上学冲动导致的哲学概念偷换,使得人们从谈论属性和状态变成了谈论本体论上独立的述谓主体。然而,无论是我们用作"心理事件"特征的"非空间性""意向性",还是作为"非物理的"标识的"现象性",都无法清晰严格地将"心 / 物"作为实体裂分开来,进而承诺"心灵"的本体论地位。事实上,这些都只是我们使用不同的语汇进行的关于对象的谈论,而与本体论无关,"错误不在于谈论心和物的区别,而在于对它们做了本体论的哲学手术。"②

为了进一步说明哲学家对心理状态词汇的误解,罗蒂假想了一种奇怪的人,即"对趾人"(antipodean)。他们使用的是一种神经生理学语言,同时也使用日常的心理词汇,但这些心理词汇并不意指心理状态。不同的是,对趾人的经验不包含我们所感觉到的疼的感觉,也没有我们所说的现象性质。对我们来说,报导自己的感觉的语言是直接的、非推论的和不可改变的;但对对趾人来说,他们对神经纤维的状态的报道才是直接的。因为,没有一个客体或心理实体来判断何者的报道更为直接,所以,我们的日常心理状态词语与他们的神经状态词汇是等价的"占位符号"(place-

---

① [美] 理查德·罗蒂:《哲学和自然之镜》,李幼蒸译,三联书店 1987 年版,第 43 页。
② 陈亚军:《罗蒂与普特南:新实用主义的两座丰碑》,上海人民出版社 2016 年版,第 53 页。

holder）。而所谓的现象性特征的"直接性"和"自明性"仅仅是我们的语言文化规范的结果，并不在形而上学的意义上指向所谓的"心理状态"。因此，罗蒂认为，谈论心理状态的话语其实是多余的，可以在哲学讨论中取消它们，这就是他早期坚持的"取消的唯物主义"（eliminativematerial-ism）。在这里，那种被塞拉斯称为"心理学唯名论"的立场凸显了出来，即：将"心灵"从本体中解放出来而归于"语言"，将心灵哲学归于语言哲学，而这也正是罗蒂的"语言转向"在心灵哲学中的应然后果和集中体现。

然而，在 1979 年发表的《哲学与自然之镜》中，罗蒂的立场有所改变。他认为我们并不需要以消解疼痛的方式来保全唯物主义，而可以像塞拉斯那样将"指"（refer）理解为"意味"（mean），这样，我们的心理状态词汇就作为现象学语言占据着与神经学语言相同的逻辑位置，并因为可以相互翻译而无需取消其中的任何一个，毕竟只有在哲学家基于发现本质的形而上学冲动而执着于其"本体论性质"时，才会特别在意疼痛是一种现象学性质还是神经纤维的状态。既然心灵完全是一种语言的选择和社会实践问题，而根本不涉及本体论，那么，它既不需要取消，也无需还原，更不能被作为实体还原为神经生理学意义上的大脑。相反，我们更应该采取一种无本质寻求冲动的"反讽"态度，将其置入唯名论和历史视域，并像杜威那样最终归之于一种"文化意义系统"。

既然"心灵"实体在"语言转向"中被解构了，那么，在传统认识论中被"心灵"作为对象所表征和勾住的那个"世界"又如何呢？毫无疑问，在传统认识论尤其是真理符合论中，心灵和世界是作为主客观的两极存在的。知识就是心灵对世界的认知，世界是本体论上先在的、大写的客观存在，它不受理性干扰因而没有任何意义，它被我们的心灵被动反映和表象，并因此成为真理的唯一和终极判据。然而，在反基础主义的罗蒂看来，这个传统认识论所预设的世界并没有存在的客观性根据，塞拉斯、戴维森和古德曼对"所予""图式／内容""样式／世界"的批判，已经为我们展现了"感性直观""中性材料"的不可能，而这个"世界"在认识论框架中对我们的因果关系也总是能够在语言中得到解释。我们并不是在一个不依赖于我们的意识而存在的客观对象上因果地索取"感性材料"进而加以心灵整理，相反是在我们的信念系统中获取真理的证成。在这种意义上，"世界"既非客观存在，也没有成为"对象"的必须，因此，传统认识论意义上的实在"世界完全丧失了"①，我们面对的或者说作为真理判据的只是那些尚未被怀疑的信念。尽管罗蒂对皮尔士的实用主义地位颇有微词，但在这里，我们依然看到了他作为"意见的最终汇聚"所意指对象的那个"世界"的隐约形象。

毫无疑问，罗蒂基于语言转向语境和反基础主义、反实在论立场的心灵和世界阐释，对传统的心灵观和世界观带来了颠覆性的批判和冲击。然而，就实用主义而言，他的理解和坚持似乎并不彻底。罗蒂继承了杜威的文化、历史和实践思维及其对心灵的实用主义概括，但不同的是，他却将这种意义系统看作一种大脑程序，将文化视为像软件那样"运作我们生理结构的一种方式"②。也正是在这里，我们看到了罗蒂对"杜威"极具个人风格的误解，这种误解不仅惯常发生，而且时显刻意。因为，杜威的"文化意义系统"并不是一个固定的文化程序或先验系统，而是一个基于社会实践的生成性系统，时刻在一种互动的张力中保持着与实践活动的平衡。而在罗蒂那里，实用主义的"实践优先"似乎坚持得并不彻底。事实上，这也是普特南放弃它对心灵的功能主义解释并激烈批评罗蒂的根本原因，因为，无论是"能力系统"还是"意义系统"，只要被标准化和绝对化，都会以另一种方式被复活为"实体"，并最终指向一种变形了的"还原论"。

---

① R. Rorty, "The World Well Lost", in *Consequencs of pragmatism*, Minnesota: University of Minnesota Press, 1982.

② R. Rorty, *Philosophy as Cultural Politics*, Cambridge: Cambridge University Press, 2007, p.179.

那么，世界呢？虽然罗蒂用语言整体论的承诺消解了传统实在论的"世界"，但他的路径却是用语言来解释世界与我们的"因果关系"而实现的。换句话说，他只是消解了我们对世界的理解，而不是世界本身，因为只要"因果关系"在，引起这个关系的那个"世界"就在。在这种意义上，罗蒂对传统实在论的拒斥并不彻底，"世界"也没有完全丧失。原因就在于，罗蒂并没有彻底摆脱笛卡尔式"二元论"思维方式，仍然把世界作为一个相对于我们的存在，一个人之外的世界，而不是像拒斥"二元论"的实用主义尤其是杜威和詹姆斯那样，将世界看做一个"人在其中"的世界，一个生成中的整体且意义充盈的世界。实际上，这也正是实用主义的"现象学思路"和意蕴所在。

（二）没有世界的知识与真理

众所周知，对知识的真正哲学关注和讨论实现于近代西方的"认识论转向"。笛卡尔为知识论准备了"心灵"基础，洛克基于心物之间的"表象"关系勾勒了知识的来源、准确性和范围等基本问题，并最终在"先验范畴"和"经验直观"的互动中被康德推向极致。但在罗蒂看来，无论是洛克将知识还原为作为表象的观念之间的关系，还是康德将之归于"先验范畴"对"经验直观"的统摄，都是把知识视为人对世界的表象并由主客两种要素构成的，进而将知识的证明在符合论和还原论的意义上归于对来自外部的某种基础（感觉的或者概念的）的"因果作用"的说明。然而，随着罗蒂基于反基础主义立场对心灵和世界的解构，作为构成知识的二元构成要素并因此被作为可还原的实体基础的心灵和对象世界也坍塌了。于是，罗蒂得出结论说，不存在知识的基础，知识也不再是对世界本身的表象或反映，而聚焦于以此为基础阐述知识本性的这种还原论知识观也应该被放弃，并建议用一种"认识论的行为主义"取而代之。正如他概括和总结的那样，"参照社会使我们能说的东西来说明合理性与认识的权威性，而不是相反，这就是我将称作'认识论的行为主义'的东西之本质，这就是杜威和维特根斯坦共同具有的态度，我们最好把这种行为主义看做一种整体论。但它不需要唯心主义形而上学的基点。"①

在罗蒂看来，知识不是心灵对世界的被动反应，而是渗透着我们对现实的处理和描述，是我们与世界打交道的工具，它不是一个关于本性说明的抽象理论事件，而是一件生存论意义上的社会实践的事情。因此，知识的证明不可能源于向某种"基础"的符合论还原，也不可能等同于对知识来源的各种关系的"本体论说明"和静态分析，"我们需要向外转而非向内转，需要朝向证明的社会环境、而不是朝向诸内部表象间的关系"②，并最终在整体论而不是还原论的意义上归之于社会实践。正如他认为可以将这种立场"简称为'实用主义'"③所表达的那样，在这里，我们明确看到了罗蒂对实用主义一贯主张的秉承，因为，无论是杜威、詹姆斯还是后来的戴维森，无一不把知识定位于社会实践，并因此将知识的证明从主客体的二元框架中解放出来，进而归于命题、信念、主体之间的关系。

然而，罗蒂并没有就此停步，而是将这种知识观延续到了作为认识论核心的真理话题，不仅带来了真理讨论的实践转向，也使得其实用主义得到了更加淋漓尽致的呈现。与传统真理观的主客二分框架和旁观者视角不同，罗蒂基于实用主义立场认为，真理与知识一样也不是对外在世界的表征，而是人与环境交互并展开实践生活的工具，真理之为真，不在于与对象世界的符合，而取决于生活的目的和效用。真理不是一个拥有本质内容的名词，而是一个基于实践判据的命题性质的形容词，因此，它不是一个知识论意义上的理论话题，而是一个生存论意义上的实践话题，正如他在说明实用主义的反本质主义特征时指出的那样，"实用主义者告诉我们，我们可以用来就真理说某些有用的话的，不是理论的词汇，而是实践的词

---

① ［美］理查德·罗蒂：《哲学和自然之镜》，李幼蒸译，三联书店 1987 年版，第 151 页。
② ［美］理查德·罗蒂：《哲学和自然之镜》，李幼蒸译，三联书店 1987 年版，第 179 页。
③ ［美］理查德·罗蒂：《哲学和自然之镜》，李幼蒸译，三联书店 1987 年版，第 153 页。

汇，不是沉思的词汇，而是行动的词汇。"①换句话说，离开实践，真理不仅无法言说，也没有任何实质内容。罗蒂在进一步援引和发挥戴维森"真理不能用任何东西说明和解释"的观点之后，更为激进地指出，真理就是一个没有任何实质内容的空洞概念，"'真'没有任何说明的用途，而只有（1）一种表示赞同的用途；（2）一种小心的用途……；（3）去引号的用法"②，即使它有所意指，对实践生活也没有用，而只能理解为一种赞语。

既然真理没有本质内容，所以真理与否并不在于其永恒绝对的真之本性，而在于使之为真并让我们接受其为真的东西，实质上就是真理的证成。尽管不能把真理等同于证成，但离开证成我们对真理则无所从谈，因此，"我们使用'真理'这个词的唯一标准就是证成"③。在这里，我们明显看到了罗蒂对用证成来释说真理这个实用主义传统的承续，但他的立场显然更趋近于杜威和詹姆斯，而与皮尔士、普特南不同。虽然也承认不能把真理等同于证成，但罗蒂却不同意皮尔士和普特南将真理归为"最终的意见会聚"和"理想化的证成"，因为，这种真理解说仍然没有摆脱传统形而上学的本质冲动和情结。在他看来，随着世界的丧失，真理已经失去了赖以获取其永恒的"真之本性"的基础判据和途径，我们也不可能像传统的真理符合论那样通过因果关系来证明"真理"之真，而只能诉诸建基于实践的"语言化的信念系统"，因为我们根本"没有办法越过我们的信念和我们的语言去找到一种一致性以外的某种检验标准"④。在这种意义上，真理不仅不再追求绝对的确定性，而是对确定性的一种退缩，因为，证成并非一劳永逸，作为真理的证成也只是为了提醒我们将来会有不同的

---

① ［美］理查德·罗蒂：《实用主义、相对主义和非理性主义》，见《后哲学文化》，黄勇编译，上海译文出版社 1992 年版，第 246 页。

② ［美］理查德·罗蒂：《实用主义、戴维森和真理》，见《后哲学文化》，黄勇编译，上海译文出版社 1992 年版，第 205—206 页。

③ R. Rorty, *Truth and Progress*, Cambridge: Cambridge University Press, 1998, p.4.

④ ［美］理查德·罗蒂：《哲学和自然之镜》，李幼蒸译，三联书店 1987 年版，第 155 页。

证成出现。

至此，罗蒂基于语言转向和实用主义立场完成了对真理符合论的拒斥。然而值得注意的是，正如他在"世界的丧失"中关于世界本身的预设所残留的二元论思维方式一样，罗蒂将真理的证成诉诸"语言信念系统"同样没有逃离"语言／世界"的二分框架，与传统真理符合论不同的是，他只是用语言取代了世界，用"语言内的一致性"取代了"与语言外的世界的符合"，不仅仍然无法逃离"基础"之嫌，也必然遭遇融贯论同样的主观主义困境。更为重要的是，这种真理证成的"一致性"判据，因为"世界"的预设，只能停留于对语言内的信念之间关系的静态分析和比较，而不是朝向那个"整体的意义世界"的生存论"融入"和实践性"一致"，真理及其证成似乎仍然在"理论"的世界里游荡。事实上，这也正是詹姆斯重释的"符合"意蕴，以及罗蒂实用主义立场的不彻底和"语言转向"的极端之处。

（三）后哲学文化视域下的伦理、政治与宗教

如果说，对"改造哲学"是实用主义的一贯目标和旨趣的话，那么，罗蒂则是真正将这一精神贯彻到底并推向极致的。他认为，随着"二元论"、基础主义、本质主义思维方式以及作为其核心内容的形而上学实在论、符合论的知识论的崩溃，传统哲学的思维方式、目标预设、运作机制和功能定位也都将被彻底翻转。然而，罗蒂并无意取消哲学而是聚焦于改造，并给出了一个极具颠覆性、并因此招致广泛批评的哲学重建纲领，即："后哲学文化"。在这里，"'后哲学'指的是克服人们以为人生最重要的东西就是建立与某种非人类的东西……联系的信念"[①]，其灵魂就是在这种基础坍塌之后和文化共同体之内进行多元平等的"对话"。在他看来，

---

① ［美］理查德·罗蒂：《后哲学文化》，黄勇编译，上海译文出版社1992年版，"作者序"，第11页。

作为客观基础和终极判据的大写的"实在"不存在，符合论认识论意义上的绝对"真理"不存在，因此，哲学就应该放弃客观基础的形而上学预设和确定性的寻求，在具体的文化共同体之内展开对话，以达成共识的解释学取代谋求知识的认识论，以伦理学的弱理性取代科学式的强理性，以"一致"意义上的协同性取代"再现"意义上的客观性。总而言之，后哲学文化就是要摈弃传统理性主义的"哲学"方式，从文学的、历史的、人类学的视角出发看问题。

在这种文化形态下，我们不再寄希望于诉诸理性而达到一个客观标准，"不再感觉到对限制和对照的要求"，① 而是将眼光聚焦于我们的文化共同体，聚焦于社会实践和生活福祉，让所有共同体成员运用和享受平等而不是绝对的"理性"，在"对话"中达成"一致性"共识。在这里，哲学不再是理性金字塔的塔尖，也不再具有为其他学科奠基并为之提供合法性证明的优越感，相反，与科学、文学、艺术、宗教等一样，只是诸多话语中的一种并拥有同样的文化地位，与此相应，哲学家也不再具有专属的职业意义，而是博学平等的对话参与和文化批评者。尽管，罗蒂对哲学的这种极端的"文化"阐释，被视为"后现代主义"的绝对解构式的颓废文化而广受批评，在学理上仍然存在"伦理学基础主义"和"混淆否定客观性的寻求方式与客观性本身的否定"的嫌疑和问题，但无论如何，罗蒂都在彻底的语言转向语境中，将哲学重新从"永恒"带入了"时代"，从"普遍的理性绝对"带入了"具体的文化共同体"，并因此将哲学从"科学化"范式和困境中解放了出来。事实上，这不仅是对实用主义改造哲学及其非职业化精神的极致弘扬，也为哲学传统尤其是分析哲学和大陆哲学之间的融流提供了先导性实验。

人道主义精神和道德关怀历来都是实用主义的精神秉持，罗蒂更是有

---

① [美] 理查德·罗蒂：《哲学和自然之镜》，李幼蒸译，三联书店1987年版，第277页。

过之而无不及，并通过一种"无本体论的伦理学"进一步强化了这一主题。既然，"真"不是与实在的符合，而只是语句的一种性质，绝对的理性"真理"并不存在，那么，将道德奠基于理性并通过先天原则获取权威的柏拉图—康德的传统道德哲学就不可能稳固立足。在罗蒂看来，"善"不再是一个名称，而是像"真"一样是一种赞语，我们并非发现了什么是善，而是在具体的生活中把某种行为称作"善的"。因此，道德不可能建基于理性主义意义上的大写实在，纯粹的善，它们都是道德形而上学的预设，真正的道德基础不是理性而是经验，"'什么是道德的'取决于经验中生成的道德直觉，而不是先验的普遍理性"。① 我们在共同体的社会实践中获取偶然的道德经验，并随着"共同体的扩大"不断放大其普适性，不仅因此获取道德关怀的拓展和进步，也最大限度地将其沉淀为道德原则，而所谓的抽象道德原则，只不过就是这种厚重实践智慧的稀薄化而已。

"罗蒂的哲学是一种导向自由的学说而不是一种导向真理的学说。"② 事实上，对形而下的政治和社会问题而不是形而上的认识论问题的更多关注，不仅是罗蒂新实用主义的一个根本特点，也是他提出"民主先于哲学"口号的初衷。在《偶然性、反讽和团结》中，罗蒂反对将社会问题和讨论与大写的实在和神秘之物挂钩，"不存在要把某人心目中类似于托洛茨基的东西和某人心目中似乎于我的野兰花的东西编织到一起的需要。确切地说，他应该设法放弃把'其对别人的道德责任'与'他对他所真心诚意地爱戴（或令他着迷）的某些离奇事物或超凡人物的关系'扯到一起的诱惑。"③ 既

---

① 陈亚军：《罗蒂与普特南：新实用主义的两座丰碑》，上海人民出版社 2016 年版，第139 页。

② 张国清：《无根基时代的思想状况——罗蒂哲学思想研究》，上海三联书店 1999 年版，第 246 页。

③ [美] 理查德·罗蒂：《托洛茨基和野兰花——理查德·罗蒂自传》，《后形而上学希望——新实用主义社会、政治和法律哲学》，张国清译，上海译文出版社 2003 年版，第 402 页。

然自我和社会都是偶然的，那么，又如何将其统一起来呢？罗蒂反对柏拉图式的和历史主义的路径，并试图通过明确区分公共领域和私人领域寻求融合兼取"托洛斯基"和"野兰花"的第三条道路。在他看来，只有作为"自由的反讽主义者"（liberalironist）的理想知识分子能将二者结合起来，既保持对诸如野兰花等神秘之物的迷恋，也承担起对社会的责任与对正义的渴望。所谓"反讽"，就是对"终极语汇"的动摇和怀疑，对固有信念的重述和创造，它承诺着一切变化的可能，更好或者更坏。一个反讽主义者，不仅"对自己目前使用的终极语汇，抱持着彻底的、持续不断的质疑。……她不认为她的语汇比其他语汇更接近实有，也不认为她的语汇接触到了她之外的任何力量"①，而且，"必须分清这些再描述的目的是公共的还是私人的。……必须尽量发挥想象力，熟悉别人所可能拥有的终极语汇"②，进而在不断扩大的"我们"中，实现公共语境下的个人自由。因此，未来社会将由宽容主义者、多元主义者和民主主义者构成，其核心目标将是容许尽可能多的各不相同的个人目标得到实现；思想与政治上的自由和宽容，而不是共同体的正当性是否以永恒的真理为前提，才是人类获得幸福的途径。

早年的罗蒂对宗教问题并不特别关注，直到晚年才承续詹姆斯的宗教个人化、经验化的实用主义道路，从文化政治学视角讨论宗教问题。罗蒂首先将"上帝存在"问题从与"真正的存在"相关的本体论问题中解放出来，转向从社会、文化、实践出发来谈论并最终归于一个文化政治学问题。他借用布兰顿"存在不是对某种实在的描述，而是取决于社会、文化和语言"的论证，认为对"上帝存在"的谈论没有一种中立的立场和客观的逻

---

① ［美］理查德·罗蒂：《偶然、反讽与团结》，徐文瑞译，商务印书馆 2003 年版，第105—106 页。

② ［美］理查德·罗蒂：《偶然、反讽与团结》，徐文瑞译，商务印书馆 2003 年版，第130 页。

辑空间，而总是与语言和文化密切相关，因此，"文化政治学应该取代本体论"。① 谈论上帝，并不是追问其本质存在，而是关乎我们的实际生活需要，不是上帝创造了人，而是人创造了上帝，"上帝决不是基尔凯郭尔的神圣他者，也不是大写的一。毋宁说，上帝是我们人类透过自己创造的眼睛所看到的那变化着的崇高"②。与此相应，宗教本身也不是终极本体的超验言说，而是与科学、艺术一样的文化现象和语言游戏，不同的是，信仰更多地与个人爱好和生活态度相关，并因此是个人或者私人的事务。显然，这种宗教私人化立场承继于詹姆斯和杜威，但不同的是，在罗蒂的新实用主义整体框架下得到了进一步凸显，并衍生了诸多内容，譬如，基于文化多元的宗教多元性观点，基于拒斥传统一神论的实用主义多神论，以及公共私人领域区分前提下宗教在"自由民主社会"中的地位和空间问题等。

"罗蒂的特点不在于创造而在于综合，他目光敏锐、气魄宏大，对实用主义宗教观充满了深刻的洞见。……实用主义在罗蒂这里获得了一种连贯性。"③ 通过"语言转向"语境中的哲学阐释，罗蒂不仅彻底改造了哲学，也复活重释了实用主义。尽管他的学说因为彻底颠覆的激进和学术身份的无从归属而遭遇了来自几乎所有学科领域——无论是"哲学"的还是"文化"的，无论是柏拉图式的理性主义的还是实证的经验主义的，无论是实用主义的还是非实用主义的——的批评，但毋庸置疑的是，就实用主义而言，他在工具的更新、论域的拓展和精神的弘扬意义上都肇始并实现了实用主义的复活，不仅成就了他在实用主义谱系尤其是新—老实用主义转换之际的丰碑地位，"罗蒂"这个名字也几乎成了"新实用主义"的代名词。

---

① R. Rorty, *Philosophy as Cultural Politics*, Cambridge: Cambridge University Press, 2007, p.5.

② R. Rorty, *Philosophy as Cultural Politics*, Cambridge: Cambridge University Press, 2007, p.41.

③ 陈亚军：《罗蒂与普特南：新实用主义的两座丰碑》，上海人民出版社2016年版，第179页。

第 五 章

实用主义的"经验"回归与重塑

如前所述，在"语言转向"的背景下，对于作为分析哲学和实用主义结合与融流产物的"新实用主义"而言，"语言"理所当然构成了其核心概念和主题线索。然而，这条线索既不唯一也不独行，相反是在与"经验"的辩证互动中运行的。因为，无论是分析哲学还是实用主义，"经验"不仅从未从其话语主题中消失，而且一直作为核心概念存在。就分析哲学而言，因为"经验主义"的基本立场而构成了经典分析哲学的主题，对于古典实用主义而言，则随着詹姆斯、杜威对皮尔士思想的改造式推进，"经验"取代"语言"成为了其主题概念与思想硬核。不仅如此，即使是到了"新实用主义"，"经验"与"语言"之间的这种变奏和互动也仍然持续存在。面对"语言"因为"世界的完全丧失"和融贯论的相对主义危险而带来的认识论和本体论的双重困境，"经验"也总是作为解决途径而重新回归。事实上，正是"语言与经验"的这种辩证互动主导和贯穿了"新实用主义"的叙事进程，不仅因为"经验"的改造而实现了对分析哲学和实用主义的双重重构，进而造就了新实用主义的"后分析哲学"形态，而且也确立了新实用主义叙事的两大基本阵营："语言"派和"经验"派。尽管两大阵营之间时常交叉融合从而难以做出一劳永逸的身份归属，譬如塞拉斯和蒯因，"语言"和"经验"都是其话语主题，但从总体上看，仍然可以根据其主题和运思逻辑给出相对明确的系列划归。就"经验"线索下的"新实用主义"叙事而言，主要包括：拒斥"所予"以改造经验的塞拉斯，基于"经验自然主义"立场试图调和"语言与经验"鸿沟的麦克道威尔，以及通过实在论语境中的经验追问彻底消解二元论并自称"实用主义者"的普特南。而这些代表性人物及其思想也理所当然构成了本章讨论的主题聚焦。

第一节　实用主义的"经验"变奏与"新"向

毫无疑问，无论是古典实用主义还是"新实用主义"，"经验"都构成了其叙事的主要线索。但是，由于运思路径的不同和"语言转向"的影响，不仅古典实用主义，而且其"新—老"转换过程以及后古典的"新实用主义"叙事中，都出现了"语言"和"经验"之间的相互凸显或者取代，并在实用主义的整体进程中呈现出一种"此消彼长"的变奏态势。然而，"经验"的每一次式微之后的回归，都不是一种简单的重复，相反，是基于不同语境和问题任务的改造式重构，并因此呈现为一种创造性的"新"释。

一、实用主义的"古典"经验及其"新"回归

尽管标识实用主义诞生的皮尔士准则作为"语用学准则"导源于皮尔士的"语言转向"，"语言"也因此成为了实用主义的原初关注和生成起点，但是，塑造实用主义硬核的却不是"语言转向"，而是詹姆斯和杜威的经验主义学说。在这种意义上，"'经验'而非'语言'，才是古典实用主义的核心概念"。[①] 实际上，即使是在创始者皮尔士那里，经验也从未逃离其视野，尽管"语言"更为醒目。在首次阐述"实用主义准则"的论文《如何使我们的观念清晰》中，皮尔士的"效果"不但没有否认甚至指的就是"可感觉的效果"，这不仅与其实验精神的核心"对经验效果的强

---

① 陈亚军：《超越经验主义与理性主义》，江苏人民出版社 2014 年版，第 64 页。

调"一脉相承，而且也在他反对天主教义圣餐的表述中得到了明确体现。①
正如莫恩斯总结的那样："当他撰写 1878 年的论文时，皮尔士接受了这样
一种观点——没有超越经验的现实"②，也就是说，在作为科学家的皮尔士
那里，经验主义从一开始就是"实用主义准则"的奠基立场。即使是到了
1905 年和 1906 年，出于对"实用主义准则"的滥用的不满，皮尔士对"理
智的概念"和"行为习惯"的强调也没有彻底否定"效果"的感觉经验层
面从而拒斥经验，而是对其进行了"符号化"改造，正如阿佩尔所言："皮
尔士对于美国哲学的奠基是对英国和德国哲学的综合，更确切地说，是对
康德和休谟的综合"。③ 不难看出，在皮尔士那里，"语言"和"经验"作
为主题都一直相互在场，只是基于不同的问题和旨趣，具有了更强的"语
言"或者理性气质而已。

　　然而，实用主义的皮尔士进路并没有得以持续，而是在詹姆斯和杜
威的超越中发生了"经验转向"，并一举取代"语言"构成了古典实用主
义的主线。众所周知，詹姆斯的经验言说源起于其"意识流学说"，而作
为这种学说核心的对意识连续性特征的强调，则已经透露出了强烈的改
造传统"经验"概念的倾向，并为其后来对传统经验主义的超越奠定了基
础。然而，"意识流学说"的缺陷及其根基"内省心理学"所残存的二元
论，以及对宗教经验和伦理学的更多思考，都使得詹姆斯越来越多地将目
光投向前反思的生活状态，而更关注作为统一整体的前反思经验，进而
主张用作为"心理生活最基本的单位……一个逻辑上比意识更加基本的概
念"④ 的"经验"取代"意识"；而对"意识"的反思和对心理学内部二元论

---

① 涂纪亮编：《皮尔斯文选》，涂纪亮、周兆平译，社会科学文献出版社 2006 年版，第
94 页。

② H. O. Mounce, *The Two Pragmatisms*, London and New York: Routledge, 1997, p. 27.

③ K. O. Apel, *Charles S. Peirce, From Pragmatism to Pragmaticism*, New Jersey: Humanities
Press, 1995, p.20.

④ 万俊人、陈亚军编译：《詹姆斯文选》，社会科学文献出版社 2007 年版，第 104 页。

枷锁的突破旨趣，也使得詹姆斯毫不犹豫地逃离心理学而走向彻底的经验主义。要获得这种前反思的经验，就必须从事物的直接显现即前反思的直接描述开始，换句话说，就必须采用一种"彻底经验主义"方法，如其所述："一种经验主义，为了要彻底，就必须既不要把任何不是直接所经验的元素接受到它的各结构里去，也不要把任何所直接经验的元素从它的各结构里排除出去"①。作为直接的生活之流的"纯粹经验"就是这种直接描述方法的剩余物，它不仅"当下就直接地呈现于我们每个人身上"，而且从未被概念和语言污染。然而，这种基于非理性的原初状态下的混沌未开的"纯粹经验"，却因为包含了"所有的概念化都受到它的制约，但它自己却不能被概念所抓住"②的"过分的形而上学要素"，而遭到了质疑。不过，在另一种意义上，詹姆斯也把它作为"认知的基本材料"而解释为"概念化的对象和关系的综合"，即渗透着人的教化并因此具有历史、文化、传统前提的概念化经验。詹姆斯对"纯粹经验"的本体论和认识论的两种解释，看似混乱实际却并不矛盾，因为，在前者强调的"做"和后者侧重的"说"之间存在着一种内在关联，"直接的生活之流是一种人与环境的前语言活动，是一种'做'的活动。在这种前语言的生活之流中，我们形成了我们的行为模式，它成为意义的原始场域。……虽然此时还不能'说'出什么，但这里的'做'已经为下一步的'说'提供了可能和前提。正是在这个意义的原始场域中，我们才有了后来可以说出的'纯粹经验'，也就是詹姆斯所说的作为认知材料的纯粹经验。"③只不过詹姆斯本人并没有意识到这种关联，仍然从"说"出发谈"做"，并因此导致了模糊和混乱。事实上，正是这种内在关联，构成了古典实用主义"经验"言说进一

①　万俊人、陈亚军编译：《詹姆斯文选》，社会科学文献出版社 2007 年版，第 132 页。

②　H. Putnam, *The Three fold Cord Mind, Body and World*, New York: Columbia University Press, 1999, p.178, n.10.

③　陈亚军：《超越经验主义与理性主义》，江苏人民出版社 2014 年版，第 89—90 页。

步推进的可能和逻辑，杜威也正是以此为基，进一步把经验改造式地推向了"生存论"视域，不仅彻底将"做"上升到本体论地位，也作为意义场为"说"提供了基础。

　　如果说，詹姆斯的"经验"还因为心理主义而呈现为一种个体内省式描述的话，那么，杜威则基于一种自然主义态度而转向了对人的"生存活动"的关注，不仅为经验注入了达尔文意义上的感性的现实内容，也在黑格尔的意义上赋予了经验以理性的历史感。在这种意义上，杜威改造后的"经验""好像与它的同类语生活和历史一样，它不仅包括人们做些什么和知道些什么，他们追求些什么，爱些什么，相信和坚持些什么，而且也包括人们怎样活动和怎样收到反响的，他们怎样操作和遭遇，他们怎样渴望和享受，以及他们观看、信仰和想象的方式——总而言之，能经验的过程"①。经验就是人与环境之间的交互作用和活动，"做""实践""经受"都是其题中应有之义，它作为一种动物的生命现象与活动首先是个体的和自然的，同时又作为人的生活实践因为语言的出现而融入了精神和文化要素，进而成为共同体的和历史的。因为"'生活'和'历史'具有同样充分的未予分裂的意义，……生活是指一种机能，一种包罗万象的活动，在这种活动中机体和环境都包括在内。……'历史'的范围是众所周知的：它是所做的事迹、所经历的悲剧；而且它也是不可避免地跟着人类的注解、纪录和解释"②，所以，经验是一个基于生存的有机统一整体，既包括人的经验活动，也指向经验对象，既包括前反思的"原初经验"，也包括概念化了的"精致经验"，并因此是实践性、时间性、意向性的"生存论"统一。虽然直接承继于詹姆斯，但是很显然，在对传统"经验"的改造之路上，杜威走得更远也更为彻底。不仅因为他消解了传统经验与理性的

---

① ［美］杜威：《经验与自然》，傅统先译，商务印书馆 1960 年版，第 10 页。
② ［美］杜威：《经验与自然》，傅统先译，商务印书馆 1960 年版，第 10—11 页。

二分而重塑了"经验"概念，进而把古典实用主义的经验学说推向了最终的辉煌，也因为他超越了经验主义和理性主义的对立而改造了整个传统哲学，并最终在影响和效应上承诺了"经验学说"的实用主义硬核地位。

随着古典实用主义的衰落和分析哲学的崛起，在与分析哲学融合并深受"语言转向"影响的复兴进程中，"经验"却遭遇了冷视并逐渐被"语言"所取代。然而，以"语言"为出发点的"新实用主义"叙事，尤其是在其代言人罗蒂那里，不仅因为摒弃"经验"而失去了通向"世界"的入口，进而导致了"世界的完全丧失"，也因为"语言"的无所不能而经受着融贯论及其相对主义极端后果的折磨。于是，带着对困境的逃离和克服旨趣，古典实用主义的"经验"又重新被作为救命稻草之一纳入视野，尽管这种"回归"对于实用主义本身而言稍显被动，但却因为新的语境和问题任务而在对其的解释上呈现出一种"主动"。事实上，也正是这种"主动"，承诺并赋予了这种回归以"新"意。

二、新实用主义的"经验"之旅

虽然在后古典时代的刘易斯那里，"经验"依然被作为知识基础来谈论，但其"概念论的实用主义"却更多集中于"语言"或者"概念"的实用主义选择，而就"经验"本身的解释而言，不仅没有体现出真正的"实用主义"立场，甚至还以源于传统经验主义的"所予"形式退向了实用主义的对立面。也正是基于对此的不满，塞拉斯才在《经验主义与心灵哲学》中将批判的矛头直接指向了所予论的典型形态——感觉材料理论，并在一系列著作中借助于对"所予神话"的拒斥展开了其"经验"的新实用主义言说。然而，塞拉斯虽然以"已经包含了命题性态度"为理由拒斥了传统经验主义的"感觉材料"作为知识基础的"所予"地位，但他并没有否认传统经验主义的"所予论"框架，即：知识需要基础，只是代之以具有命题形式的"观察报告"。之所以出现这种所予的残余，根源就在于塞拉斯在阐述"经验"时所做出的康德式区分，譬如"表面的看"和"看"，自然的逻辑空间和理由的逻辑空间，尽管这里残余的所予并不是其批判的那种所予，但毕竟在客观性的诉求上导致了对"所予神话"拒斥的不彻底。

也正是对此的不满和彻底摆脱兴趣，麦克道威尔才从康德走向了黑格尔，并最终基于一种"经验自然主义"框架提出了一条"经验概念化"之路。在麦克道威尔看来，"所予神话的问题在于，在我们需要证成的时候，它最多给了我们无罪辩解"，① 因此，彻底摆脱所予神话，就必须找到一个"合体"，它既能作为未被概念化（经验）的无罪辩解被接受，也能履行概念化（理性）的证成作用，他最终给出的答案是一个颇具调和气质的"第二自然"。然而，这只能是一种弥合二元论的权宜之计，因为，"第二自然"的前提就是证成与无罪辩解的二元区分，因此，麦克道威尔的解决方案不可能彻底消除二元论，也就是说，普特南口中的那个"中间界面"依然存在。不难看出，麦克道威尔的"第二自然"建基于对康德的黑格尔式改良，这种调和策略的确颇具实用主义气质，但是，距离实现实用主义"消除二元论"的核心旨趣和任务却还有很长的路要走，而这也正是普特南哲学的终极目标和期待。

在经历了立场的诸多转向和观点变化之后，普特南最后给出了一种基于自然主义的直接实在论立场的"交互论"，并试图通过将心灵置入经验的丰富和完善进程来消解心灵与世界的二元分离。尽管这种策略也不可能在彻底克服二元论的意义上最终解决心灵与世界的关系问题，但与把二元区分作为理论前提并因此颇具康德韵味的塞拉斯和麦克道威尔这两个匹兹堡学派哲学家相比，普特南似乎更符合"新实用主义者"的身份。而且，对这一问题的讨论也因为"已经在最近两个世纪引向了一些最深刻、最多

---

① J. McDowell, *Mind and World*, Cambridge, MA: Harvard University Press, 1994, p.13.

产的思想"①，从而对"新实用主义"叙事的哲学价值做了最好的诠释。

第二节　匹兹堡学派的实用主义"经验"叙事：
塞拉斯、麦克道威尔

毫无疑问，匹兹堡学派的哲学思想建基于"语言转向"的基本语境并深受其影响，尤其是 20 世纪初传入并盛行于美国、以逻辑经验主义为代表的实证主义更是构成了其直接的思想资源。不仅作为"语言转向"特征的"语言"成为了其谈论的核心概念，而且，实证主义的诸多话题尤其是知识论、实在论等也构成了其话语起点。因为，实证主义的传统经验主义立场决定了其"知识"必然奠基于"经验基础"之上，所以，也不可避免地激起以此为主要论题的匹兹堡学派对"经验"的关注和阐述。然而，无论是"语言"还是"经验"以及以此为基础的经验知识，匹兹堡学派的哲学家们的理解都没有沿着实证主义的路线亦步亦趋，而是在语言转向这个整体语境中，融入了古典实用主义和德国古典哲学尤其是康德、黑格尔的思想。不仅勾画了一条极具"现代感"的独特思路，也在"语言"与"经验"之间关系的创造性处理中，完成了对"经验"的重构式改造。就匹兹堡学派而言，最具代表性和影响力的哲学家就是塞拉斯，以及沿着其关于"法则和规范构想"的足迹行进并因此被称为"左翼塞拉斯主义者"的麦克道威尔和布兰顿。② 因为，在"新实用主义"的谱系中，布兰顿的"分析的实用主义"更多地聚焦于"语言"的内部规范和理性运作，而对"经验"的专属谈论并不集中，所以将其作为实用

---

① H. Putnam, *Words and life*, Cambridge,MA: Harvard University Press, 1994, p.297.

② 孙宁：《匹兹堡学派研究》，复旦大学出版社 2018 年版，第 8 页。

主义的新近代表纳入第五章进行详细讨论，而在本章则把重点聚焦于塞拉斯和麦克道威尔。

一、拒斥"所予"：塞拉斯的"经验"批判与重构

毫无疑问，对于身处"语言转向"语境并深受实证主义影响的塞拉斯而言，"语言"和"知识"理所当然构成了其叙事的逻辑起点和话语主题。然而，如前所述，塞拉斯却没有一味地继承，而是在一种兼容古典实用主义、康德主义和实在论的混合语境中，形成了一种独特的拒斥抽象主义的"认识"思路和"语言"认知。正如他在《经验主义与心灵哲学》中指出的那样，"根本在于，在将一个片段或一个状态描述为认识到的片段或状态时，我们不是在经验地描述那个片段或状态；我们是在将它置于理由的逻辑空间，即证成和能证成我们所说的逻辑空间"[①]，塞拉斯认为，思维就是"用语词思考"，其基本形式就是在理由空间内规范运作的言语表达，即使是内在的片段也是公开的言语行为所派生。因为主张"语言的使用必须基于规范"，而且，继承了从动物性功能到人类的言语行为的康德式区分（或者不连续），所以，在区分了"自然的逻辑空间"和"理由的逻辑空间"之后，塞拉斯继而得出了其"心理学的唯名论"结论："否认有任何对逻辑空间的觉知先于（或独立于）语言习得"。[②] 尽管在这里，塞拉斯似乎与古典实用主义尤其是杜威的"进化论"立场相违背，但它在这种语言及其与认识的关系框架下对"经验"的处理和诠释，却体现出了作为"实用主义同道者"的角色，并最终在对作为实证主义主要论题的"经验主义的基础主义知识论"及其核心支撑"所予"的批判和拒斥中得到了集

[①] ［美］W. 塞拉斯：《经验主义与心灵哲学》，王玮译，复旦大学出版社 2017 年版，第 35 页。

[②] ［美］W. 塞拉斯：《经验主义与心灵哲学》，王玮译，复旦大学出版社 2017 年版，第 35 页。

中呈现。

（一）拒斥"所予"与"经验"重构

无论是从分析哲学还是从实用主义来看，作为两者关键链接点的刘易斯的思想都体现了对经验主义的忠诚，然而，他对知识前提和基础的热衷，也使他不得不在对"所予"的寻求中落入"基础主义认识论"的俗套。不仅因此导致了与实用主义的游离甚至疏远，而且，作为塞拉斯在哈佛学习期间的老师，刘易斯对"所予"的谈论及其面临的困难，也理所当然构成了塞拉斯的问题起点和反思对象。

尽管有人把"所予"概念的首先使用归于刘易斯的《心灵与世界秩序》一书，但"所予论"的基本主张却早在此之前就已经得到了诸多表述。石里克在其著作《普通认识论》中指出："构成任何真正科学的是由定义和认识性判断组成的系统，这种系统开始在许多个别点上与实在系统相一致，而构成这个系统的方式使得这种个别点上的一致随后自动地产生其余所有个别点的一致。在这个判断系统中那些使该系统得以直接建立在实在事实上的命题可称之为基本的判断。"① 在这里，基本判断构成科学体系的根基，因为基本判断必须与实在事实一致且源于对特定经验的直接把握，所以，它实质上就是作为"所予"的"直接经验"。刘易斯则认为，所予就是"在所有经验中都存在着我们能意识到的，不是我们通过思维创造出来也不能一般地加以改变的因素"，② 也就是说，所予作为通过感观呈现给我们心灵的可感事物的特性，不仅因为构成了经验的直接因素而具有了直接性和稳固性，也因为可以在不同的经验中反复出现而成为了经验知识的确定基础。尽管经验中还包括对所予物的解释和构造等其他概念性因素，但这种非概念性的直接材料仍然作为经验的必要成分且与

---

① ［德］石里克：《普通认识论》，李步楼译，商务印书馆 2005 年版，第 104 页。

② 李国山编：《刘易斯文选》，李国山、方刚等译，社会科学文献出版社 2007 年版，第 96 页。

前者相互独立，为知识提供了"所予"性基础。虽然刘易斯也承认这种"所予"概念与"感觉材料"同义，但毕竟没有以此为名，而作为塞拉斯批判和拒斥对象的"所予论"的典型形态"感觉材料理论"，则是在罗素的进一步发展基础上完善而成的。罗素把在感觉中直接认知的东西叫做"感觉材料"，并因为其自我确证性、直接性和不可怀疑性而构成了感知觉的基础。因为感知觉就是对感觉材料的认识，并作为亲知性知识构成了所有知识的基础，所以，感觉材料不仅是经验知识的必要基质，也为理解知识提供了可靠根据。在这种意义上，经验必须而且本质上就是一种纯粹的"所予"，正如罗素总结描述的那样："感觉、知觉和经验在本质上是前语言的经验；我们可以推测它们在动物那里与在我们这里并没有太大的不同"。①

尽管对"所予"论的表述各种各样，且对"所予"的理解也不尽相同，但在塞拉斯看来，所有的"所予"无非都必须满足两种知识功能并因此具有两个基本特征：第一，为了成为知识的基础，所予必须具有阐明的直接性和非推论性特征，即：所予作为感觉材料必须是直接的、未被概念化的；第二，为了能够保证为知识提供有效、可靠的辩护，就必须在经验知识与世界之间确立某种联系，进而确保其在认识论上的有效性。事实上，塞拉斯对所予论的经典形态"感觉材料理论"的批判，也正是从对"感觉材料"的这些所予特征的批驳开始并展开的。

在批判性地考察了"感觉材料理论"的两个核心想法——即：(1)"存在某些内在片断——例如，关于红或关于 C# 的感觉，没有任何在先的学习或概念生成过程，它们也能发生在人类（和野兽）身上；没有它们，在某种意义上就不可能看到（例如）一个物理对象表面是红的和三角形的，或听到某一物理声音是 C#。(2)这个想法，即存在某些内在片断，它们

---

① B. Russell, *Human Knowledge: Its Scope and Limits*, Routledge, 1948, p.441.

是非推论地认识到某些项是（例如）红的或 C# ；这些片断给所有其他经验命题提供证据，是经验知识的必要条件"，①——之后，塞拉斯便得出结论说，感觉材料并不是完全独立的，而是在我们获得经验的过程当中就已经包含了命题性态度，"感觉材料'语句'间不存在独立的逻辑关系。之所以看上去好像存在这种独立的逻辑关系，是因为这些'语句'看上去像语句，它们的真正部分是在日常用法中发挥逻辑语词功能的语音和语形"。② 换句话说，根本就不存在非推论的经验所予，因此，也无法承诺其作为经验知识基础和认识的逻辑起点的直接性和客观性。而且，因为经验知识的辩护也必须在由"语言"参与的理性关系的理由空间内进行，所以，即使是"非推论"的，也因为隶属于与"理由的逻辑空间"相对的"自然的逻辑空间"而不可能为知识提供有效的辩护。至此，无论是作为知识基础的非推论性还是认识论的有效性，感觉材料都无法胜任"所予论"者所赋予它的使命，并因此被视为"神话"予以拒斥。

值得注意的是，在拒斥"所予"的同时，塞拉斯也完成了对传统经验主义的"经验"概念的批判性重构。因为，在塞拉斯的"心理学唯名论"视域下，思维就是语言的使用，任何意义都是命题性的，作为命题的意义也必然和其他命题联系在一起，不存在任何先于或独立于语言习得的对逻辑空间的觉知，所以，"经验"本身也不可能是纯粹的"非推论的"，而是因为早在获得过程中就已经包含了命题性态度而渗入了语言，并因此被"概念化"了。正如塞拉斯在描述作为所予预设的"内在片断"时指出的那样，"关乎在思想这种内在片断的概念原初根本上是主体间的。……语言根本上是一项主体间的成就，是在主体间的语境中学会的，……与'内

---

① ［美］W. 塞拉斯：《经验主义与心灵哲学》，王玮译，复旦大学出版社 2017 年版，第 17—18 页。

② ［美］W. 塞拉斯：《经验主义与心灵哲学》，王玮译，复旦大学出版社 2017 年版，第 22 页。

在片断'的'私人性'并不矛盾"。① 实际上，也正是在这种"概念化的经验"上，我们体会到了塞拉斯思想的浓厚实用主义气息，不仅在某种康德意义上找到了皮尔士"概念化经验"的古典实用主义影子，而且，也因为表征了一种"认识论的行为主义"而嗅到了"语言转向"后的某种"新实用主义"味道，用罗蒂的话说就是，"我们证成断言的实践不需要任何经验基础或'本体论'基础"。②

（二）塞拉斯的"经验主义"后果及其限度

随着塞拉斯对传统经验主义认识论对作为基础的"感觉材料"所承诺的"所予"特征的批判，经验主义基于前概念的"所予"来解释概念习得的基础主义计划失败了。然而，塞拉斯对"所予神话"的拒斥，虽然否认了"感觉材料"作为经验"所予"的可能性，但却没有彻底否认经验知识对基础的诉求和依赖，正如他坦承的那样："如果说我拒绝了传统经验主义的思想框架的话，那可不是因为我想说经验知识没有基础。因为，若这样看待它，就是暗示它实际上是'所谓的经验知识'，从而把它置入了谣言惑语之中。"③ 很显然，塞拉斯虽然认为基础不可能是感觉材料之类的非概念性、非推论的经验所予，但不代表经验知识不需要基础。在这种意义上，塞拉斯并没有放弃基础主义的基本框架，甚至就像匹兹堡学派另外两个代表麦克道威尔和布兰顿解读塞拉斯时所共同承认的那样，他根本就没有放弃经验主义立场。换句话说，塞拉斯的主要目的只是寻求一个"感觉材料"的替代物，或者成功地阐明"我们怎么会理解我们直接觉知心理

---

① ［美］W. 塞拉斯：《经验主义与心灵哲学》，王玮译，复旦大学出版社 2017 年版，第86 页。

② R. Rorty, *Philosophy and the Mirror of Nature*, Princeton: Princeton University Press, 2009, p.188.

③ W. Sellars, *Empiricism and the Philosophy of Mind*, Cambridge, MA: Harvard University Press, 1997, p.78. 参见 ［美］W. 塞拉斯：《经验主义与心灵哲学》，王玮译，复旦大学出版社 2017 年版，第 62 页，译文有改动。

片断——包括我们每人都有限地却真实地享有的这样的内在片断——而不承诺所予神话"① 而已。

于是，塞拉斯基于对经验"所予"的批判经验，开始了对这种基础的寻求，并最终选择了用具有命题性因素的观察报道来取代经验所予作为知识的基础。正如他明确指出的那样，"下述图景显然是不无道理的：人类知识是建立在命题的这样一个层次——即观察报道——的基础之上的，这些命题并不像其他命题以它们为基础那样以其他命题为基础"。② 事实上，在不陷入所予神话的前提下探究作为知识基础的非推论性报告的可能性，也正是其著作《经验主义与心灵哲学》除拒斥"所予神话"之外的另一个主要任务。塞拉斯首先基于一种康德式思维模式，对经验与思维进行了明确区分：前者隶属于"自然的逻辑空间"，用以承诺知识的客观性；而后者则隶属于"理由的逻辑空间"，用于保证对知识的有效辩护。从更深层面上看，这种区分实质上就是"心灵与世界"的区分，类似于康德的现象与物自体的区分。而塞拉斯的任务就是在这种二分框架下，论证出一种既能保证基础的客观性又能承诺辩护的有效性的"非推论性"观察报告的可能性。他从康德的"直观"概念中得到了启发，并认为，观察报道就是一种包含特殊概念运作的非推论性报告。

然而，塞拉斯的计划似乎并不成功。在康德的二分框架下，作为"自然的逻辑空间"的知觉经验，之所以能为知识提供"理由的逻辑空间"的确证和辩护，是倚靠对外在于概念能力的世界本身的表象杂多进行整理的"形式直观"来保证的，这种整理因为并不包含概念的运作，所以实质上

---

① ［美］W. 塞拉斯:《经验主义与心灵哲学》，王玮译，复旦大学出版社 2017 年版，第 140 页。

② ［美］W. Sellars, *Empiricism and the Philosophy of Mind*, Cambridge, MA: Harvard University Press, 1997, p.78. 参见 ［美］W. 塞拉斯:《经验主义与心灵哲学》，王玮译，复旦大学出版社 2017 年版，第 63 页，译文有改动。

就是一种先验的"所予"。而塞拉斯视为基础的观察报告却作为命题性的直觉经验而处在"理由的逻辑空间"之中，因此不可能在"自然的逻辑空间"意义上提供关于世界认识的客观性承诺，但是，作为经验知识的基础，却必然要求其保证客观有效性。虽然塞拉斯将客观有效性归于"表象借助于直观的综合统觉的必然统一"，并以"融贯的可表征内容"的形式通过主体间性来保证和实现，正如他说明的那样："可表征内容的系统既是主体间性的又是综合的，但同时也是个体化的",[①] 但无论如何，这种客观性承诺仍然是基于概念运作的，因此也不可能具有说服力。正如麦克道威尔所评论的那样，"即便是在塞拉斯那里，说事物给予我们被我们认识并没有任何不对的地方。只有当我们没有将必要的要求强加给所予的获得时，所予才变成一种神秘———一个大写的所予概念。……避免所予神话要求理性能力在经验本身之中，而不只是在回应经验的判断中的运作。"[②]

显然，观察报告之所以陷入上述困境，根源就在于塞拉斯从一开始就遵从康德做了两个空间的截然区分和归属。在这种二分框架下，观察报告要完成对客观有效性的双重保证，要么与作为前提的二分框架相冲突，要么就必须采用康德的"先验所予"，从而回归"所予神话"，尽管这种"所予"因为是先验的而不同于塞拉斯本人所批驳的那种"经验所予"。不仅如此，塞拉斯拒斥"所予神话"后对经验主义认识论的基础主义的留恋，也源于这种譬如经验与思维的二分。从本质上看，都源于传统哲学中的"二元论"，而这也正是实用主义在改造哲学的旗帜下所极力批判的标靶。事实上，正是对这种传统哲学二元论的秉承和遗继，不仅拉大了塞拉斯与实用主义之间的距离，也构成了其思想的最终限度。而这种二元论残余及其导

---

① W. Sellars, *Kant and Pre-Kantian Themes: Lectures by Wilfrid Sellars*, Atascadero: Ridgeview, 2017, p.199.

② [美] J. 麦克道威尔：《将世界纳入视野》，孙宁译，复旦大学出版社 2018 年版，第 244 页。

致的塞拉斯对"所予"拒斥的不彻底，则构成了匹兹堡学派的另一个重要代表人物——麦克道威尔——的哲学问题和逻辑起点，并最终通过一条对康德的黑格尔式重构路径，完成了对"经验自然主义"学说体系的建构。

二、经验自然主义：麦克道威尔的调和方案

作为匹兹堡学派在当代的主要代表，麦克道威尔的哲学进路显然是以塞拉斯论题为起点的。不过他认为，塞拉斯虽然拒斥了"所予"，却没有彻底摆脱所予神话，尽管这种所予的残余并不是他批判的那种所予。因为，作为塞拉斯拒斥所予神话基本前提的印象和思维、经验与语言的二分并不存在，而且"概念能力是运作于感受性之中的，而不是作用于某些预先设定的感受性运作之上的"①。于是，与塞拉斯在二分基础上更注重把经验导向概念化的语言不同，麦克道威尔在摆脱"所予神话"的策略上，显然更倾向于消解二分基础上主体运用概念能力的概念化"经验"，而更强调自发性的"自然"运作，不仅在"将经验导向和归并于语言"之外的另一条路径上把"经验"改造推向了"极端"，并因此给出了一种基于"先验"解释的超越"所予论／融贯论"的"最低限度的经验主义"立场，也在风格和思路上实现了从康德到黑格尔的转向。实际上，麦克道威尔的"最低限度的经验主义"立场及其提出的第二自然的经验自然主义，就是旨在消解塞拉斯的康德式二元区分而提出的一种调和方案。通过这种调和，他不仅提供了知识客观性的有效限制，也重塑了心灵与世界的关系，并因此在"将世界纳入视野"中让意义和价值有了寓身之所，而这也正是实用主义的精神体现和强调所在。

（一）经验的概念化改造极端与"最低限度的经验主义"调和

如前所述，麦克道威尔对塞拉斯拒斥所予神话的彻底性显然是持怀

---

① J. McDowell, *Mind and World*, Cambridge, MA: Harvard University Press, 1994, p.10.

疑态度和不满意的，根本原因就是其作为前提在印象和思维、"自然的逻辑空间"与"理由的逻辑空间"之间做出的明确界分。在麦克道威尔看来，正是这种二元论框架，使得塞拉斯的拒斥只停留在了小写的"感觉材料"所予，而对大写的所予及其背后的基础主义立场却没有实质性撼动，以至于他试图寻找另一种所予即"非推论性观察报告"来取代"感觉材料"作为知识的基础，并最终呈现为《经验主义与心灵哲学》一书的另一个核心任务。然而，这并非这种"不彻底"的全部，甚至也不是最让人担忧的。如果说这种意义上的"不彻底"还仅仅限于对所予神话的"拒斥"层面，那么，在"经验"改造的"建构"层面则会带来更为严重的后果。事实上，这种承继于康德的二元框架不仅直接导致了塞拉斯"非推论性观察报告"方案的失败，也因为堵塞了二元之间的弥合路径而只能在非此即彼的选择中将"经验的概念化"诉诸向"语言"的导向和归并。在这种"经验"改造和重构路径语境下，基础主义阴魂犹在，融贯论陷阱丛生。

塞拉斯对"经验"的改造集中呈现于对非推论性观察报告的寻求和可能性论证之中。借助于对康德"直观"概念的重释，塞拉斯论证说，直观并不是纯粹的感受性，不是印象那样的"表面的看"，而是一种已经渗透了特殊概念性运作的"看"，一种作为"语言转化入口"和包含"命题性内容"的非推论性报告。在这种意义上，"经验"不仅因为统觉的"综合性"而渗透了"概念性"运作，也因为可表征内容的"主体间性"而保证了认知的客观有效。不难看出，塞拉斯的基本思路是首先对印象和思维、感性与理性做出严格区分，然后再讨论"经验"之中融入"理性"的可能，或者说，在"经验"之上赋予"语言"，进而实现对经验的概念化，并以此作为知识的基础。然而，也正是这一点遭到了麦克道威尔的质疑。在他看来，"避免所予神话要求理性能力在经验本身之中，而不只是在回应经验的判断中运作"①，而印象与思维、看与"表面的看"之间的区分，恰恰将我们禁锢在了"在材料之上强加主体能力"或者"将经验导向或归并为语言"的经验改造模式之中。而且，这种概念性，也不仅仅限于"看"，还可以更进一步延伸到"表面的看"，因为"由世界冲击我们的感觉所引发的印象本身当中已经包含了最基本的概念内容"②。

麦克道威尔认为，经验既不是概念能力的实现结果，也无需"包含所有经验让我们非推论性地获知的内容"③。对经验的改造和重构，也不必停留于"给感觉强加上理性能力"或"将经验导向或归并于语言"，因为，经验（印象、感觉）既不是心灵通达世界的必然界面，进而作为知识的必然基础流于"基础主义"俗套，也无需被直接"理性化"和"概念化"而无摩擦地旋转于观念的虚空之中，从而陷入"融贯论"陷阱。相反，我们应该将概念能力的运作视为心灵对世界的直接性操作，进而将经验理解为原初形成中的感受性和自发性基于先验契约关系之上的协同运作。这种经验，既包含被动地接受外部的冲击，也包含概念能力的自发运作，前者呈现为感受性的感觉印象，而后者则是自发性的概念内容。然而，感受性与自发性并不是割裂的，感受性也不是作为概念能力自发性运作的基础存在的，因为在这里，概念能力的自发运作并不需要一个非概念的"材料"作为基础，而是心灵通达世界的直接实践者。因此，经验也不是一个材料对一个外在的"概念能力"的赤裸获得，而是一个内在的概念能力自发运作的过程、状态和结果，换言之，经验作为世界对感官的冲击从一开始并且全部是以概念形式完成的。

---

① ［美］J. 麦克道威尔：《将世界纳入视野》，孙宁译，复旦大学出版社 2018 年版，第 244 页。

② J. McDowell, *Mind and World*, Cambridge, MA: Harvard University Press, 1994, pp.9-10.

③ ［美］J. 麦克道威尔：《将世界纳入视野》，孙宁译，复旦大学出版社 2018 年版，第 244 页。

至此，麦克道威尔通过将概念能力的前置完成了对经验的改造和重构。然而，值得注意的是，虽然同样是经验的概念化，但与塞拉斯和传统的经验主义相比，不仅在经验改造的直接结果上更为"极端"，在间接的理论后果上也完全不同。之所以称之为"极端"，是因为麦克道威尔并没有像塞拉斯那样将"语言加予经验之上"从而将经验导向和归并于二元分立的另一极"语言"，而是将概念性从直观进一步延伸到了传统被视为感觉材料基础的"印象"，进而把所有经验都纳入了概念领域。不仅因此否定了传统意义上被视为知识基础的"感觉材料"的可能性，也没有为二元论框架下的任何这样的基础保留存在的空间。正是在这种意义上，我们说麦克道威尔实现了对基础主义的更彻底的克服。然而，在传统的经验语境中，这种客观基础的瓦解，势必会引发源于外在世界的"外部摩擦"丧失的危险，并因此导致融贯论意义上的心灵空转。尽管麦克道威尔解释说，感受性并不是自发性的被动材料基础，而是同一个能力的不同方面，并因此获得了进入理性的逻辑空间的资格，进而通过对信念的证成使得世界对知识构成了合理性限制，但是，这个经验世界显然已经不是那个外在的客观世界了。因此，要想保证"外部摩擦"的客观有效而不滑向观念论，就必须保持其作为实在的独立性。

于是，麦克道威尔给出了一个"调和"方案，即：虽然外在的客观世界消失了，但在概念领域中展开的经验世界，仍然可以在规避观念论的前提下提供有效的实在论意义上的外部摩擦。他建议，不要把这种摩擦理解为源于世界的外部限制，而是要将其置入感受性和自发性协同运作的动态系统之中。因为这种协同运作，不仅受到一种先验契约关系的限制，而且作为"我们的本性的一部分，……概念能力一定是自然的"，① 并因此保证了经验世界作为实在的独立性。首先，感受性和自发性的协同运作并非主

---

① J. McDowell, *Mind and World*, Cambridge, MA: Harvard University Press, 1994, p.87.

观和随意，而是遵循着某种先验的"契约"关系，并通过概念性运作的一致性呈现出来。概念性运作不同于命题性的概念运用，它甚至不要求必然清晰的语言表述和逻辑推论，而是对经验本身或者不同知觉表象的综合统一性的先验说明，因为"对于事物是如此这般的判断可以以事物是如此这般的知觉表象为基础"。① 在这里，感觉和知觉并没有区分，概念能力通过感性意识发挥作用，而不是以语言的方式呈现世界，感受性和自发性在表象的综合统一中保持着一种先验的平等和协同。事实上，也正是这种"先验契约"，使得概念能力成为了一种"隐含客观意义的思维能力"② 而不再主观，并因此承诺了经验世界的实在独立性。与此同时，在这个协同运作系统中，概念能力的运作也不是心灵对世界的操作，而是自发地运作于感受性之中，而非作用于某些预设的感受性之上，并一起直接参与了整体的知觉过程。在这种意义上，"世界虽然并不外在于概念空间，但却外在于自发性的运作"③，而恰恰是这种自发性，再一次限制了作为协同运作结果的经验的主观性，并因此保证了"外部摩擦"的客观有效。实际上，正如麦克道威尔指出的那样，"我们对于经验发生的控制是有限的，我们可以决定将自己置于何处，将自己的注意力定位于何处，但所有这些与我们将经验到什么并无关系"④，而这也正是其"最低限度的经验主义立场"的坚持和要义所在。

在这种立场下，虽然把甚至包括"感觉材料"在内的经验全部纳入概念领域的路径通过瓦解传统的"经验"概念而摒弃了传统经验主义，但并不意味着要否认一切形式的"经验"和经验主义。在这种彻底概念化的新

① J. McDowell, *Mind and World*, Cambridge, MA: Harvard University Press, 1994, p.107.
② ［美］J. 麦克道威尔:《将世界纳入视野》，孙宁译，复旦大学出版社 2018 年版，第 134 页。
③ J. McDowell, *Mind and World*, Cambridge, MA: Harvard University Press, 1994, p.146.
④ J. McDowell, *Mind and World*, Cambridge, MA: Harvard University Press, 1994, p.10.

"经验"视域下，世界的实在性存在既得到了承诺，也没有堕入观念的纯粹主观；虽然否认了二元论框架下的任何实在论意义上的基础主义可能，但也保证了这个经验世界提供的"外部摩擦"对知识限制的客观有效。在这里，世界与心灵、实在与知识都运行良好。因此，麦克道威尔认为，我们无需完全摒弃经验主义，但也不是在传统的意义上坚持，而是应该在最低限度的意义上坚持，而且，坚持的是一种经验重构基础上的"新经验主义"。实际上，这种"最低限度的经验主义"，就是麦克道威尔为避免二分框架下的"两极"陷阱而找到的一条中间道路，一种调和路径，不仅是对传统经验主义和理性主义的调和，也是对观念论和实在论的调和，并最终落实为一种"概念实在论"。

（二）心灵何以应答世界：从第二自然到"将世界纳入视野"

经验的改造和"最低限度的经验主义"立场的确立，显然不是麦克道威尔的目的，正如其著作《心灵与世界》的标题所标明的那样，其理论旨趣和目标是借助经验的改造重审心灵与世界的关系，进而回答"心灵能否应答又何以应答世界？"的问题。麦克道威尔认为，现代哲学关于这一问题（忧虑）的解答有两种立场，一是"赤裸的自然主义"，这种立场基于一种还原论的基础主义，"旨在驯服概念能力，使其待在被构想成规律领域的自然之内"，从而在"所予"的保证下让思维指向经验、让心灵应答世界；另一种立场是"膨胀的柏拉图主义"，它坚持自然和理性、思维和经验的严格二分，反对将理性自然化，而是在融贯论的意义上将经验导向语言、将自然归于理性，并因此得出结论说："思维无需答复经验，心灵也无法应答世界"。然而，在麦克道威尔看来，这两种立场（前者是塞拉斯拒斥的、后者是其坚持的）都因为二元论的话语框架而无法解释思维和经验、心灵与世界的关系，换句话说，普特南担心的"界面"问题依然未决。因此，要避免前者的基础主义、"所予神话"困境和后者的"超自然主义"、世界消失的危险，进而彻底解决"思维何以答复经验、心灵何以应答世界"的问题，就必须找到一条能够最终解释思维和经验、心灵与世界关系的全新道路。麦克道威尔给出的答案就是对经验的概念化改造，并最终凝聚为"第二自然的自然主义"方案。

如前所述，麦克道威尔对经验的概念化改造，源起却又不同于塞拉斯。在塞拉斯那里，自然的逻辑空间和理由的逻辑空间被严格界分，就分别归属两个空间而言，思维无法也无须答复经验，因此，要保证知识的基础和有效，就只能"将经验导向并归于语言"，进而在判断层面运用概念能力的意义上，谋求获得一种"非推论的观察报告"。然而，麦克道威尔却更进一步，认为我们对概念能力的运用不仅仅停留于判断层面，而是在感觉经验层面就已经自发地展开了概念性运作，经验就是原初形成中的感受性和自发性基于先验契约关系之上的协同运作。换句话说，运作于理由空间中的那些法则和规范已经在自然空间中自发展开了，自发性和感受性并不是在两个空间的绝对分属之后的结合，而是在空间分属之前的感觉层面就已经协同运作了。在这里，感受性和自发性在经验的原初形成中被统一起来，而它们所分属的两个空间的二元对立也就此消解，因为，原本分属于"理由空间"的概念能力已经自发运作于"自然空间"之中了。事实上，也只有如此，经验才能被彻底概念化，进而保证了思维对经验的可答复性。

不难看出，麦克道威尔的经验改造不同于塞拉斯的关键之处，就在于他将思维概念能力的运作从"理由空间"的判断层面前置到了"自然空间"的感觉层面，概念能力的运作也从"主体的主动使用"变成了"自然的自发展开"。而这些在自然空间中自发展开的原本运作于"理由空间"的法则和规范，显然既不是赤裸的自然主义的"自然"，也不属于塞拉斯意义上的"理由"，麦克道威尔称之为"第二自然"。在他看来，第二自然就是"作为结果而出现的思想和行为习惯"①，是人的实践智慧的一种确定

---

① J. McDowell, *Mind and World*, Cambridge, MA: Harvard University Press, 1994, p.84.

形态①。毫无疑问，麦克道威尔之所以区分"第一自然"和"第二自然"，并不是要在"第一自然"基础上再造一个自然，而是试图在与其他非理性动物的对比中来强调和说明"第二自然"区别于传统的前对象化的"第一自然"的人类性、文化性和教化性，进而提供一个打通二元对立的"第二自然的自然主义"方案。在第二自然的"世界"中，概念性能力不仅在"理性"空间中被主动使用，也在"自然"的经验中自发展开。感受性和自发性就此被彻底打通，在承诺了经验的彻底概念化的同时，也消解了理性与自然、思维和经验、心灵与世界之间的二元对立；而理由空间中的运作被拉入经验则保留了来自世界的冲击，既保证了思维对经验的可答复，也实现了对所予论/融贯论语境的超越。至此，我们可以说，就其思想主题和诉求而言，麦克道威尔在《心灵与世界》中提出的"第二自然的自然主义"方案运行良好，最起码已初步达成了目标。

然而，对于麦克道威尔彻底解决"心灵何以应答世界？"这一终极诉求而言，"第二自然的自然主义"方案似乎并不充分。因为，要真正回答"心灵何以应答世界？"关键不是对原有"世界"的消解，而在于对新"世界"的客观性确认。虽然"第二自然"通过打通感受性和自发性拒斥了传统二元论框架下的"自然"，但并没有真正完成对"世界"的承认，换句话说，对思维与经验关系的认识论阐释和说明并不足以承诺和保证"世界"的本体论客观性。如前所述，尽管麦克道威尔在感受性和自发性的协同运作中一直强调，概念能力在感觉经验中的运作是自然的、原初性的，但在以人类性和文化性作为特征标识的"第二自然"中，概念的运用依然具有极强的主体特征，而要保证"世界"的客观性，就必须对这种主体性进行限制，否则，世界的确认便无所依凭，进而依然面临"丧失"的危险。然而，在这种"主体"语境中，麦克道威尔并没有多少选择，只能像以塞拉斯和戴

---

① J. McDowell, *Mind and World*, Cambridge, MA: Harvard University Press, 1994, p.84.

维森为代表的第二种立场那样，将这种限制诉诸理性的主体间性、社会性和公共性，于是，融贯论的"心灵空转"风险便又一次幽灵般出现了。

不难看出，问题的关键在于"第二自然"仍然无法消除对主体运用概念能力的强调，进而只能从"主体"出发去寻求世界的客观性。而只要把客观性仅仅归于思维的后果，即便是基于主体间的公共后果，也无法彻底走出"二元论"的主体性语境从而获得根本性确认，正如福多批评的那样："'第二自然'的提出只不过是一个弥合二元论的步骤"①。经历了对"第二自然"的批评与回应后，麦克道威尔本人也意识到，仅仅通过将概念能力的运作拓展到经验层面来打通二元鸿沟，并无法消解掉这种主体性依赖从而达到彻底的主客平衡，而这种平衡恰恰是世界的客观性得以确认和把握的关键之匙，因为，"拓展理智自由范围的意义在于实现主客之间的平衡，不让其中任何一方处于优先地位。……客观性只有作为此结构的一部分才能得到理解"②。显然，第二自然的语境已经不能胜任，要实现这种平衡，就必须对思维与经验的辩证统一关系进行更充分的阐释，尤其是对概念能力的自发性运作进行更准确的说明，而且，我们也无需为了将理性纳入自然而另外设定一个"第二自然"，于是，为了更准确地表达这种设想和方案，麦克道威尔建议用"将世界纳入视野"取而代之。

"将世界纳入视野"也被麦克道威尔称为"世界观"，因为，拥有什么样的世界观，就意味着用什么样的方式将世界纳入视野。在他看来，世界观就是人类整体对世界意义整体的体认。它要表达的，不是主体通过主动运用概念能力而获得对世界的感知，不是经由主体将概念能力加诸经验之上，相反，是作为概念能力总体的世界观为我们的认知提供了一个总体情

---

① Jerry Fodor, *In Critical Condition: Polemical Essays on Cognitive Science and the Philosophy of Mind*, Cambridge: MIT Press, 1998, p.7.

② ［美］J. 麦克道威尔：《将世界纳入视野》，孙宁译，复旦大学出版社 2018 年版，第 141 页。

景基础，进而自发运作于经验之中。"换言之，获得第一个概念能力之前必须获得一个与纯粹知性原则相一致的世界观。……世界观是将客观意义赋予直觉经验的基础。"①实际上，我们的知觉发生和形成的过程就是世界涌现和被把握的过程，主体习得第二自然的过程就是世界观展开的过程。在这个过程中，我们直接与世界展开互动，概念能力与世界相互塑造，心灵在塑造世界的同时也遭遇了来自世界的摩擦。在这种意义上，世界观就是被概念把握了的世界本身，而世界的客观性也不再是从主体出发的主观寻求，而是在世界观的自身客观性之中得以确认，事实上，这也正是麦克道威尔的"寂静主义"的要义所在。

按照孙宁基于德国哲学语境的分析，麦克道威尔从"第二自然"到"将世界纳入视野"的转向，是受到了黑格尔的启发而对康德进行的改造，并因为没有走向黑格尔的"思维与世界的本质同一"终局而最终落实为一种"黑格尔式的康德主义"②。就其思想渊源而言的确如此，但从其思想主题和线索上看，转向的根本原因依然是基于对"第二自然"中的二元论残余的不满而对经验的概念化改造的彻底化推进。在这种意义上，从"第二自然"到"将世界纳入视野"，与其说是一种转向，倒不如说是其运思路径的精致化实现。正是通过"将世界纳入视野"这种理论完成形态，麦克道威尔不仅因为清除了二元论残余完成了对其的彻底拒斥，也因为重塑了心灵与世界的关系而消解了"界面"担忧，进而从容面对"心灵何以应答世界？"问题。

事实上，也正是在这里，我们看到了麦克道威尔的实用主义者、最起码是实用主义同道者形象。不仅拒斥二元论的立场、实用主义的方法论和人文精神在其"第二自然的自然主义""最低限度的经验主义"和"将世

---

① ［美］J. 麦克道威尔:《将世界纳入视野》，孙宁译，复旦大学出版社 2018 年版，第 34 页。

② 孙宁:《匹兹堡学派研究》，复旦大学出版社 2018 年版，第 94—95 页。

界纳入视野"中得到了创造性应用和彰显，而且，更为重要的是，古典实用主义的经验主题及其改造旨趣也在其经验的概念化改造中得以跨代性延续和推进，并直接作为承转界碑催生了新实用主义的经验叙事。如果说"语言"与"经验"的双重变奏构成了实用主义叙事的核心线索，那么，麦克道威尔则是"古典"之后尤其是语言转向背景下为数不多且较早明确关注"经验"的哲学家，不仅使得古典实用主义的经验主题得以重现，也为"语言"主流的新实用主义叙事开辟了"经验"转向的空间。然而，如前所述，麦克道威尔的经验改造并没有沿着"将经验导向并归于语言"的概念化路径行进，而是直接将概念能力前置在判断层面之前的感受性之中，进而通过"将世界纳入视野"实现了经验与语言的自然合一，从而彻底超越了语言／经验的二元语境。不仅以古典之后的另一种"新"方式承续性回应了杜威的"生存论"经验阐释，也因为彻底突破了"概念"和"语言"的主体囿限而开辟了一条新的经验言说路径，也正是基于此，我们说麦克道威尔的经验话语构成了实用主义经验叙事的承转界碑。而在新实用主义的经验叙事中，尤其是围绕心灵／世界关系和"分界面"问题，与麦克道威尔展开直接对话并受其影响最大的哲学家之一便是另一个新实用主义的著名代表普特南了。

第三节　普特南的"经验"追问及其实用主义后果

如果说在新实用主义的叙事中，围绕"语言"和"经验"的变奏和互动形成了"语言派"和"经验派"两大阵营的话，那么，普特南无疑就是"经验派"的最著名代表了。然而，普特南的经验叙事，既不是像古典实用主义的詹姆斯、杜威，也没有像匹兹堡学派尤其是麦克道威尔那样直接从认识论的"经验"概念切入，而是在一个更广阔的本体论语境中间接展开的。立于分析哲学问题的解决旨趣，普特南从分析哲学内部展开了对形而上学实在论的批判，并最终在从"科学实在论"到"内在实在论"再到"自然实在论"的转变中实现了对实在论的实用主义重构。也正是基于这样一种实用主义的实在论语境和诉求，普特南将标靶对准了传统实在论症结所在的"分界面"问题，并围绕其清除展开了对以"知觉"为核心的"经验"追问。不仅因为思想进程中明确的实用主义线索和理论旨归呈现了从分析哲学到实用主义的整体哲学转向，也因为基于本体论的广阔哲学论域及其鲜明的实用主义立场而赢得了"实用主义者的当代最重要哲学家"①的美誉，而基于此语境展开的经验追问，也因为路径和诉求的"新"气质成就了新实用主义经验叙事的标识，并与"语言派"的罗蒂一起作为左右两翼的代表成就了新实用主义的两座丰碑。②

一、"实在论"的实用主义批判与重构

如前所述，普特南的经验叙事并非直接从"经验"概念入手而是在一个本体论语境中间接展开的。因为，对于作为分析哲学家的普特南而言，原初的哲学聚焦理所当然是"语言"尤其是语义问题，而对"经验"的关注和追问，只是在发现了其本体论根源并因此进行的实用主义重构中，由作为"分界面"的"知觉"的讨论和清除延伸而至的。在这种意义上，普特南的新实用主义经验叙事，既不是从"经验"概念开始，也没有直接建基于"实用主义"，相反，是语义问题引发的对经验的本体论追问和实用主义自觉。因此，对普特南新实用主义的探究，也理所当然应该从分析视域中的语言问题，准确地说，应该从其语义学理论开始。

---

① R. Rorty, *Truth and Progess, Philosophical Papers, Vol.3*, Cambridge, MA : Cambridge University Press, 1998, p.213.

② 陈亚军：《罗蒂与普特南：新实用主义的两座丰碑》，上海人民出版社 2016 年版，"序言"第 1 页。

众所周知，普特南新语义学理论建基于对传统语义学的批判和改造。在他看来，传统意义理论作为一种心理主义语义学有两个基本预设：第一，知道词语的意义就是处于一种特定的心理状态；第二，词语的意义决定了其外延。然而，山毛榉和榆树以及孪生地球的例子却证明，意义既不是个体的心理状态也不是集体的心理状态，于是，他得出结论说，"意义根本不存在于头脑之中"①，换句话说，心理状态并不能确定语词的意义。既然意义不能内在地确定，那么，就只能转向外在的"外延"，"不是把意义视为决定指称的实体，而是将其看做由指称所决定"②。基于这种语义外在论，普特南提出了语言劳动分工和因果指称理论，并认为，语言的意义不是由个人确定，而是一种社会行为，由社会成员之间的合作来确定的。具体说来，首先由专家来对某些词语进行描述和使用，然后由共同体之间的历史因果链将这个指称固定下来。那么，专家对语词的使用又是依据什么呢？普特南认为，是依据他对事物的内在本质的正确认识，而内在本质则是只有科学才能真正揭示的。也就是说，就普特南的因果指称理论而言，除历史因果链外，指称的最终确定还需要环境因果作用的加持，意义的稳定性也必须在科学对世界本质的真理性揭示那里获得保证，也正是在这里，我们看到了普特南明显的科学实在论立场。

普特南科学实在论立场的另一个集中体现是其在心灵哲学领域坚持的功能主义。受图灵"机器能够思维"观点的启发，普特南建议将大脑视为一台"功能同构"的图灵机，这样，不仅传统心灵哲学的"私人感觉"因为被外在化而不再隐秘，而且"身心同一性"问题也可以在功能状态同一的意义上得到解决。尽管这种理论将大脑从传统的"物理实体"中解放出来并落实为一种"功能状态"，但仍然是将心理状态向大脑的功能状态和

---

① H. Putnam, *Reason, Truth and History,* Cambridge: Cambridge University Press, 1981, p.19.

② H. Putnam, *Mind, Language and Reality, Philosophical Papers, Vol.2,* Cambridge: Cambridge University Press, 1975, p.x.

"图灵机"状态的一种基于科学解释的还原，并因此同样凸显为一种科学实在论立场。其实，在语义学的历史因果链和对功能主义的后期修正中，普特南已经意识到并强调了历史、文化和社会因素的作用，但无论是指称／意义的确定还是功能状态的还原，都不得不最终取决于科学对世界本质的真理性揭示。换句话说，这两种理论的合理性，都最终取决于将科学真理视为唯一符合客观世界本质的正确认识的科学实在论立场自身的合法性。然而，在 70 年代中期，经过与达米特就"詹姆斯讲座"展开的争论，尤其是与蒯因、古德曼在系列研究会上的讨论交流之后，普特南却发现，这种科学实在论立场并非理所当然，相反是难以成立的。于是，在重新思考和研究了实用主义关于价值、事实和认知及其关系的观点之后，普特南便迅速投入到了对以科学实在论为代表的形而上学实在论的批判之中。

普特南认为，与科学实在论一样，形而上学实在论的基本主张是："世界是由不依赖于心灵之对象的某种确定的总和构成的。对'世界的存在方式'，只有一个真实的、全面的描述。真理不外乎在语词或思想符号与外部事物和事物集之间的某种符合关系"①。普特南首先将矛头指向了这种观点的基本前提，即：主客二分，并通过"缸中之脑的论证"指出，就像缸中之脑根本提不出我是缸中之脑的问题一样，笛卡尔也无法确定作为纯粹精神的心灵实体的存在。既然作为主体的"心灵"实体不存在，那么作为与之对立的客体的"世界"又如何呢？普特南认为，"世界"总是相对于观察者或谈论者的概念框架的，不存在离开谈论者的对象，而概念框架本身也是相对的，"逻辑形式本身，特别是对象和存在的概念，具有多种不同的使用，而不是只有一种绝对的'意义'"②，因此，形而上学实在论眼中的那个唯一的客观的世界既不可能存在，也没有任何意义。既然作

---

① [美] 普特南：《理性、真理与历史》，童世骏、李光程译，上海译文出版社 1997 年版，第 55 页。

② H. Putnam, *The Many Faces of Realism,* La Salle: Open Court, 1987, p.19.

为二分两极的"心灵"和"世界"都不可能作为实体存在，那么，主客二分也只能是一种无根的预设。如果说作为前提的"主客二分"不存在，那么以此为基的"真理符合论"也同样是虚妄的，因为，就像模型理论论证表明的那样，指称和真并不一致，同样为真的描述可以指称不同的对象，我们根本没办法确定哪一种描述才是对世界的"真"描述，因此也不可能存在真理符合论所要求的那种唯一对应的符合关系，正如普特南指出的那样，"既然对象和记号同样是内在于此描述框架的，就不可能说什么与什么相符了"①。

至此，普特南通过对作为对立两极的"心灵"和"世界"实体的消解，不仅拒斥了主客二分的前提，也否认了作为其核心论点的"真理符合论"，进而完成了对形而上学实在论的批判。然而，普特南既没有停留于批判，也没有因此放弃实在论而倒向反实在论和相对主义，而是试图在形而上学实在论与反实在论之间探索一条中间道路，进而完成对本体论的改造和重构，并最终作为结果呈现为在《理性、真理与历史》和《实在论的多副面孔》等系列著作中被精致阐述，并足以标识其思想辉煌和哲学名讳的"内在实在论"。

如果说对形而上学实在论的批判导致了对"主客二分"的拒斥，并因此构成了本体论重构前提的话，那么，接下来要做的就是对原来的哲学问题进行重新审视和阐释了。因为"在这些二分法中，最主要的要数有关真理和理性的主观论和客观论的二分法"②，所以，普特南的检视和重释标靶便首先指向了在传统哲学中讨论最多、也误解最深的"真理"问题。既不同于实证主义将其作为无意义的形而上学概念彻底放弃，也不像塔

① ［美］普特南：《理性、真理与历史》，童世骏、李光程译，上海译文出版社1997年版，第58页。
② ［美］普特南：《理性、真理与历史》，童世骏、李光程译，上海译文出版社1997年版，"序言"第1页。

斯基那样通过"去引号"将其消解于无，普特南坚持认为真理是一个"实质的概念"。在他看来，"去引号"只是在形式上消除了谓语"是真的"，并没有涉及内容上的"是真的"，因此，"塔斯基的工作给了我们一个非常正确的关乎'真的'概念的形式逻辑的说明。……并不是对真理概念的完整说明，他的工作需要补充"①。然而，我们又不可能回到形而上学实在论，进而将其理解为意义上的"符合"，于是，普特南接受了达米特的批评转向了"证实主义"，并得出结论说，真理的谈论必须与其在经验生活中的辨明结合起来，"宣称一个句子是真的也就是宣称它是可以被辨明为正当的"②。但是，仅仅被辨明正当还不够，因为，真理不可能被一次性辨明而是一个过程，因此，真理是理想化的被辨明正当，"'真理'是某种（理想化的）合理的可接受性"③。但值得注意的是，合理性既不是像逻辑实证主义主张的那样唯标准的，也不是像相对主义者认为的那样无标准的，而是在一种整体主义的意义上由人的实践决定的。在这里，不难看出，普特南选择了一张介乎实在论与反实在论、绝对主义与相对主义之间的中间道路。

既然"主客二分"不成立，那么，与其同为硬币两面的事实 / 价值二分及其衍生品科学 / 伦理关系也必须得到重新审视和阐释，并因此同样构成了"内在实在论"的主要内容。坚持事实 / 价值二分者认为，事实是客观的、描述性的陈述，因此是可以经验证实的，是科学和真理的对象和内容；而价值判断则是主观的、评价性的，因此是不可证实的，是伦理学和道德的对象和内容。普特南反对这种二分主张并论证说，"'描述性的'词

---

① H. Putnam, *Meaning and Moral Sciences,* London: Routledge & Kegan Paul Ltd, 1978, p.4.

② H. Putnam, *Realism and Reason, Philosophical Papers, Vol.3,* Cambridge MA: Cambridge University Press, 1983, p.85.

③ ［美］普特南：《理性、真理与历史》，童世骏、李光程译，上海译文出版社 1997 年版，第 55 页。

语可以用来赞许或责备，……而'评价性的'词语也可以用来描述或解释"①，它们只是语言用法上的区别而不是语言本身功能上的区别，事实和价值区分的语言学根据并不成立。而且，真理作为"合理的可接受性"，其合理性标准也因为身处共同体之中而离不开价值，没有不相对于文化和价值的事实，事实总是和价值融合在一起的，并不比价值更客观。因此，不仅追求真理的科学并非价值无涉，而且伦理学也不可能作为纯粹主观的情感、价值学问而与科学截然分割，实际上，"伦理学与物理学并不冲突。只是'公正的'、'善的'和'正义感'属于那类不能还原为物理学话语的话语中的概念"② 而已。

至此，普特南在对形而上学实在论的批判基础上实现了"内在实在论"的本体论转向和重构。然而，纵观这一进程却不难发现，虽然受到了达米特、蒯因和古德曼的影响，但普特南对其背后的科学实在论立场的关注和反思，依然主要是由语义问题和功能主义的困境引发的，而他对实用主义关于价值、事实观点的思考也只是为了批判的需要而进行的回顾式研究。因此，对于从科学实在论到内在实在论这一阶段的普特南而言，实用主义仍然是被动的和不自觉的。但无论如何，实用主义都引起了普特南的关注并作为工具被纳入了视野，不仅直接催生了其哲学关注从具体的分析哲学问题向更为根本的哲学本体论的转变，也因为核心主张的愈加契合和角色气质的逐渐浓烈，而成为了"内在实在论"的主要基调和特质。

然而，聚焦于形而上学实在论的"解构"性批判并不足以承诺新本体论的"建构"性目标。换句话说，普特南对形而上学实在论的批判更多集中于瓦解它，而不是从一开始就瞄准了一种全新话语框架下的本体

---

① H. Putnam, *Reason, Truth and History,* Cambridge, MA: Cambridge University Press, 1981, p.210.

② ［美］普特南：《理性、真理与历史》，童世骏、李光程译，上海译文出版社 1997 年版，第 156 页。

论建构，以至于对二元对立的批判和消解不得不建基于对二分的承诺之上，不仅直接导致了批判的不彻底，也使得作为结果的"内在实在论"更多呈现为对实在论和反实在论之间的一条中间道路的过渡性探索，并因此出现了内容的不融贯。譬如，关于"合理性"的实在论直觉与相对主义终局之间的冲突；对语义因果论的否定与功能主义立场的保留之间的矛盾等。事实上，普特南已经意识到了这种困境，正如他坦承的那样："从总体上说，这个方案是有致命缺陷的"①，而根本原因就在于，"我的图画仍然停留在认知者和'外部'所有事物之间有一分界面这一基本前提下，虽然我一如既往地强烈意识到需要在近代早期实在论和达米特式的唯心主义之间的'第三条道路'，但是这种第三条道路……，不是简单将两者的要素粘贴在一起"②。换句话说，困境的根源就在于，内在实在论仍然没有彻底逃离和摆脱近代实在论的"分界面"设定语境下的二元分裂框架。

于是，从20世纪80年代后期开始，普特南便转向了更广阔的哲学史和实用主义（尤其是杜威）研究，以图彻底摆脱二元分裂的思维方式，并对其内在实在论的一系列观点尤其是功能主义进行了重新审视和反思。进入90年代，更是在詹姆斯知觉理论和麦克道威尔经验学说的影响下，直接切入了"分界面"问题，并在1994年的"杜威讲座"和《词语生活》中凝聚阐释为一种新的立场："自然实在论"。不仅因为明确放弃了"内在"而宣告了从内在实在论向实用主义实在论的转变，进而完成了其本体论的实用主义重构，也就此激发了普特南对"实用主义"的更大兴趣和集中阐释，并最终成就了一种被冠以"经验标识"的"新实用主义"。

---

① H. Putnam,"A Half Century of Philosophy, Viewed From Within", *Daedalus*, Winter,1997,p.199.

② H. Putnam, "Dewey Lectures 1994", *The Journal of Philosophy*, Vol. XCI, No.9,September 1994, p.462.

二、清除"分界面": 心灵、知觉的重塑与"生活回归"

如前所述,既然基于"分界面"设定的二元分裂框架,构成了传统形而上学实在论与内在实在论的共同困境根源,那么,对于旨在彻底走出困境并转向实用主义的普特南而言,接下来要做的就是通过对心灵、知觉、世界等概念的重新检视,彻底清除作为二元论的基础设定的"分界面"。普特南的清除计划或路径大致是从两个方面展开的。首先,是通过对作为二元分裂结果之一极的心灵的考察,找出"分界面"产生的根源,并通过心灵概念的批判和重塑否认其产生的可能;然后再直接从作为分界面的"知觉"入手,通过对其概念本身的合法性批判消解其存在的可能。

基于对"心灵"的概念史考察,普特南认为,二元论确立的真正罪魁是近代的英国经验论者尤其是贝克莱和休谟,因为是他们把感觉、印象等作为非物质的"分界面"割裂了心灵与世界,以至于后来的科学实在论者不得不将"心身的同一"诉诸心灵(心理事件)向物理的还原,并最终把心灵视为一种器官置于大脑之中。这也正是普特南科学实在论时期持有的立场,实际上,即使是转向内在实在论之后,他也仍然因为二元论的残余而没有彻底摆脱。然而,正如麦克道威尔批评的那样,"心灵既不是一种物质的,也不是一种非物质的器官"①,因为只要把心灵视为一种器官,就会阻断心灵通达对象世界的直接性,进而不得不借助于某种中介(知觉)间接实现与世界的连接,于是,"分界面"就出现了。普特南自己也意识到了这种危险,并在接受了麦克道威尔的批评及其"心灵是一种与环境打交道的能力"的观点基础上,进一步补充和强调了自然环境之外的社会因素。在他看来,心灵作为一个能力系统,不仅"不可能在不使用意向和规

---

① H. Putnam, *Words and Life*, Cambridge, MA: Harvard University Press, 1994, p.292, n.6.

范的概念情况下被描述"①，而且正是在三者的交互作用中直接参与了世界的生成并"钩住"世界的，因此，既不需要也没有必要再设定一个作为中介的"分界面"。

至此，普特南完成了他清除计划的第一步，即：通过将心灵重塑为一种能力系统而否认了"分界面"的产生可能。但在对传统实在论的批判考察中他却发现，"分界面"不仅已经实际存在，而且主要以"知觉"的形式出现。其实，受詹姆斯的启发以及对内在实在论中对感觉材料观点的自觉反思，普特南早在麦克道威尔的批评之前就已经开始关注知觉理论，并在 1989 年首次提出了通过对割裂心灵与世界的"知觉"的分析来消解"分界面"的计划。在他看来，将知觉当做感觉材料进而当做直接的认识对象和知识基础，是以逻辑实证主义为代表的基础主义的核心观点，也是"分界面"理论的主流。然而，普特南却论证说，感觉材料并不具有足以担当知识基础的非推论的客观性，相反，感觉材料说本身才是不合法的推论结果，而且，将感觉材料视为纯粹精神性的心灵对象也是建基于把心灵作为器官的形而上学假说之上，并随着对心灵的能力重塑而成为了不可能。在普特南看来，虽然关于分界面的性质界定有所不同，但错误都源于同样一种信念，即：分界面是能够完全脱离内容而被加以纯句法描述的。然而普特南却认为，我们根本没办法离开概念去谈论知觉，它实际上就是"我们感念能力的运用，而不只是感觉器官的运用"②，是在与环境的交互作用实践中的"思想和感觉的融合"③，并因此是直接"连接"世界而不是将我们割除在世界之外的"分界面"。在这里不难发现，普特南不仅在知觉（经验）的改造上与麦克道威尔如出一辙，也在对实践生活作为语境的强调上与维特根斯坦家族相似，而这些都是新实用主义经验叙事的方法特质和精神旨

---

① H. Putnam, *Words and Life*, Cambridge, MA: Harvard University Press, 1994, p.305.

② H. Putnam, *Pragmatism, An Open Question*, Oxford: Blackwell Publishers Inc., 1995, p.66.

③ H. Putnam, *Pragmatism, An Open Question*, Oxford: Blackwell Publishers Inc., 1995, p.67.

趣所在。

随着知觉分界面的清除，二元分裂的思维方式也将被彻底拒斥，这让普特南看到了重谈实在论而又不陷入形而上学的希望，结果就是"实用主义实在论"。知觉分界面的清除让我们看到，心灵不再作为实体与实在世界二元对立，而是作为能力系统通过与世界、人的交互作用直接参与了世界的塑造。世界不再是不被观念污染的"前观念的"世界本身，而是一个与我们的实践、观念融为一体和充满意义的世界，这个观念化的世界才是真实的世界，才是可以想象和谈论的有意义的实在。而语言作为生活世界的一部分，也不再是将我们与世界隔离开来的静止分界面，而是勾连我们与世界的动态融合剂。在这里，心灵、世界、人、语言、观念没有任何的形而上学分割，而是在统一的生活实践中融为一个整体，并最终指向和承诺了一个常识的生活世界。

在这种意义上，普特南的实在论，既是生活实践的本林论，也是整体论的本体论。事实上，也正是这两者的结合，完美呈现并刻画了其"实用主义"形象。在普特南看来，如果将世界看作在人的生活实践中成就的世界，那么整体主义就会自然融入实在论，因为，被预设为"实在"的那个"世界本身"不存在了，世界（实在）便只能在发生史意义上的整体生活实践中被谈论。在这里，实在论不受基础主义的保护，因为作为基础的绝对的形而上学"实在"世界消失了，但又不会因为"世界的丧失"陷入怀疑主义，因为这种丧失只是其形而上学性质的丧失，世界并没有彻底丧失，而是在生活实践中以另一种方式呈现和被理解，正如普特南坚信的那样："解决'世界丧失'问题的路径是在行动而不是在形而上学（或'后现代的'反形而上学）中找到的"①。与此相应，真理也不再是与"实在"的基础主义符合，而是基于"生活实践"的判断"正确"。世界如此，真

---

① H. Putnam, *Pragmatism, An Open Question*, Oxford: Blackwell Publishers Inc., 1995, p.79.

理如此，哲学同样也不例外。哲学必须从对实在、真理、知识等概念的形而上学理论分析中解放出来，不仅通过在生活实践中的改造和重释赋予它们新生，也在"生活回归"中展现自身的真正意义，正如他总结的那样，"如果说实用主义有一个伟大的卓识，那就是它坚持认为在我们生活中重要的东西在哲学中也同样重要。"①

至此，普特南的实用主义本体论得以全貌展现，不仅标志着其本体论的批判和重构计划的实现，也通过基于"分界面"清除旨趣的"知觉"分析完成了其独特的经验叙事，而拒斥二元区分、整体主义、可错论、反怀疑论、实践优先原则的淋漓呈现，则完美刻画了其"实用主义"准确地说是"实用主义右翼"形象。如果说，从科学实在论到内在实在论，实用主义在普特南那里还是被动的和不自觉的，那么，从内在实在论到自然实在论，则呈现了更大的主动性和自觉性。而在此后出版的《实用主义》等一系列著作中，实用主义则直接构成了其研究对象，不仅作为研究成果标识了普特南从分析哲学向实用主义的整体哲学转向，也因为对实用主义本身的发展和新释成就了其"新实用主义者"的身份，换句话说，"只是到了这一步，普特南才真正配得上'新实用主义者'这一头衔"②。

---

① H. Putnam, *The Threefold Cord Mind, Body and World,* Columbia University Press, 1999, p.70.
② 陈亚军：《罗蒂与普特南：新实用主义的两座丰碑》，上海人民出版社 2016 年版，第 349 页。

第 六 章

新实用主义的其他言说和新近叙事

显然，实用主义与分析哲学的融合构成了新实用主义源生的基本路径，并以"语言"和"经验"的变奏为线索主导了新实用主义的复兴和叙事。但除了关于认识论、实在论、心灵及其与世界的关系等核心问题的讨论之外，不仅实用主义方法应用的范围拓展到了诸如美学、宗教、文化等其他范围，而且也通过其他不同路径，譬如基于思想史对实用主义的重释以及带有源返倾向的意义再发现等，形成了对古典实用主义的当代阐释，并与"语言转向"路径一起绘制了新实用主义谱系的整体图景。除了以杜威、古德曼和舒斯特曼为代表和线索的实用主义美学、韦斯特基于美国理智史语境的"预言"实用主义重构，以及以哈克、雷谢尔为代表的"新古典实用主义"这些叙事以外，布兰顿的"分析的实用主义"也被作为主题内容纳入了本章的讨论范围。因为，他不仅在"语言转向"语境中拓展和推进了匹兹堡学派的哲学进路，也因为对黑格尔思想资源的采纳和应用表征了实用主义与欧陆哲学的结合，并因此在综合意义上代表了新实用主义的最新发展。

第一节　经验、语言与身体：美学的实用主义变奏

毫无疑问，实用主义美学肇始于实用主义的集大成者杜威及其在经

验改造和艺术重置基础上实现的美学的"经验转向"。然而，就像实用主义本身随着分析哲学的滥觞及其自身的气质缺陷在 20 世纪 30 年代走向衰变一样，实用主义美学的繁荣和地位也逐渐被分析美学消解和替代，与此同时，经验也在语言分析过程中被遗忘和放逐。但此后分析哲学的"后"转向和实用主义的"新"复兴的统一进程，却为美学开辟了一条独特的实用主义——在经验与语言之间——之路，其中尤以拥有"分析美学家"和"逻辑实用主义者"双重身份的 N. 古德曼及其构造的"艺术语言"最具代表性。然而，美学的实用主义变奏并没有就此终结，而是在从分析哲学转向实用主义的 R. 舒斯特曼那里把那条从经验到语言之路推向了一种另类高潮和极端体验——身体美学，不仅作为实用主义美学的当代理论终局勾绘了一幅完整的实用主义美学变奏图，而且也因为其终局体验的另类和极端引发了对其变奏路径和当代面向的全面审视和重新探究。

一、从经验到语言：美学的实用主义转向与"新"释

尽管早在杜威之前，实用主义的另外两大代表皮尔士和詹姆斯分别借助于强调"美学和伦理学之间的联系"和"美学维度的经验"谈及了美学，哲学家爱默生也预见了其诸多核心美学观点，但实用主义美学话语却第一次在杜威的《经验与自然》中得到了集中呈现，并最终"在杜威的《艺术即经验》中获得了第一个系统化的阐明"[①]。如果说《经验与自然》因为阐发了杜威的"经验自然主义"而标识了其哲学，《艺术即经验》标识了其美学思想的话，那么，从它们的书名就不难看出，无论是其哲学还是其美学思想都直接关涉了"经验"，准确地说，经验不仅构成了它们的出发点，

[①] R. Shusterman, "Aesthetics", John R.Shook, Joseph Margolis, Malden（ed.）, *A Companion to Pragmatism,* MA: Blackwell Publishing Ltd, 2006, p.352.

也承诺了它们的最终归宿。然而，杜威的"经验"却不是传统意义上的经验，相反，是对传统"经验"概念和经验观的改造。事实上，正是通过这种重构式改造，杜威不仅在"改造哲学"的实用主义旗帜下实现了对传统哲学的现代批判，而且也因为对艺术的经验重置改造了传统美学，并因此肇始了美学的实用主义转向。

　　杜威秉承了实用主义批判和拒斥传统西方哲学的现代气质，并最终把它承诺和落实为"改造哲学"的使命和旗帜，而他开启和撬动这一伟大构想的钥匙和杠杆就是"经验改造"。在杜威看来，传统西方哲学的困境根源就是在"二元论"的基本预设框架下对经验的曲解、盲视和贬抑：对于古希腊的理性主义哲学而言，永恒、不变、大写的本体世界是其终极追问对象，而经验则被人为地归于变化、生活和现实的可感世界，进而在经验与知识的分离中被放逐在崇尚理性的求真之路上；在近代哲学的认识论话语中，尽管经验的认识论地位在古典经验主义者那里得到了承认，但"二元论"预设却以"经验"与"自然"的分离这样一种另类形式得以呈现和强化。于是，杜威沿着其实用主义先哲——詹姆斯的彻底经验主义足迹，基于消除传统西方哲学"二元论"预设的旨趣开始了对"经验"的改造，并最终以一种"经验自然主义"对传统理性主义和近代的古典经验主义给予了批判式回应。杜威认为，经验既不是专属于可感世界并因此只能作为理性的对面而存在，也不是在与自然的分离中对自然的简单和被动反映，"经验是关于自然，并在自然之中……在一定方式下交互作用的许多事物就是经验"。[1] 经验是原初的、主动的和实践的，"生物体按照自己的或繁或简的机体构造向着环境动作……这个生物经历和感受它自己的行动结果。这个做和受或者遭受的密切关系就形成我们所谓的经验"。[2] 经验不

[1]　J. Dewey, *The Later Works of John Dewey, 1925-1953, Volume 1*, Jo Ann Boydston（ed.），Carbondale: Southern Illinois University Press, 1981-90, p.13.

[2]　J. Dewey, *Reconstruction in Philosophy*, New York: H. Holt, 1920, p.86.

是理性私有的精神领域，而是一个包括人在内的有机体与环境及其相互作用的有机整体，是在与自然的融合中构成的作为纯粹经验总和的宇宙，是最后的实在。尽管杜威本人曾经因为"经验"是"我们所拥有的最模糊不清的概念之一"，而在1951年为《经验与自然》所做的新导言的草稿中试图用"文化"这个概念替代它，但还是在"经验"概念的名义下实现了对传统概念和经验观的双重改造和重构。事实上，通过这种改造，杜威不仅"实现了对传统哲学的问题域的转换：从古希腊外在的'客观'世界和近代认识论哲学的心灵'主观'世界转换到现代的'经验场'"①，也在"复活"经验的哲学道路上彰显了实用主义对"二元论"和传统哲学的批判和改造气质。

既然经验就是我们所做、所经历以及因此所承担后果的全部，是作为最后实在的生活世界，那么，作为人与环境之间互动和生活方式的艺术也必然隶属于经验范畴。也正是以此为基，杜威实现了对艺术的经验重置，正如其著作名称所宣示的那样：艺术即经验。在他看来，艺术并不像传统美学认为的那样纯粹高贵、沉思无涉，"艺术只是经验中的一个部分，本身并不是一个实体"②，艺术的根源就在于人的经验，"因为经验是有机体在一个物的世界上不断奋斗、取得成就而渐渐趋近的完善，所以经验就是萌芽中的艺术"。③ 艺术与经验一样，都是"行动和感受的一种特征……艺术也存在于感知活动之中"④，因此，"艺术作品只有在它开始对创作者以外的人的经验发生作用时才可以算是完整的"⑤。也就是说，艺术不是某种僵化不变和远离生活的东西，而任何一件艺术产品只有当成为人

---

① 刘华初：《实用主义的基础——杜威经验自然主义研究》，人民出版社2012年版，第109页。

② J. Dewey, *Art as Experience*, New York: Minton, Balch, 1934, p.330.

③ J. Dewey, *Art as Experience*, New York: Minton, Balch, 1934, p.19.

④ J. Dewey, *Art as Experience*, New York: Minton, Balch, 1934, p.214.

⑤ J. Dewey, *Art as Experience*, New York: Minton, Balch, 1934, p.106.

的经验的一个有机成分时才能真正称之为艺术作品。尽管艺术与普通的经验相比，是一种具有与众不同特征和自足性、强烈、清晰、完整的审美经验，但本质上并没有区别，它们都同样源自并服务于我们的普通生活。因此，杜威认为，艺术属于普通人的经验的一部分，与我们的生活实践密切相关，它不是社会—文化精英们发号施令的借口，也不是"文明的发廊"。这不仅是任何艺术理论提出的应然基础，而且任何把艺术等同于"高雅"艺术的"博物馆艺术观"都应该被扔进历史的垃圾桶。至此，基于对传统经验的实用主义改造，杜威通过对艺术的经验重置实现了艺术从纯粹和抽象的云端向鲜活和现实生活的回归，并最终构造了一个具有颠覆意义的实用主义美学思想体系。尽管因为经验原初性和非语言性的"基础主义"隐忧，以及艺术的生活回归与通俗化带来的对传统艺术理论的颠覆，招致了诸多质疑，但杜威由艺术理论"经验转向"所肇始和标识的美学的"实用主义转向"，却直接催生了实用主义美学此后行进于经验、语言与身体之间的变奏进程。

然而，随着实用主义因为分析哲学的涌入及其自身的气质缺陷在20世纪30年代迅速走向衰变，以"经验转向"为标识的杜威实用主义美学也在"语言转向"的一片号角声中逐渐淡出了美学视界，取而代之的是以"以语言分析为方法，以追求清晰为目标"的分析美学，与此同时，"语言"也取代了"经验"成为了艺术理论的出发点和美学思想的核心概念。从维特根斯坦"作为语言分析的美学"界定开始，最终构筑了以 M.C. 比尔兹利的"元批评"美学、R. 沃尔海姆的"视觉再现"美学、N. 古德曼的"艺术语言"美学、A.C. 丹托的"艺术叙事"美学和 G. 迪基的"艺术惯例"美学为代表的、蔚为壮观的 20 世纪分析美学话语。然而，将作为"科学话语"的"语言分析"视为基本范式的分析美学，既没有做到用"语言"把握住"经验"进而实现其"追求清晰"的目标，也没有在对艺术和艺术批评的概念澄清中融贯地履行其"反本质主义"承诺，相反，却因为无法克服"分析哲学的计划和艺术实在之间的冲突"①，而最终归于具有讽刺意味的"浪漫主义艺术批评"，甚至因此遭到了诸如"分析哲学的繁忙蜂巢从来都没有被置于艺术哲学领域"②的全面否定。这种悖论式终局的出现，源于分析美学从分析哲学中拿来的"分析方法"以及因此而导致的"语言与经验之间的二元断裂"，事实上，这种分析方法及其整个分析哲学计划，早在20世纪40年代，便遭到了来自分析哲学内部的以 W.V 蒯因、N. 古德曼和 M. 怀特为代表的分析哲学家的质疑，并最终因为困境解决过程中"实用主义"因素的引入而肇始了"分析哲学向'后'分析哲学""古典实用主义向'新'实用主义"的双重转向。也正是这种基于"分析"和"实用"融合的双重转向和重构，为分析美学的实用主义回归提供了可能，进而为美学拓展了一条行进在语言与经验之间的独特实用主义道路。

如上所述，尽管艺术的"语言分析"是分析美学的主流话语，尽管连从分析哲学转向并自命为实用主义者的罗蒂，也在对"语言学转向"的崇尚和对杜威基础主义的不满中摈弃了"经验"，但纵观整个分析美学史却不难发现，分析美学与实用主义的融合以及语言之中的经验"关注"一直有迹可循。分析哲学的代表人物维特根斯坦"不要想，要去看"的劝告和"要想知道欣赏到底是什么，我们必须描述整个环境"③的美学论断，都隐现了对审美经验的关注，并因此被普特南纳入了实用主义的同一阵线；④而20世纪50年代后的分析美学阵营中，迪基、马古利斯、古德曼和舒斯特曼等向实用主义的转变，则进一步例证了这一进程。他们以各种不同的

---

① N. Wolterstorff,"Philosophy of Art after Analysis and Romanticism", *The Journal of Aesthetics and Art Criticism* 46, 1987, p.154.

② N. Wolterstorff,"Philosophy of Art after Analysis and Romanticism", *The Journal of Aesthetics and Art Criticism* 46, 1987, p.151.

③ L. Wittgenstein, *Lectures and Conversations on Aesthetics, Psychology and Religious Belief*, C. Barrett（ed.）, Oxford: Basil Blackwell, 1966, p.37.

④ 陈亚军：《实用主义：从皮尔士到普特南》，湖南教育出版社 1999 年版，第 331 页。

形式和路径行进在"分析"与"实用"、语言与经验之间，其中尤以因为《艺术语言》而被奉为分析美学"四大家"之一①的纳尔逊·古德曼最具代表性。

古德曼以艺术的符号本性为逻辑起点，以一个符号扩展意义上的一般符号理论为分析工具，通过对艺术领域中的再现、艺术作品的同一性等问题的诊断，实现了从"什么是艺术"到"何时是艺术"的问题转换，并最终以审美的五种征候作为回答，完成了其作为"艺术语言"的美学理论构造。毫无疑问，古德曼的美学与其他分析美学家一样源出于分析传统，但是，古德曼的美学却没有陷入一般分析哲学意义上的"分析困境"：艺术界定上的"反本质主义"初衷与"本质主义分析"之间的悖论，也没有因为分析美学惯有的"语言和经验的非此即彼式选择"而导致艺术的纯粹符号化分析过程中对审美经验承许的消失。因为，在他的美学理论展开过程中，经过改造和拓展的语言（符号）并没有放逐经验，相反，是基于一种独特的构造主义语境实现了"语言"和"审美经验"的融合。在古德曼的构造世界视域内，作为符号系统的艺术本身就作为我们构造世界的方式参与了世界的构造实践，因此，作为构造艺术的语言和符号也不再是纯粹形式化的、被动的、静止的、没有经验内容的传统意义上的符号，而是动态的、历史性的、连续的、生动丰富的构造经验的融聚；它不仅没有废止经验，而恰恰是对经验的呈现，正如古德曼说的那样，"审美经验……包括把符号系统与其中的字符以及这些字符所指谓和例证的东西统一起来，包括对作品进行解释。也包括从作品的角度来重新组织世界，以及从世界的角度重新组织作品……审美态度……与其说它是一种态度，倒不如说它是一种行为，即：创造与再创造。"②

---

① J. Margolis, "The Eclipse and Recovery of Analytic Aesthetics", in Richard Shusterman (ed.), *Analytic Aesthetics*, New York: Basil Blackwell Ltd, 1989, pp.161-189.

② N. Goodman, *Languages of Art: An Approach to a Theory of Symbols*, Indianapolis, IN: Bobbs-Merrill, 1968, p.24.

在这种意义上，古德曼的分析美学不仅没有像舒斯特曼批评的那样导致对"经验"的彻底放弃甚至"对其实际存在的否认"①，而且我们甚至可以说，古德曼的符号本身就是经验，或者说是一种作为经验形式的语言。尽管古德曼的构造主义语境、理解认识论以及作为其结论的美学的"认识论转向"遭遇了诸多质疑，但这种具有经验充实性符号或语言的引入，不仅因为对符号的经验承续和对被局限于非认识的纯粹感受性和主观个体性的传统审美经验的解放，实现了对传统语言符号和审美经验概念的双重重构，而且也因为对分析美学模式下"语言与经验"的惯性分离的先天制约能力，为分析美学的发展提供了一条独特的"新—分析实用主义"模式。

二、"身体美学"：实用主义美学的极端体验与未来可能

如果说 20 世纪 50 年代后的分析美学，因为新实用主义复兴和后分析哲学转向的统一进程而开辟了一条在语言和经验之间的"新—分析实用主义"路径，并因此而完成了对美学的"经验回归"的初始呼唤的话，那么，从分析美学转向实用主义的美学家 R. 舒斯特曼，则在"新—古典实用主义"和"新—分析实用主义"之间的道路上② 把这种"经验回归"推向了高潮，不仅因此承诺和回应了杜威实用主义美学的"经验转向"，而且进一步把从"语言到经验"的实用主义美学变奏推向了"身体"的极端体验。

与其他源出于分析哲学传统的新实用主义美学家一样，早期的舒斯特曼基于对追求清晰目标的秉承并不反对"语言分析"方法，他把自己与强调语言和解释的罗蒂归为同一类实用主义者便是明证。③ 但在 1988 年以

---

① R. Shusterman, "The End of Aesthetic Experience", *The Journal of Aesthetics and Art Criticism* 55, 1997, p.30.

② 刘德林：《舒斯特曼新实用主义美学研究》，山东大学出版社 2012 年版，第 11 页。

③ R. Shusterman, *Surface and Depth*, Ithaca: Cornell University Press, 2002, p.191.

对杜威的实用主义美学进行系统整理和解释为标志自觉转向实用主义之后，舒斯特曼便把实用主义美学的肇始者归于了实现"艺术的经验重置"的杜威，并以"经验"为基本特征和线索构筑了实用主义美学的谱系。然而，在对杜威之后的"新—分析实用主义"美学进行了批评性的谱系学考察之后，他却得出了"实用主义美学肇始于杜威，而且也差不多在他那里终结"①的结论。因为在舒斯特曼看来，尽管杜威之后的实用主义美学家借鉴并深化了杜威的实用主义美学视角——譬如，古德曼在发展杜威"整体主义和历史主义、艺术与科学的连续性"思想的基础上对"纯粹艺术"的反对和"认识论转向"的主张——并因此延续了美学的实用主义变奏进程，但"经验"这个艺术的核心概念却在语言与经验的博弈中沦落了，正如他在《审美经验的终结》的开篇便指出的那样："虽然也粗略地注意到了欧洲大陆对这个概念的批评，但我还是集中强调其在20世纪英美哲学中的持续沦落。……杜威颂扬了美学经验，使它成为了其艺术哲学的核心概念，而丹托则回避了这个概念，并警告说要'避免审美愉悦这个危险'"。②于是，在考察了"关于这个概念的多种形式及其理论功能的深度混淆"这个沦落根源之后，他总结道：经验"趋于拥有它所命名的这种经验的定位。与定义艺术或者证明严格的结论相反，这个概念是方向性的，提醒我们在艺术和生活的其他领域中什么才是值得寻求的"③，并以此呼吁重新确立"经验"作为实用主义美学核心概念的地位。

随后，舒斯特曼便在重释杜威的"经验"概念基础上，以"艺术即戏剧化"和"通俗艺术的审美辩护"为主体构造了自己的"新实用主义美学"

---

① R. Shusterman, *Pragmatism Aesthetics, 2 edition*, Maryland: Rowman and Littlefield Publishers, 2002, p.xvi.

② R. Shusterman, "The End of Aesthetic Experience", *The Journal of Aesthetics and Art Criticism* 55, 1997, p.29.

③ R. Shusterman, "The End of Aesthetic Experience", *The Journal of Aesthetics and Art Criticism* 55, 1997, p.39.

理论体系，并藉此承诺了美学的"经验"回归。然而，舒斯特曼的"经验"回归之路却没有就此终结，而是在对杜威"直接性经验"的反基础主义解读和对其"非语言性"的哲学意义的强调中创造性地提升为"身体经验"，进而提出了"身体美学"。舒斯特曼认为，杜威的"经验"概念的主要哲学价值"就在于那些直接的、非语言性描述的经验上"①，但这种被杜威作为联系理智性经验和自然的纽带并以此克服二元论的"直接性经验"，却因为其超越"二元认知主体和客体"的非认知性而"最容易被谴责为基础主义并受到攻击"②。于是，为了消解这种"基础主义"倾向，舒斯特曼避开了对直接性经验作为理智经验的认识论基础的强调，转而凸显其感性重要性和作为经验主体的身体的哲学意义。因为，这种直接的、非语言性、非推论性的经验发生在理智化阶段之前，是我们的身体对客体的直接反应，并因为集中体现于"身体的感觉"而成为一种"身体经验"。换句话说，身体是经验的主体，身体的直接反应就是经验内容，所以，这种经验的重要性不在于其认识论的基础地位，而在于因为其"身体感觉"的体现能够唤起对身体的哲学关注，进而通过经验的丰富和协调实现改善经验的审美和整个世界的目的。在这里，舒斯特曼不仅通过对"直接性和非语言性"的强调及其与身体的关系而把杜威的"经验"提升为"身体经验"，而且也在为避开其基础主义倾向而对"身体关注"的哲学呼吁中提出了"身体美学"。尽管他从"分析的、实用主义的、实践的"三个维度阐述和论证了身体美学，并给出了通过身体经验实现身体改善的方法，但这种"经验的身体美学"仍然因为从经验到身体经验的过渡的合理性、身体概念的模糊和身体改善的途径与效果而招致了诸多质疑，甚至是诸如"身体……可以在某些方面得到改善，但对于人们欣赏绘画而言却没有什么显著作

---

① R. Shusterman, *Practicing Philosophy*, New York: Routledge Press, 1997, p.158.

② R. Shusterman, *Practicing Philosophy*, New York: Routledge Press, 1997, p.158.

用"① 那样的对身体美学意义的全面否定。但无论如何，这些质疑都无法否定"身体经验"在实用主义美学变奏中的开拓性和彻底性，而这也正是我们把"身体美学"称之为实用主义美学的一种极端体验的原因所在。

从上文的分析不难看出，从杜威通过艺术的"经验重置"确立"经验"作为美学核心概念的地位并因此标识和肇始了实用主义美学开始，到以"语言"取代"经验"的分析美学和游走于"语言"和"经验"之间的新—分析实用主义美学，再到呼唤"经验"的强势回归和"身体经验"提升的"身体美学"，实用主义美学完成了以"经验、语言与身体之间的转换"为主题线索的清晰变奏。尽管其中的每一个节点及其成果的呈现，都是对上一个节点理论困难的直面和解决策略，但这些策略却都因为"经验与语言的非此即彼式选择"而陷入了新的困境。作为实用主义美学的肇始者，杜威基于对传统哲学的"二元论"的克服旨趣，在经验自然主义的框架下改造了"经验"并对艺术进行了"经验重置"，不仅因为美学的实用主义转向而克服了传统美学"博物馆式的艺术观"和"艺术与普通生活的断裂"后果，而且也就此确立了"经验"作为美学核心概念及其实用主义美学标识的地位。然而，杜威对经验的"直接性、非语言性"及其对认知性经验的决定作用的强调，以及在阐释和描述上对反基础主义的不自觉，却引发了分析美学家们对经验的这种基础主义后果的担心，并在"语言转向"语境中建议用"语言"取代"经验"，进而把艺术归于"语言分析"。正如罗蒂宣称的那样："语言转向是有用的，因为它把哲学家的注意力从那个经验话题引向了语言行为问题……，帮助我们打破了对经验主义——更明确地说是表象主义——的坚持"。②

---

① T. Leddy, "Shusterman's Pragmatist Aesthetics", *The Journal of Speculative Philosophy* 16, 2002, p15.

② R. Rorty, *Philosophy as Cultural Politics: Philosophical Papers, Volume IV*, Cambridge: Cambridge University Press, 2007, p.160.

尽管分析哲学"后"转向和实用主义"新"复兴的统一进程催生了分析美学与实用主义的融流取向，进而为我们呈现了一种游走于"经验"与"语言"之间的"新—分析实用主义"美学模式，但因为"语言"和"经验"之间的人为割裂而无法克服"分析哲学的计划和艺术实在之间的冲突"，分析美学也不得不承受对艺术分析的纯粹形式化、经验内容缺失后艺术与生活的分离和艺术评价中的相对主义等后果。面对分析美学的"语言"独断和对上述后果的不满，从分析哲学转向实用主义的舒斯特曼，重新论证了"直接性、非语言性"经验的重要性，进而在实用主义美学向"经验"的强势回归中进一步把杜威的"直接性经验"提升为"身体经验"，并最终以对身体的哲学关注为标的提出了"身体美学"。尽管舒斯特曼为了避免认识论上的基础主义而把杜威的"经验"重要性归于"对身体的哲学关注"，但这种极端体验式的经验回归策略，却使得"身体美学"不仅陷入了"提高身体感受力、改善身体方法"的技术途径困难，同时也面临着"与新实用主义美学之间的内在的难以自洽矛盾"和对传统美学的极端解构的双重指责。① 至此，在经验与语言之间变奏的实用主义美学理论都以某种形式的"不完美"而告终，更为重要的是，作为这个变奏终局的"身体美学"的困境，不仅把这个变奏的未来推向了未知，也直接造成了实用主义美学未来发展道路选择上的不知所措。那么，这个变奏的困境根源是什么？实用主义美学的未来面向及出路又如何呢？

毫无疑问，从杜威的"经验转向"到分析美学的"语言替换"，再到舒斯特曼的"经验回归"，实用主义美学的变奏都是按照"经验与语言的非此即彼式选择"模式行进的。而这种美学变奏模式的根源就在于这样一个哲学预设：经验会带来基础主义的危险，而语言是避免这种危险的唯一选择，进而表征为"语言与经验的优先性选择和对立"。事实上，这也是

---

① 刘德林：《舒斯特曼新实用主义美学研究》，山东大学出版社2012年版，第7页。

从古典实用主义到语言转向语境中的新实用主义哲学的演进模式，① 表现在美学上就是：分析美学基于对杜威"经验"美学的基础主义担忧而选择了"语言"，而舒斯特曼则在否认这种担忧的基础上回归了"经验"。然而，从上文的分析却不难看出，基于这种预设的美学变奏选择及其成果并没有因此而达到原初的目的，相反却引发了诸如语言分析与艺术实在的冲突、艺术与生活之间的鸿沟重现等新的二元分离问题。原因就在于预设的这种"经验与语言之间的对立"本身就是一种虚假两难，因为，当我们把经验从静止被动的意义上解放出来并赋予一种时间化理解时，并不必然导致基础主义，而纯粹符号化的语言也不再是克服基础主义后果的唯一选择，而且这种二分法本身也与实用主义对二元论的拒斥旨趣相悖。

因此，只要我们能够找到这样一种路径，它能让经验的时间性真正体现为语言实践的历史化，能把经验内容和语言形式真正融合起来，也就是说获得一种"作为经验的语言"——根据这样一个概念，"实用主义者能够把经验与语言之间的关系重新描述为类似于一个领域和发生在其中的一类行动之间的关系。……更简单地说，说、听和写都是简单的经验种类"②，那么，我们就能超越"语言与经验之间"的虚假对立，进而把实用主义美学的变奏路径从"经验与语言的非此即彼式选择"模式下解放出来。事实上，不仅这种方法符合实用主义本身的"调和"气质，而且也曾经被拥有分析美学家和实用主义者双重身份的 N. 古德曼使用过，并最终表现为语言和审美经验在世界构造实践中的融聚。尽管古德曼的美学因为其构造主义方法和相对主义危险而遭遇了质疑，但仅就这种路径选择本身及其敏锐的策略意识而言，我们仍然要为把他简单纳入一般分析美学谱系进行

---

① 姬志闯：《构造的无羁与归敛——纳尔逊·古德曼哲学研究》，人民出版社 2013 年版，第 242 页。

② C. Koopman, "Language Is a Form of Experience: Reconciling Pragmatism and Neopragmatism", *Transactions of the Charles S. Peirce Society* 43, 2007, p.716.

批判甚至无视而向他表示迟到的歉意（舒斯特曼对古德曼审美经验的批判就是例证，关于这一点我已在拙著《构造的无羁与归敛》中给出了说明）。[1]如上所述，如果说这种获得"一种作为经验的语言"的路径可行的话，那么，我们就不仅能够合理地解释和反思实用主义美学变奏的困境，而且也能为实用主义美学的未来面向和路径选择提供一个审慎而又可能的视域。

第二节　"实用主义"的当代阐释

从实用主义的诞生开始，实用主义叙事者们对古典实用主义的阐释就从没有停止过，当代的新实用主义者们当然也不例外。不同的是，在实用主义复兴进程中的这些"新实用主义"叙事，却因为哲学语境、基本立场和理论目的的不同，呈现出了更为明显的重构甚至基于再发现基础的"源返古典"的倾向，其中尤以韦斯特基于美国理智史对实用主义的"预言"式重构和以哈克、雷谢尔的"新古典实用主义"最具代表性。

一、"预言实用主义"：韦斯特基于美国理智史的重构

作为当代美国著名的黑人哲学家、文化批评家的康乃尔·韦斯特，基于整个美国理智史的基本语境构建了一个作为"美国人对哲学的逃避"的实用主义谱系，不仅与怀特一起"奠定了实用主义的思想史传统"[2]，也在这个漫长的实用主义谱系中以"预言实用主义"为标识刻画了其新实用主义的叙事特征。因为曾师从罗蒂和表现出的"文化批评"风格，他被视为对以罗蒂为代表的新实用主义的革进；因为在谱系建构中所表现出的作为

---

[1]　参见姬志闯：《构造的无羁与归敛——纳尔逊·古德曼哲学研究》，人民出版社 2013 年版，第 152—157 页。

[2]　陈亚军：《新实用主义：美国哲学的新希望?》，《哲学动态》1995 年第 4 期。

一个黑人哲学家所具有的强烈个人色彩和与众不同，他被作为新实用主义谱系的另类代表引起了广泛的关注和回响。正如他自己在《美国人对哲学的逃避：实用主义的谱系》中文版序言中亲承的那样："这部著作在美国历史和美国哲学领域内是独一无二的，因为它是一部透过美国黑人哲学家的眼睛来审察美国文明史的持续不断的叙述。这就意味着从一个根植于美国不幸人群的哲学家的视角来考察传统的哲学问题。"①

（一）作为"美国人的哲学逃避"的实用主义谱系

与其他实用主义谱系不同，韦斯特是在一种思想史的视域中，以实用主义的发生历史及其所表现出的理论特征为线索完成其谱系建构的。之所以具有这种视域，源于他对实用主义的基本理解和判断，即："把实用主义理解为美利坚文明具体历史文化条件的产物，表明了美国人的特定欲望、价值观和反应方式的一套特殊的社会实践方式"②。在韦斯特看来，实用主义毫无疑问深深根植于美国独特的历史与文化，与其文明进程中形成的"与奴隶制经济结合在一起的革命性开端，与根深蒂固的商业主导一切的状态结合在一起的开明法治，与同质化的盎格鲁—美利坚的集体自我定位结合在一起的混血性的文化，与深刻的伦理主义冲动结合在一起的对动态性、偶然性和财产折现力的狂热追求"③ 等显著特征密不可分，而其造就的美国人独特的思维模式，即："知识服从力量、传统服从创造、指令服从刺激、共同体服从于个体、当下的问题服从于乌托邦的可能性"，④ 则

① ［美］康乃尔·韦斯特：《美国人对哲学的逃避：实用主义的谱系》，董山民译，南京大学出版社 2016 年版，"中文版序言"第 2 页。
② ［美］康乃尔·韦斯特：《美国人对哲学的逃避：实用主义的谱系》，董山民译，南京大学出版社 2016 年版，"序言"第 3 页。
③ ［美］康乃尔·韦斯特：《美国人对哲学的逃避：实用主义的谱系》，董山民译，南京大学出版社 2016 年版，"序言"第 3 页。
④ ［美］康乃尔·韦斯特：《美国人对哲学的逃避：实用主义的谱系》，董山民译，南京大学出版社 2016 年版，"序言"第 3—4 页。

作为文化底色和其精神主旨直接促成了实用主义的诞生。与此同时，当这种思维模式及其蕴含的精神旨趣进一步延伸至哲学问题的谈论和言说时，无论是问题的选择，还是追问的方式，都表现出了强烈的"美国例外"气质，不仅直接奠定了美国人对传统西方哲学尤其是近代以来"以认识论为中心的哲学的逃避"基调，也最终将其重构并呈现为一种独特的"文化批判"形式。正如韦斯特总结的那样，"在此意义上，美国实用主义与其说是为肇始于柏拉图的西方哲学对话中的那些历史悠久的问题提供解决方案的哲学传统之一部分，倒不如说是美国试图在一个特定历史时刻面向自身做出解释的连续的文化评论或系列阐释"。①

既然实用主义以美国独特的精神文化为底色，而且又表现为一种"文化批评"和"毫不隐晦的政治性阐释"，那么，作为象征美国精神之理论沉淀最高成就并因此被称为美国"精神之父"的爱默生，就理所当然被作为"合适的起点"纳入了实用主义的谱系。韦斯特认为，爱默生基于浪漫主义立场对权力、刺激和人格的详细解释，无不透露着对美国精神的凸显和对思想与行动、理论和实践之间关系的关注和强调，所有这些都最终以理想主义、乐观主义、改良和实验性的形式预示了实用主义的主题。更为关键的是，醉心于力量的寻求、自我提升和实验性探究，也使得爱默生产生了对传统西方哲学确定性寻求理想的拒斥，进而形成了一种独特的"文化批评"风格，不仅就此确立和奠基了实用主义作为对西方哲学现代转向诉求的"美国回应"的独特方式和模式，而且也承诺和实现了从"以认识论为主导地位的欧洲哲学向美国本土哲学的转向"②，并因此构成了实用主

---

① C. West, T*he American Evasion of Philosophy: A Genealogy of Pragmatism*, Madison Wisconsin: The University of Wisconsin Press, 1989, p.5. 参见［美］康乃尔·韦斯特：《美国人对哲学的逃避：实用主义的谱系》，董山民译，南京大学出版社 2016 年版，"序言"第 4 页，译文有改动。

② ［美］康乃尔·韦斯特：《美国人对哲学的逃避：实用主义的谱系》，董山民译，南京大学出版社 2016 年版，第 47 页。

义的前奏。

在完成了对爱默生主义的归源之后，实用主义的两个奠基性人物皮尔士和詹姆斯，也被解释为"对爱默生式逃避"及其"自然神论"的修正和重申。在韦斯特看来，皮尔士对笛卡尔主义四个主要错误的解剖和批判，"实用主义准则"中对知识可错性的强调，对作为"科学共同体的最后意见"的实在的忠诚，都是对"笛卡尔为代表的以认识论为中心的哲学"逃避的实用主义重申。在这种意义上，也可以说，"皮尔士的实用主义用学院哲学的语言、通过与学院哲学对话的方式修正并改革了爱默生对现代哲学的逃避。……包含了强烈的爱默生主义的遗迹和'细菌'"。① 与皮尔士不同，詹姆斯则更多发挥了爱默生主义的个人主义，这一点在其对个性、和解和英雄能量的阐述中得到了集中体现。其主要角色就是爱默生式的个人主义者、道德主义者、改良主义者、大众化的人物，而对于政治，"詹姆斯没有任何深刻的见解，甚至都毫无动力说什么"②，事实上，也正是这一点造成了韦斯特对他的相对轻视。

这一任务是由另一个实用主义的经典作家、也是最伟大的实用主义者杜威完成的，主要是因为"他用19世纪欧洲的伟大发现的典型历史意识融合了强调力量、刺激和人格的爱默生主义传统"。③ 也正是这一历史意识的引入，让杜威在从康德到黑格尔的意义上突破了皮尔士的专业哲学以及爱默生、詹姆斯的个体性人格思想的限制，并最终在专业哲学和社会层面两条战线上实现了对实用主义的"巅峰"创造。在专业哲学层面，杜威通过对"确定性"的拒斥和对"经验"的改造，在进化论的视野中完成了

---

① [美] 康乃尔·韦斯特：《美国人对哲学的逃避：实用主义的谱系》，董山民译，南京大学出版社2016年版，第73页。

② [美] 康乃尔·韦斯特：《美国人对哲学的逃避：实用主义的谱系》，董山民译，南京大学出版社2016年版，第84页。

③ [美] 康乃尔·韦斯特：《美国人对哲学的逃避：实用主义的谱系》，董山民译，南京大学出版社2016年版，第97页。

对爱默生式逃避及其自然神论的当代强化；而在社会层面，则通过其关于历史意识、批判性智慧和创造性民主的论述，把实用主义扩展到对更大的社会结构、系统和制度的考虑，不仅实现了实用主义从学院哲学到社会思潮的突破和完成，而且也因为对实用主义方法的应用范围的极致拓展及其产生的丰富理论成果，把实用主义推向了"方法"和"内容"上的双重巅峰。

　　然而，随着美国的社会历史发展进入世纪中叶，爱默生主义的创造性民主文化的社会和话语空间也变得越来越有限，并直接导致了实用主义精神的危机。这种状况也决定了这一时期的实用主义者的使命和任务，即：在危机中实现对爱默生主义—实用主义精神的拯救，并因此在其作品中"普遍存在一种悲剧感，一种对反讽的需要，一种对有限和约束的承认，同时强调悖论、模棱两可极其困难"①。这一时期的实用主义者，主要代表包括杜威主义的政治知识分子胡克、新杜威主义的激进社会批判家米尔斯、詹姆斯主义的有机知识分子杜波伊斯、詹姆斯主义的文化批评家尼布尔和作为阿诺德式文学批评家的实用主义者特里林。不仅如此，即使在专业哲学（学院哲学）领域，实用主义也同样不景气：不仅其生来的"反专业化"倾向导致了美国实用主义在学院哲学中的"非主流"地位，更谈不上在学院更高梯队上获得发展，而且，学术界发生的革命和转向带来的哲学问题的"数理逻辑"转移，以及分析哲学的涌入和迅速扩张，也进一步促成并加剧了实用主义的式微。

　　然而，随着分析哲学的涌入，"分析哲学的美国化运动"的大幕就此开启，也直接推动了实用主义的复兴和新实用主义的产生。韦斯特认为，蒯因的整体主义认识论、自然主义立场及其对逻辑原子主义和传统经验主

---

① ［美］康乃尔·韦斯特：《美国人对哲学的逃避：实用主义的谱系》，董山民译，南京大学出版社 2016 年版，第 165 页。

义的批判，不仅回应了詹姆斯和杜威的思想也强化了爱默生式逃避；古德曼"构造世界"视域内的反还原论、多元主义及其"有严格限制的彻底相对主义"，"造就了实用主义细微的进步"①；塞拉斯的"拒斥所予"后的"反基础主义"认识论及其对强调"语言"和"主体间性"的心理学唯名论，则加速了实用主义的复兴。但就韦斯特对哲学的"文化批评"定位而言，罗蒂则是这一进程的完成者，并因此被作为"从杜威到罗蒂"的实用主义谱系的终点给予了高度重视和重点阐述。从早期"语言转向"后对实用主义复兴的宣告，到以论文"世界的彻底丧失"为标志的后期实用主义转向，罗蒂在蒯因的整体论、古德曼的多元主义和塞拉斯的反基础主义基础上，通过诉诸杜威"构造了一种典型的爱默生主义例证"②，不仅确立了一种"历史主义的、反还原论和后人道主义"的新实用主义版本，也完成了对哲学"后哲学文化"的归并。

　　然而，在韦斯特看来，虽然罗蒂把哲学导向了复杂的政治和文化世界，但却局限于对其的学术改造，因此，他的新实用主义"仅仅拆除了自由资产阶级的资本主义社会的哲学支柱，而对改变我们的文化和政治实践却并无要求"③。更为重要的是，这种狭隘的政治性导致了对实用主义的"非历史性"解释，进而因为对理论的不信任和"暂时词汇"的预设，导致了对任何社会和异质性的"谱系学解释"的高度怀疑和排斥。事实上，正是这一点遭到了韦斯特的强烈反对和批评。与罗蒂相反，韦斯特却恰恰

---

① ［美］康乃尔·韦斯特：《美国人对哲学的逃避：实用主义的谱系》，董山民译，南京大学出版社 2016 年版，第 289 页。

② ［美］康乃尔·韦斯特：《美国人对哲学的逃避：实用主义的谱系》，董山民译，南京大学出版社 2016 年版，第 302 页。

③ C. West, *The American Evasion of Philosophy: A Genealogy of Pragmatism*, Madison Wisconsin: The University of Wisconsin Press, 1989, p.206. 参见 ［美］康乃尔·韦斯特：《美国人对哲学的逃避：实用主义的谱系》，董山民译，南京大学出版社 2016 年版，第 313 页，译文有改动。

认为，只有在谱系学的意义上，才能获得对实用主义及其精神主旨的本真解释，也只有保留了其历史感和谱系目标的实用主义，才能在既强调后果又强调具体实践的同时，还能保持其抵抗宏大理论的立场，并因此得出结论说："用历史性的眼光来改进实用主义，务必让位于谱系学的理由。这种谱系学在与支配和控制了我们大多数人生活的那些人发生社会和意识形态论争时，配置了道德和政治武器。这样，新实用主义不但从爱默生到罗蒂的实用主义传统中学到了很多东西，而且建立在这个传统之中，并进一步超越了自己的传统。"① 韦斯特把这种获得谱系学解释的实用主义称之为"预言实用主义"（propheticpragmatism），并以此标识自己的实用主义版本。

预言实用主义作为一种文化批评的政治形式，既深深根植于独特的美国文明历史，又把政治植入普通人的日常生活经验并因此承载受压迫人民的希望；就其目的而言，就是通过创造性的智慧与社会行动，创造可以用以提升爱默生式民主文化的机会，其本质就是文化批评和政治参与。因为作为其政治核心的"解放性的社会实验主义"与马克思主义的类似，所以预言实用主义也促进了"传统实用主义更加直接地面对马克思主义的社会分析传统"。② 这也使得韦斯特超越了古典实用主义"皮尔士—詹姆斯—杜威"的通常线索，创造性地将自己的实用主义置入了"杰佛逊—爱默生—杜威"与"卢梭—马克思—葛兰西"为线索的两种浪漫主义序列，③ 不仅因此拓展了实用主义的谱系范围，也开启

---

① ［美］康乃尔·韦斯特：《美国人对哲学的逃避：实用主义的谱系》，董山民译，南京大学出版社 2016 年版，第 318 页。

② ［美］康乃尔·韦斯特：《美国人对哲学的逃避：实用主义的谱系》，董山民译，南京大学出版社 2016 年版，第 322 页。

③ ［美］康乃尔·韦斯特：《美国人对哲学的逃避：实用主义的谱系》，董山民译，南京大学出版社 2016 年版，第 323—337 页；另参见黄家光：《康乃尔·韦斯特的"预言实用主义"及其限度》，《中国图书评论》2018 年第 5 期。

了当代西方以"实践"为逻辑起点与核心旨趣的两大思潮之间的真正对话。

（二）"预言实用主义"谱系的是与非

毫无疑问，韦斯特的"预言实用主义"谱系是独特且极具创造性的，不仅因为把实用主义置入了整个美国理智史而奠定了一种关于实用主义解释的思想史传统，而且也因为着眼于实用主义的"未来发展"和"希望效应"而开拓和丰富了实用主义的当代面向和对话视域，譬如马克思主义。然而，就实用主义的谱系建构而言，却因为极具个人特色的谱系立场和线索选择而在对实用主义的解释上陷入了某种程度的刻意和"不自然"，并因此不得不面对谱系范围和哲学性质的双重困境。

对于作为"美国人在哲学上为世界哲学做出的独特贡献"的实用主义来说，基于发生学的历史线索将其置入美国理智史进而完成其谱系建构，当然无可厚非，因为，这显然有利于凸显实用主义的美国特质，事实上，也正是这种独特的"历史性"和"美国性"构成了实用主义的专属标识。然而，韦斯特却把这种理智史解读为一系列文化批评和政治阐释，进而把实用主义作为"美国人对以认识论为中心的哲学逃避"归约为一种非哲学的"文化批评"，并因此而放逐了实用主义的"哲学"性，以至于他的"实用主义"不仅"逃避了认识论"，也"逃避和解构"了整个哲学。而且，对"文化和政治"线索的刻意专注，也使其谱系线索因为忽略了其他哲学问题（譬如作为方法的实用主义准则等）而趋于单一，并因此不得不面对谱系范围在"宽泛与狭隘"两极之间摇摆的悖论式困境。一方面，因为受美国文明史特有的爱默生主义的政治和文化主题和单一的"杰佛逊—爱默生—杜威"的浪漫主义序列的限制，造成了对一般"哲学"主题关注的忽略和缺失，以至于，虽然声称不否认其贡献并对之充满敬意，但仍然在其谱系中，不仅"集中关注杜威，而有些忽略了皮尔士和詹姆斯"，而且对米德和C.I.刘易斯则干脆不提，① 并因此导致了谱系范围的"哲学"狭隘；另一方面却又因为美国理智史和文化的极大包容性，除了把诸如杜波伊斯、尼布尔和特里林那些在美国理智史上没有自然归属的边缘以及被边缘化的思想家们包括了进来，也把"女权主义者、奇卡诺人、黑人、社会主义者、自由左派的人"② 纳入了实用主义的谱系，以至于吉姆拉将其新实用主义称之为"另一个宽泛的教派"③，其谱系宽泛到甚至可以容纳所有美国思想家。

如前所述，韦斯特基于其谱系的政治考量开拓性地将实用主义与马克思主义关联起来，并因此开启了两者之间的真正对话，这无疑是其预言实用主义谱系的优势所在。然而，值得注意的是，作为对话前提和基础的却是作为实用主义政治核心的"解放性的社会实验主义"与马克思主义"激进民主因素"的类似，这一点显然值得商榷。因为，无论是被韦斯特归为两大浪漫主义先知的爱默生和马克思本人之间，还是作为两者后续叙事的实用主义和马克思主义之间，都存在着巨大差异甚至根本的冲突。在韦斯特眼里，爱默生自然神论的最大社会贡献就是创立了"美国的宗教"，而马克思则显然是一个无神论者；就实用主义和马克思主义而言，无论是解放目标的实现途径还是动力都明显不同，前者倾向于依靠精英个人的自我能力提升来改良社会，而后者则主张依靠人民大众的革命实现人类的全面解放。因此，如果说两者之间有相似，也只能是在最为抽象意义上的对人

---

① C. West, *The American Evasion of Philosophy: A Genealogy of Pragmatism*, Madison Wisconsin: The University of Wisconsin Press, 1989, p.6. [美] 康乃尔·韦斯特：《美国人对哲学的逃避：实用主义的谱系》，董山民译，南京大学出版社 2016 年版，"中文版序言"第 5 页，译文有改动。

② C. West, *The American Evasion of Philosophy: A Genealogy of Pragmatism*, Madison Wisconsin: The University of Wisconsin Press, 1989, p.232. 另参见 [美] 康乃尔·韦斯特：《美国人对哲学的逃避：实用主义的谱系》，董山民译，南京大学出版社 2016 年版，第 350 页，译文有改动。

③ G.W.Kimura, *Neopragmatism and Theological Reason*, Burlington, VT: Ashgate Publishing Company, 2007,p.7.

类社会的思考，而这显然无法承诺两者之间的真正对话的展开，在这种意义上，这种对话还只是被"开启"，距离实现"真正"对话似乎还有很长的路要走。事实上，如何拓展并真正实现实用主义与其他当代思潮的对话，并在此基础上探究自身的发展道路，不仅是"预言实用主义"所昭示的"未来和希望"所在，也是其面向自身所指向的"未来和希望"所在。

二、苏珊·哈克、雷谢尔的"新古典实用主义"

如果说康乃尔·韦斯特是基于思想史传统对古典实用主义及其后续叙事谱系的重构的话，那么，以苏珊·哈克、雷谢尔、科普曼为代表的"新古典实用主义"则是因为对当代哲学尤其是所谓"新实用主义"的不满及其危机的消解，而更倾向于对"古典实用主义"尤其是皮尔士哲学意义的重新发现和"回归"。事实上，这也正是他们的思想被称为"新古典实用主义"的依据和原因所在。

（一）基础融贯论：苏珊·哈克对认识论的实用主义重构

作为当代最为著名的哲学家之一，苏珊·哈克不仅因为其提出的基础融贯论被视为当代认识论中几种主要的认知证成理论之一，而成为了最有影响力的认识论者，也因为对实用主义的深入研究及其作品中显现出的实用主义气质，而被公认为"新实用主义"重要代表。然而，哈克的理论起点却不是实用主义而是逻辑哲学，她的第一部重要著作就是为其带来广泛声誉的《逻辑哲学》，而她对实用主义的兴趣则开始于《证据与探究》的撰写之前，"我清楚记得，正是奎因在《语词和对象》第一章中对皮尔士的真理定义的不屑言论，促使我第一次拿起了皮尔士的《文集》，并开始认真研究古典实用主义传统中的哲学家们"①。事实上，正是

---

① 孙咏：《美国实用主义：演变及其当代走向——苏珊·哈克教授访谈录》，《广东社会科学》2014 年第 2 期。

对古典实用主义尤其是皮尔士著作的深入研读和探究,不仅促成了她对古典实用主义的澄清和重释,并在此基础上建构了新实用主义的独特谱系,而且也在与认识论的结合中提出了著名的"坦诚实在论"和"基础融贯论",进而实现了对认识论的实用主义重构,而其"实用主义准则"的出发点及其表现出的"回归皮尔士"倾向,也为其赢得了"新古典实用主义"的称号。

苏珊·哈克对实用主义的研究和重释,显然是从皮尔士开始并以作为实用主义诞生标识的"实用主义准则"为基础展开的。哈克认为,对于"古典实用主义"而言,实用主义不是一种学说,而是一种方法。这不仅在作为确定概念意义的方法提出并预示一种"科学探究理论""实用主义准则"的题中应有之义,而且,也是作为其哲学核心承诺了作为发生在 19 世纪末的美国哲学运动的实用主义精神传统。在这种意义上,尽管古典实用主义的经典作家们因为问题关注和强调的不同形成了差异巨大的理论后果,并因此呈现出了不同的实用主义风格,譬如,因为对真理的不同理解及其对"效果"性质的不同强调,而"在实用主义风格上,皮尔士逐步形成了更强的实在论风格,而詹姆斯则逐步形成了更强的唯名论风格"[1] 等,但在作为一种概念意义澄清方法和"科学探究"的方法论意义上,却始终融贯统一,并因此形成和承诺了一种连续性的"传统"。

基于这样一种古典实用主义重释,哈克随后批判性地审视了后古典尤其是当代的新实用主义叙事。在她看来,刘易斯虽然通常被视为最后一位古典实用主义者和"新—老"实用主义之间的关键链接点,但其不可错论的基础主义却远离了古典实用主义传统,而只有在"先验概念"的选择上具有"实用"的意蕴;而蒯因,无论是其逻辑著作还是其本体论,似乎

---

[1] 孙咏:《美国实用主义:演变及其当代走向——苏珊·哈克教授访谈录》,《广东社会科学》2014 年第 2 期。

都"没有什么特别合乎实用主义之处"①，虽然其自然主义和对"分析/综合"二分的拒斥还能找到皮尔士或杜威的影子，但在这些方面，似乎怀特对"二元论"的批判和胡克提出的"自然主义和第一原则""更清晰地符合实用主义精神"。在详细考察了胡克的自然主义、伯恩斯坦对实用主义与大陆哲学的协调、普特南把詹姆斯与维特根斯坦的结合、雷谢尔的概念观念论、马古利斯的反基础主义的历史哲学以及她自己的批判常识主义，并做了"实用主义"归源之后，哈克把批判的矛头指向了以丘奇兰德尤其是罗蒂为代表的"激进的或庸俗的新实用主义"。在她看来，罗蒂既背叛了皮尔士，也远离了詹姆斯和杜威，不仅对传统认识论合法性的批判一团混乱②，而且他奇怪的真理观念也"不仅使理解真正的探究是什么成为不可能，而且甚至使得把握文学有重要的真理要传授给我们也成为不可能"。③ 于是，哈克得出结论说，罗蒂的实用主义"既不是实用主义某种内在缺陷的必然结果，同样也不是詹姆斯和杜威的实用主义版本偏离皮尔士的必然结果"，只是"竭尽全力把自己打扮得跟古典实用主义传统联系在一起"而已。④

显然，哈克对罗蒂实用主义的不满直接导源于他对认识论的取消和对真理的否认，而这些都建立在他对传统形而上学批判基础上的对形而上学本体论的彻底放弃。然而，哈克却认为，古典实用主义既不是要彻底摧毁本体论，也没有否认真理，而是要通过科学的探究建立一种科学的形而上学和通达真理的合理路径。不仅"实在"概念可以通过"实用主义准则"

---

① 孙咏:《美国实用主义:演变及其当代走向——苏珊·哈克教授访谈录》,《广东社会科学》2014 年第 2 期。

② [英] 苏珊·哈克:《证据与探究——走向认识论的重构》,陈波、张力锋、刘叶涛译,中国人民大学出版社 2004 年版,第 181—200 页。

③ [英] S. 哈克,陈波:《苏珊·哈克访谈录》,《世界哲学》2003 年第 5 期。

④ 孙咏:《美国实用主义:演变及其当代走向——苏珊·哈克教授访谈录》,《广东社会科学》2014 年第 2 期。

来澄清，而且这个准则也是真正通达和显示真理的方法保证。实质上，在皮尔士的"实用主义准则"视域内，真理与实在都是假设性的，真理作为"不多不少就是遵循该方法将引导我们达至的最后结果"①本身就是一种实在，"就是信息和推理或迟或早终将导致的东西，……它没有确定的限度，只有确定的知识的增长"。② 正是基于对皮尔士的这种同情式理解和认同，哈克才在考察了各种实在论、非实在论和相对主义之后提出了自己的"坦诚实在论"（innocentrealism）。哈克指出，坦诚的实在论，既不赞同传统意义上的严格的实在论，也不同意彻底的相对主义，而是"恰好占据了严格的实在论与松散的相对主义之间可供立足的中间地带"③。它理解的实在，就是"它不依赖于我们相信它是怎样的"那个整体合一的世界，它"是关于自然或粗糙的实在，它被许多类所覆盖，不仅包括马路、书籍、炸弹这些物理制品，也包括语言、经济、法律体系这些社会制品"。④ 在这种意义上，真理作为人类的认识产品理所当然也是一种实在，并因此不可能被作为相对主义的纯粹语言"约定"而取消。

但值得注意的是，并不是所有的认识或者语言陈述都能形成"常识"而被承认，只有那些经过"科学探究"而达成"共同体一致"的意见才是有意义的。换句话说，虽然秉持一种悔悟的"可错论"，但只有那些被"证成"的认识才能真正构成"真理"。然而，传统的认识论却并没有为我们提供一种能真正通达和显示真理的有效的"证成"理论和方法，也正是基

---

① C.S. Peirce, *Collected Papers of Charles Sanders Peirce, Volume 5*, edited by Charles Harts-horne and Paul Weiss, Cambridge: Harvard University Press, 1934, para. 553.

② C.S. Peirce, *Collected Papers of Charles Sanders Peirce, Volume 5*, edited by Charles Harts-horne and Paul Weiss, Cambridge: Harvard University Press, 1934, para.311.

③ ［英］苏珊·哈克：《实在论及其竞争者：恢复我们的天真》，《哲学分析》2013年第2期。

④ ［英］苏珊·哈克：《实在论及其竞争者：恢复我们的天真》，《哲学分析》2013年第2期。

于此，哈克才在分析批判传统认识论的"基础主义"和"融贯论"证成理论的基础上，提出了她以此著称的"基础融贯论"（foundherentism）。在哈克看来，基础主义的证成理论，主张将派生信念的证成单向地归于仅由"经验"才能证成的基本信念，而融贯论的证成则只涉及信念之间的关系，即：一个信念的证成取决于它作为元素的那个信念集合的融贯。前者的"优点是承认一个人的经验……与他如何证成他关于世界的信念有关，缺点是：要求能够证成其他信念的那一类有特权地位的基本信念只能由经验证成，但却忽视了一个人的信念之间无处不在的相互依赖；融贯论的优点在于它承认那种无处不在的相互依赖，且不要求区分基本信念和派生信念；缺点在于不允许主体的经验发挥任何作用"。① 尽管因为相互间批评和借鉴而产生了诸如"弱的基础主义""温和的不平等的融贯论"等变体，但仍然因为各自理论的不自洽而陷入了困境。

然而，哈克却认为，在知识的证成上，传统认识论并没有穷尽我们的选择，而且，我们也不是只能在基础主义和融贯论之间做出非此即彼式的选择。换句话说，在两者之间还有逻辑空间，于是哈克指出，"我们需要一种新的探索，允许感觉内省经验与经验证成相关，但不预设任何具有特权地位的基本信念，或者不要求本质上单向的支持关系；换句话说，我们需要基础融贯论"。② 显然，这种证成理论是一种中间性理论，不仅因为承认经验与证成相关而具有了"基础主义"的因素，也因为不要求基本信念及其证成的经验唯一性和承认信念之间的相互支持，而吸取了"融贯论"的优势。毫无疑问，就其对两者困难的规避和优势的兼取而言，基础融贯论为真理的证成和显示提供了一种新的路径选择，并因此实现了对认识论

---

① S. Haack, "A Foundherentism of Epistemic Justification", Ernest Sosa, *Epistemology: An Anthology*, Oxford: Blackwell Publishing, 2008, p.135.

② S. Haack, "A Foundherentism of Epistemic Justification", Ernest Sosa, *Epistemology: An Anthology*, Oxford: Blackwell Publishing, 2008, p.136.

的重构。然而，正如哈克在《证据与探究》的结尾用"从此以后，充满希望"来代替笛卡尔的"从此以后，一切太平"时所预示的那样①，她对基础融贯论的评价和认可，既是谨慎的，也是有条件的。原因在于，基础融贯论作为一种证成理论是否有效并最终被认可，除了能作为标准而判定是否以真理为导向并有效地显示和证成真理之外，还取决于真理本身是否可以被显示，或者说是否承认有真理存在。也就是说，基础融贯论的认识论有效性最终取决于真理的本体论承诺。在这里，我们看到了哈克作为本体论的"坦诚实在论"的认识论意义，并因此构成了其认识论重构的一部分。在这种意义上，基础融贯论与坦诚实在论是联系在一起的，并作为一个整体实现了对本体论和认识论的双重重构。

虽然哈克的基础融贯论一经提出便引起了广泛关注，并构成了后续发展的基础，譬如，G. 谢尔就把哈克视为理论先驱并明确承认其"基础整体论"就是沿着其"基础融贯论"的思路发展而来，② 但这些关注和影响却大都集中于认识论领域，而对于其中的实用主义却涉及甚少。然而，从前述分析中不难看出，无论是其哲学的方法论还是其认识论重构中的立场、观点，无不铭刻着古典实用主义尤其是皮尔士的烙印。正如她亲承的那样："我越来越感谢古典实用主义者，他们帮助我摆脱了分析哲学令人不舒服的固执，不再迷失于严格概念的、逻辑的或语言学的论题"，③ 古典实用主义不仅开启了其哲学重构的方法起点，而且，"坦诚实在论"对皮尔士实在论观点的追随、"基础融贯论"对"二分法"的反感和基于"连续论"调和，关于真理及其证成理论中的"可错论"立场，也都集中体现

---

① ［英］苏珊·哈克：《证据与探究——走向认识论的重构》，陈波、张力锋、刘叶涛译，中国人民大学出版社 2004 年版，第 200 页。

② Gila Sher, *Epistemic Friction: An Essay on Knowledge, Truth, and Logic*, Oxford: Oxfoed University Press, 2016, p.23.

③ ［英］S. 哈克、陈波：《苏珊·哈克访谈录》，《世界哲学》2003 年第 5 期。

了浓厚的"实用主义"气质。不仅如此，苏珊·哈克基于"实用主义准则"对"实用主义"作为科学探究的方法意义的发现和重释，以及以此为基对新实用主义话语谱系的建构，也直接将其自己归入了"新实用主义"的谱系。实际上，这一点也得到了她本人的认同，正如她在谈及实用主义的当前状况时指出的那样："有些哲学家的工作显示出实用主义传统的影响，除了普特南、雷谢尔和其他一些人，我想还包括我自己"。① 在这种意义上，可以说，苏珊·哈克也是除罗蒂、普特南、布兰顿之外为数不多的、不仅被认为是公开宣称自己是"实用主义者"的哲学家之一，并因此成为了当代新实用主义谱系话语中不可绕避的转标。

（二）实用主义的"方法论转向"：雷谢尔的批判与重释

与苏珊·哈克一样，雷谢尔对实用主义的重释也是基于对当代实用主义尤其是以罗蒂为代表的"解构主义"或"虚无主义"版本和倾向的质疑与不满的，正如她在《实在论的实用主义》开篇就指出的那样："曾经是美国哲学主流的实用主义，从所有迹象上看，最近却逐渐被改观成了一种反哲学的虚无主义模式。"② 不同的是，前者主要从认识论尤其是罗蒂的"庸俗实用主义"真理观及其证成作为切入点，而后者则直接从对实用主义本身的整体审视开始。在雷谢尔看来，以罗蒂为代表的新实用主义，不仅因为将实用主义从皮尔士的"客观主义"演变成了一种"怎样都行"的"主观主义"版本而背离了古典实用主义的核心要旨，而且也使得实用主义本身因为误解以及在诸如真理问题上的极端"相对主义"后果而陷入了各种质疑和危机。因此，无论是从澄清各种误解进而完成对实用主义的辩护，还是从更有效地回应各种质疑进而逃离当前危机上看，对古典实用主

---

① 孙咏：《美国实用主义：演变及其当代走向——苏珊·哈克教授访谈录》，《广东社会科学》2014 年第 2 期。

② N. Rescher, *Realistic Pragmatism:An Introduction to Pragmatic Philosophy*, Albany: State University of New York Press, 2000, p. xi.

义的本真内涵进行正本清源式的厘清与重释，都作为最有力的武器而势在
必行。正如雷谢尔提及其著作《实在论的实用主义》目标时直言的那样：
"这本书的目的就是为实用主义传统辩护，对抗哲学中思想贫乏的结构分
析理论。"①

　　然而，雷谢尔理解和认同的本真的实用主义，并不是一般意义上的
"古典实用主义"，而是其创始人皮尔士所设想和呈现的那种原初的实用主
义，即："客观的和实在论的实用主义"。②雷谢尔认为，在古典实用主义
的进程中，皮尔士的路径并没有得到积极的延续和推进，而是从詹姆斯开
始就出现了基于"个人性"强调的某种"误解"式中断，以至于此后的实
用主义叙事一直在两种截然不同的方向和模式下展开，并最终形成了两种
叙事传统和版本：一种传统在以皮尔士、刘易斯、普特南、哈克等为代表
的哲学家中延续，最后形成了"客观的实用主义"版本；另一种传统则沿
着詹姆斯的路线行进，并最终呈现为一种以詹姆斯、席勒和罗蒂为代表的
"主观的实用主义"版本。"近年来，实用主义概念变得与皮尔士完全不同，
变成了一种不再追求而是瓦解客观有效性的学说。从詹姆斯到罗蒂，实用
主义逐步转向成为一种抛弃客观性、任性简单的'怎样都行'的观念。"③
根据两种版本所表现出来的倾向和气质，雷谢尔也将它们称之为"右的实
用主义"和"左的实用主义"：前者强调普遍性、真理的客观有效性，相
对趋于保守；而后者则更关注个人性、真理的语言相对性，而更显激进。

　　毫无疑问，雷谢尔区分两种版本的实用主义，并不仅仅为了某种谱系
学的归属，而是为了澄清本真以回应质疑和直面危机，因此，面对在不同

---

① N. Rescher, *Realistic Pragmatism:An Introduction to Pragmatic Philosophy*, Albany: State University of New York Press, 2000, p. xii.

② N. Rescher, *Realistic Pragmatism:An Introduction to Pragmatic Philosophy*, Albany: State University of New York Press, 2000, p. xiii.

③ N. Rescher, *Realistic Pragmatism:An Introduction to Pragmatic Philosophy*, Albany: State University of New York Press, 2000, pp. 63-64.

方向上对实用主义的多样性阐述，他的任务和主要问题"不是'实用主义是不是可信的？'，而是'能否对实用主义做出一种可信的解释版本？'……问题不是'是否有一些版本的实用主义在一定程度上有欠缺或不能被接受？'而是'是否有一些版本的实用主义以其自身的方式被需要、被接受？'"① 在这种意义上，对实用主义的重释，不是解构性的，而是建构性的；不是对某种实用主义版本的主观认同和简单判定，而是呈现并诠释出一种更能有效回应质疑和危机的可信版本，因此，它也不可能是一种过度诠释，而只能是一种本真的源返和再现。也正是基于这种考虑，雷谢尔建议从皮尔士对实用主义的原初构想尤其是"实用主义准则"开始考察。

显然，在皮尔士的最初表述中，"实用主义准则"首先呈现为一种确定概念意义的方法，它适用于任何一个待考察的"具体对象"，譬如真理、实在，并最终以"实效"为判据获得一个关于此对象的具体的判断"命题"。然而，更为关键的是，当它适用于每一个不同对象时，其共同的操作程序也同时构成了一个方法系统，而具有了作为"科学探究"的方法论意义。尽管这种方法在实际运行过程中因为对象及其带来的"实效"的具体性而呈现出个别性，但在方法论意义上，却呈现为一种普遍的求真过程，并因此"实在论"地预设了真之客观存在。换句话说，作为具体方法，是对特定"命题"的具体之求，而作为方法论，则是一种对客观真理的普遍追求，并因此承诺了一种一般的、系统性的理性探究程序。正如雷谢尔指出的那样："方法论的实用主义不着眼于个别的命题，而是以有效的资源作为普遍的手段展开实用的标准"②，它坚持可错论，允许在具体命题或结论获得或证实上的作为具体方法的成功和失败，但在这些方法作为要素所构成的一个方法

---

① N. Rescher, *Realistic Pragmatism:An Introduction to Pragmatic Philosophy*, Albany: State University of New York Press, 2000, p. 56.

② N. Rescher, *Realistic Pragmatism:An Introduction to Pragmatic Philosophy*, Albany: State University of New York Press, 2000, p. 77.

系统意义上，却只趋向于正确和成功，并因此承诺了客观和有效。实质上，作为一种科学探究，它所导向的成功既不是个人的成功，也不是特定团体的成功，而是一种科学意义上的成功，即：有效的预测、说明和控制。①

也正是在上述意义上，雷谢尔认为詹姆斯背离了皮尔士，因为他对具体真理以及个人和主观"实效"的过分强调已经消解了普遍之真的客观性。换句话说，詹姆斯更多是在"具体方法"意义上拓展了"实用主义准则"，而忽略了其"方法论"意义，进而呈现出了更强的"唯名论"或"主观"倾向。"詹姆斯和皮尔士不同，他的兴趣点在情感和宗教上，而不是自然世界和本质。……皮尔士的注意力集中于自然科学即探究客观事物，而詹姆斯则关注主观主义方面即个人的心理满意度"。② 正是源于詹姆斯的这种断裂，实用主义的统一进程才一分为二形成了两种不同的传统，并在持续的发酵中产生了以罗蒂为代表的激进的、解构的极左实用主义版本。于是，雷谢尔认为，要真正澄清实用主义的本真意蕴就必须"重返皮尔士"，而要建构一种有效可信的实用主义版本，进而克服对实用主义的各种质疑和反对，不仅必要也必须实现"实用主义的方法论转向"。③

且不说，雷谢尔对詹姆斯的解读以及她关于"詹姆斯对皮尔士的背离"的判断是否准确，（如第一章所论，实际上，这种背离和断裂正是体现在"具体方法"意义上，而在方法论意义上，尤其是两者的辩证互动过程中，恰恰是统一融贯的；仅就这一点而言，雷谢尔对詹姆斯的解读反而不是"方法论"的，因为，正如她认为的那样，方法论本身就允许具体方法上的失败。）但仅就对皮尔士"实用主义准则"的"方法论"意义的解

---

① N. Rescher, *Realistic Pragmatism:An Introduction to Pragmatic Philosophy*, Albany: State University of New York Press, 2000, p. 78.

② N. Rescher, *Realistic Pragmatism:An Introduction to Pragmatic Philosophy*, Albany: State University of New York Press, 2000, p. 61.

③ N. Rescher, *Realistic Pragmatism:An Introduction to Pragmatic Philosophy*, Albany: State University of New York Press, 2000, p. 75.

读而言，她倡导的"方法论转向"不仅掷地有声而且有据可依。虽然基于两种实用主义版本的区分及其对"皮尔士"版本的认同性选择，而使得她给出的实用主义的叙事谱系呈现出了明显的"断裂"和"分野"，并因此难以融贯统一，但从"实用主义准则"出发对实用主义的解读、重释和谱系描述，仍然为其作为"谱系线索"的合法性提供了前瞻性的论证。换句话说，无论在何种意义上源返、谱系效果如何，但这种"源返"本身就是一种开拓，并作为后续理论推进的基础而长期客观有效。事实上，这也正是雷谢尔"新古典实用主义"的谱系学意义和价值所在。

第三节　走向分析的实用主义：布兰顿的"超越"与建构

作为当代最有影响力的新实用主义者，布兰顿不仅构建了一个基于调和实用主义和理性主义的"分析的实用主义"样式，其哲学也因为对匹兹堡学派、德国古典哲学、实用主义和当代尤其是其老师罗蒂的新实用主义思想资源的广泛综合而呈现出了当代哲学鲜有的"体系性"。毫无疑问，作为匹兹堡学派最为杰出的代表之一，布兰顿的哲学，无论是思想的起点还是运思的路径上看，都应首先归源于"语言转向"语境中的匹兹堡学派尤其是其开创者塞拉斯的思想，事实上，布兰顿的"分析的实用主义"也正是建基于匹兹堡学派哲学策略的继承和推进的。

一、从匹兹堡学派到"分析的实用主义"

毫无疑问，匹兹堡学派的哲学运思缘起于塞拉斯，并在他对所予神话的批判和拒斥中得到了集中体现。塞拉斯首先区分了印象和思维，并分别将其归置于自然的逻辑空间和理由的逻辑空间。在他看来，传统经验主义所作为基础的感觉材料，不仅因为本身是语言的和推论的而不具有作为基础的非推论的"所予"性，而且即使是也只能停留于自然的逻辑空间，进而无法承诺只有在"理由的逻辑空间"中才能履行的知识辩护职能，并因此建议用具有概念化经验内容的"观察报告"取而代之。显然，对印象和思维的康德式二分，构成了塞拉斯批判的前提框架，实际上，这也是整个匹兹堡学派的基本前提。因为知识的证成必须在"理由的逻辑空间"中进行，所以，在"保证知识的有效辩护又不落入所予神话"的目的下，就只能选择"语言"和推论性的具有"命题性内容"的作为概念化经验的"观察报告"来完成知识的证成。在这里，塞拉斯虽然明显表现出了对理性或"语言"的偏爱和坚信，但经验并未被排除在外，只是以"概念化经验"的形式存在。实质上，塞拉斯的策略就是找到一种既能体现"知识的因果（经验）基础"又能保证"知识的关联（语言）辩护"的合体，以满足对"基础和辩护"的双重需要，进而弥合印象和思维、经验与语言的二分所导致的知识"基础与证成"之间的鸿沟。然而，塞拉斯的"观察报告"却并不足以完成这项任务，因为，虽然在观察报告中经验渗透了语言，但只是语言（理性）对经验做出了回应和判断，换句话说，语言并不在经验本身之中，所以，知识的证成仍然只能在"语言"内进行"融贯论"的辩护，而与经验无关。

在这种意义上，概念化经验中的"语言和经验"，只是被强行撮合在一起的两张皮，而没有真正地聚合在一起，经验也只能是为了避免知识与世界的分离而设想出来的一种无奈的"因果基础"的寄托而已。也正是在这种意义上，麦克道威尔认为，塞拉斯虽然拒斥了"所予"，却并没有彻底摆脱所予神话，尽管这种所予的残余并不是他批判的那种所予。正如麦克道威尔指出的那样："避免所予神话要求理性能力在经验本身之中，而不只是在回应经验的判断中运作"[①]，印象和思维、经验与语言并不是截然

---

① [美] J. 麦克道威尔:《将世界纳入视野》，孙宁译，复旦大学出版社 2018 年版，第 244 页。

分离的，语言或者概念能力的运作不是在一个非概念基础（经验）上的运作，而是作为感受性和自发性一起以"直观"——"将某物纳入视野"——的形式直接参与了知觉的整体运作，并最终形成非推论的概念化经验。在这种经验中，"概念能力是运作于感受性之中的，而不是作用于某些预先设定的感受性运作之上的"①，它既不是心灵与世界之间的界面，也不是与世界毫无摩擦而旋转于空中的"心灵"或"语言"，既不"滑向观念论，也不减轻实在的独立性"②，并因为兼具认知性和因果性而构成了对知识的承诺。在这里，与塞拉斯在二分基础上更注重把经验导向概念化的语言不同，麦克道威尔在摆脱"所予神话"的策略上显然却更倾向于消解二分基础上作为心灵—世界直接聚合的"经验"，不仅因此呈现出一种基于"先验"解释的超越"所予论／融贯论"的"最低限度的经验主义"立场，也在风格和思路上实现了从康德到黑格尔的推进和改造，正如他指出的那样："彻底化之后的康德并不一定需要被辨识为康德。我们只需要通过反思先验演绎的结果得出一个合理的黑格尔式立场"。③

就匹兹堡学派的整体思路而言，如果说麦克道威尔更倾向于用"第二自然"来弥合在塞拉斯那里的心灵和世界、语言和经验的二元区分，进而彻底克服"所予神话"，那么，布兰顿则直接确认了这种二元区分的前提框架，不仅进一步基于自己的理性主义立场凸显了塞拉斯确立的"语言"对"经验"的优先地位，进而持续推进了"语言"之路，而且在塞拉斯对"语用推论"和"语义推论"的区分前提下，强调了后者或者后一维度的优先地位。因为，纯粹的语义推论势必带来融贯论循环的危险，而又不可能回归传统经验主义关于语义的经验主义维度，所以，布兰顿引入了实用主义

---

① J. McDowell, *Mind and World*, Cambridge, MA: Harvard University Press, 1994, p.10.

② J. McDowell, *Mind and World*, Cambridge, MA: Harvard University Press, 1994, p.34.

③ ［美］J. 麦克道威尔：《将世界纳入视野》，孙宁译，复旦大学出版社 2018 年版，第 183 页。

的"实践"概念，不仅因此把语义和语用关联了起来，也从"推论语义学"转向了"规范语用学"。

在布兰顿看来，虽然古典实用主义同样强调语义的实践关联，并因此调和了本体论的自然主义和认识论的经验主义，但却因为对连续性的关注而试图把"KnowingHow"理解为一种特殊的"KnowingThat"，导致了一种"基础实用主义"后果和缺陷，即：为了强调"实用主义语义学的厚度"而放弃了清晰表达实践意向性的规范性特征。于是，他建议重新把理性主义维度引入古典实用主义的经验主义语境，并以此为基提出了著名的"分析的实用主义"。正如他明确宣称的那样："正如康德调和了经验主义和理性主义，以及实用主义调和了自然主义和经验主义，我建议调和实用主义和理性主义"①，而作为调和结果的"分析的实用主义"的根本目标就是"让实践态度具有命题性的清晰性"②，换句话说，就是用一种规范语汇来描述"语义和语用"或者"意义与使用"的关联。在这种意义上，布兰顿的"分析的实用主义"不仅没有像麦克道威尔那样回归经验，而是在把塞拉斯的"主体间性"落实为社会"实践"基础上进一步推进了匹兹堡学派尤其是塞拉斯的"语言"策略，而且，也因为将理性主义引入了经验主义语境而在一种"建构"意义上改造了古典实用主义，并因此作为最新发展成果构成了当代"新实用主义"的核心话语和代表形态。

二、推论语义学和规范语用学

基于对塞拉斯以及此后的分析哲学"语言"策略的秉承，布兰顿首先否认了将语义归之于表象的获得路径，毕竟语言与经验分属于两个截然分

① R. Brandom, *Perspectives on Pragmatism: Classical, Recent, and Contemporary*, Cambridge, MA: Harvard University Press, 2011, p.31.

② R. Brandom, *Between Saying and Doing: Towards an Analytic Pragmatism*, Cambridge, MA: Harvard University Press, 2008, p.116.

离的逻辑空间；然而，如果将语义纳入纯粹的语言范围，又会面临融贯论中的循环和相对主义危险，所以，为了避免上述两种路径的困难，布兰顿引入了实用主义的"实践优先"原则，进而将语义的获得归于了语言的使用，换句话说，语言的意义只能从语言的使用中得到说明。因为，在布兰顿看来，语言的"做"并不仅仅是纯粹的"做"，而是一种语言的实践或者对语言的使用，所以，其实质就是用语言形成一种推论关联，或者说就是一个人能不能用语言扮演某种推论角色。在这种意义上，语义实质上就是一种语言推论关系，而把握或理解一个概念的意义，"也就是对它所涉及的推论的实践性掌握——在能够辨别的实践意义上，知道这个概念从哪里推出和从这个概念的运用中推出了什么"。①

　　然而，这种解释和说明语义的推论，却不是被视为"流行教条"的纯粹的逻辑形式的推论，而是一种"非逻辑的、以内容为根据的推论"②，即：实质推论。根据实用主义的观点，这种推论或者语言实践，不仅直接"涉及前提和结论的非逻辑内容"并因此赋予了概念的意义，而且也将这些内容作为标准用以考量推论或者实践的好坏，也就是说，用以判断语言的使用者是否知道并按照正确的使用方式使用了语言，进而完成了这种推论。在这种意义上，判断一个人是否获得了一个概念的语义，实际上就是看这个人是否知道如何使用语言，或者掌握了一种语言的使用"规范"。然而，对这种规范的理解却不能局限于传统，进而将其等同于清晰的规则，因为在"元语言和对象语言"的框架内，作为说明规则的元语言会导致一种无穷倒退，所以，这种规范就只能被置入实践之中并以实用主义的方式来理解。于是，布兰顿得出结论说，"KnowingThat"来自"KnowingHow"，遵守规范本身就是一种实践，规范本身就来自社

---

① R. Brandom, *Making It Explicit*,Cambridge, MA: Harvard University Press, 1994, p.89.

② R. Brandom, *Making It Explicit*,Cambridge, MA: Harvard University Press, 1994, p.101.

会实践。事实上，对于布兰顿而言，在把表象经验（世界）剥离出语义获得之后，正是这种基于社会实践的规范，构成了对基于语言推论的语义的唯一限制。

但值得注意的是，布兰顿既没有像经典分析哲学那样将语用学排除在语义学之外，也没有像维特根斯坦和罗蒂那样直接把语义归于语用并最终放弃了语义学，而是借助于实用主义的实践桥梁把两者关联在一起，进而"把语用学理解为提供了一种特殊资源，它使得分析哲学的语义学方案从只关注意义之间的关系延伸和扩展到同时包括意义和使用之间的关系"①，并因此基于一种调和旨趣提出了试图融合分析哲学和实用主义的"分析的实用主义"。在这种"分析的实用主义"框架下，"真"之意义尽管不可能像传统经验主义那样源于世界的"表象"，但仍然在语用实践中通过"回指"而拥有意义并具有社会实践所赋予的表达功能。而且，虽然"真"之意义来自语言的推论，但却并未与"世界"脱钩进而失去客观性保障，而是在作为"概念化的世界"中借助"实践和非语言事实"的统一性获得了一种"因果"保障，正如布兰顿说明的那样："即使我们的语言推论实践很不相同（或完全缺席），非语言的事实在很大程度上可以是其所是，……但如果非语言的事实是不一样的，那么，我们的语言推论实践则不可能是其所是"②。因此，布兰顿认为，真理既不可能作为传统形而上学意义上的大写形象持续存在，但也不可能像罗蒂那样被作为冗余而彻底抛弃。也正是在这种意义上，我们不仅闻到了"分析的实用主义"的一种极富实用主义气质的"调和"味道，也感受到了它在这种调和中对分析哲学和实用主义的双重改造。

---

① R. Brandom, *Between Saying and Doing: Towards an Analytic Pragmatism*, Cambridge, MA: Harvard University Press, 2008, p.8.

② R. Brandom, *Making It Explicit*,Cambridge, MA: Harvard University Press, 1994, p.331.

三、"分析实用主义"的超越及其限度

如前所述，布兰顿的"分析的实用主义"无疑是从匹兹堡学派以来的分析哲学和实用主义两条线索上展开的，并在经验和语言、心灵与世界、本体论和认识论的互动和综合中得到了精致阐释。事实上，正是这种交织的双重线索，不仅奠定了其理论运思的基本路径，也构成了其意义和价值超越的主要维度。就分析哲学而言，"语言"无疑是其理所当然的理论起点和思想策略，然而，布兰顿既没有沿着经典分析哲学的经验主义语义学路径亦步亦趋，也没有因为纯粹的"语言"推论而落入融贯论尤其是罗蒂的相对主义陷阱，而是基于实用主义的立场将语义与语用关联起来，并最终使得"语言"在不损失分析精确性的前提下获得了一种基于规范实践的"理性主义"客观性保证，进而因为增加了分析哲学的实践厚度而超越了分析哲学；就实用主义而言，则因为将"经验"纳入了"语言"语境，而给出了一个作为整体的"概念化经验"的"世界"，不仅因此增加了实用主义的清晰性，也将实用主义的经验改造推向了极致，并最终推进了古典实用主义的"新"进程。如果说分析哲学和实用主义甚至是整个当代哲学都是在"经验"和"语言"并因此在经验主义和理性主义之间游走的话，那么，布兰顿的"分析的实用主义"则因为其实践基础上对"概念化经验"的分析和强调，既在保持清晰基础上增加了语言的经验厚度，也在不丧失和脱离世界的前提下增加了"经验"的清晰性，进而在对经验和语言的融合和重构中实现了对分析哲学和实用主义、经验主义和理性主义的双重超越。更为重要的是，这种超越不仅仅局限于经典分析哲学和古典实用主义，更是对徘徊于"经验和语言的非此即彼"中的"后分析哲学"和"新实用主义"的超越，因为，布兰顿不仅综合了匹兹堡学派、后分析哲学和新实用主义等各种视野，也在作为方法论的"实用主义"意义上最大程度地实现了对这些思想资源的吸收和融合，而作为其理论后果的"分析的实

用主义"也因此构成了新实用主义最新进展。

　　然而，布兰顿的哲学背景毕竟是分析哲学的，这也为他的"分析的实用主义"打上了明显的分析哲学烙印，即：不仅忠实于塞拉斯的语言与经验区分的二元框架，也表现出了对"语言"极度热衷和依赖，而所有这些都使得他对实用主义尤其是"实践"和"经验"等核心概念的理解出现了狭隘、偏颇甚至误解，并因为深层的"二元"困境而遭到了包括实用主义在内的诸多质疑和批评。首先，在对"实践"的理解上，布兰顿就因为对"语言"的执着而将之归于一种单薄的"语言的使用实践"或者"概念的实践"，从而忽略了实用主义作为"一种人与环境的交互作用"的实践内容的整体性和丰富性。而且，他对清晰性的过度追求，也迫使他拒绝讨论"我与我们"（I-we）的关系，而只从"我与你"（I-thou）的关系来理解社会，"因为只有后一种关系才能精确地呈现规范的形成过程和内部结构"，① 并因此进一步削弱了社会的整体性和实践的厚度。其次，在对经验的理解上，因为坚持经验与语言、自然和规范的截然分离而忽视了二者的连续性，所以就只能把实用主义的经验理解为一种传统经验主义意义上与语言相对的纯粹所予，而不可能像实用主义那样将经验置于一种连续的历史发生进程，进而理解为渗透着意义、概念、语言等理性行为的整体"经验"。实际上，布兰顿的这种经验解释与实用主义的经验并不相符甚至相互冲突，而他对经验的简单拒斥和对基础实用主义的批评也正是建立在这种误解之上的。

　　从上面的分析不难看出，之所以出现上述误解，其直接的根源就是布兰顿继承于匹兹堡学派尤其是塞拉斯的那个二分前提和框架，而这种二元论恰恰正是现代哲学尤其是实用主义所极力反对和试图消解的。这种理论前提上的冲突，不仅直接导致了他在"概念化经验"等问题上的模糊说明

---

①　R. Brandom, *Making It Explicit*, Cambridge, MA: Harvard University Press, 1994, p.39.

和犹豫立场，也最终决定了"分析的实用主义"不可能实现对分析哲学和实用主义的真正融合，尽管他表现出了明显的"调和"倾向和旨趣。事实上，对二元论的这种深层遗继，不仅直接导致了"分析的实用主义"各种理论困难，进而构成了其自身的理论限度，而且，作为一种最新进展和成果，也因为无法在真正融合的意义上承诺一个明确的方向，并因此构成了它对于实用主义的价值限度。就此而论，布兰顿的"分析的实用主义"虽然最新，却并非终局，实用主义的"新"发展依然空间无限，任重道远。

结　语

实用主义的当代面向

　　至此，我们基于一种自然主义的谱系立场，以作为"方法论"的"实用主义准则"为线索，围绕其叙事的源生路径以及统摄其叙事的"语言""经验"等核心概念和论题，给出了一个关于"实用主义"叙事的谱系描述。尽管因为将其叙事作为对"方法论"的具体应用和展开纳入"实用主义准则"的"方法"和"方法论"两种内涵的辩证互动，进而将其理论内容作为应用后果纳入了实用主义的整体叙事进程，而使得其谱系无论就新实用主义本身还是在从"古典"到"新"的实用主义整体进程上都更加融贯统一，并因此克服了新实用主义谱系面临的"实用主义身份的认同"和"新实用主义自身身份认同"双重困难，但作为"方法论"的实用主义所承诺的具体应用的极大可能性，仍然为其实际运行和展开提供了丰富空间，不仅使其实际叙事和源生路径超出了前述一般意义上的路径归并，也使我们建构的这种叙事谱系只能基于重要性和影响力而做出一种"选择"性描述，并因此无法完全纳入和涵盖所有叙事。在这种意义上，我们给出的谱系与其他谱系一样，依然是一种基于特定目标的"重构"，但不同的是，它的立场却更为"自然"，线索选择在作为"历史和逻辑融聚点"的意义上更为合理，其最终的谱系描述和刻画也更加趋近于实用主义整体进程和核心指向的"自身所是"。虽然作为"方法论"的实用主义在具体方法上的无限可能，直接导致了我们的谱系重构无法穷尽所有的新实用主义叙事，但在另一方面，也恰恰是这种可能性为新实用主义的当代面向和未来发展提

264

供了明确指向和更大空间。事实上，这不仅是在向后看的意义上选择"实用主义准则"作为线索进行谱系重构的基本依据，而且也是其"方法论"内涵及其"调和"气质在向前看的意义上的题中应有之义和未来价值所在。

从前文的谱系描述中不难看出，无论是在具体应用或路径的开拓还是在路径的创新应用上，无论是在"接着说"的意义上对实用主义核心问题的深化，还是在"重新说"的意义上对实用主义的改造上，新实用主义叙事都表现出了极大的多样性和丰富的空间感。除了"接着说"意义上对实用主义的问题深化和意义挖掘，譬如苏珊·哈克、雷谢尔对实用主义的方法论重释，还有对"接着说"方式的改造，譬如韦斯特基于美国理智史和浪漫主义框架下对实用主义思想传统的奠定和重置；除了与其他单一思想融合的"重新说"，譬如通过与分析哲学、现象学、存在主义、马克思主义等的融合，还有基于更大范围的交叉融合的"综合说"，譬如布兰顿基于对分析哲学、德国古典哲学、现象学、匹兹堡学派以及某些"新实用主义"等思想资源的综合而提出的"分析的实用主义"。毫无疑问，正是这些路径的开拓以及对之的创新尤其是综合性应用，诠释了新实用主义的为"新"之路并因此成就了其多样叙事，也在持续不断地创新和综合中彰显了新实用主义的思想生命力。

然而，更为重要的是，这些为"新"路径的创新尤其是综合应用，不仅作为路径坐标构成了新实用主义未来发展的起跑线，更作为指南规划了其当代面向的清晰方向，即：走向一种综合为"新"之路。实际上，这种发展的综合趋向，不仅已经在麦克道威尔、普特南和布兰顿提出的作为新实用主义最新发展成果的"分析的实用主义"中得到了初步体现，进而为其未来发展提供了案例和模板，而且也是新实用主义对实用主义独特"调和"气质的当代回应和具体彰显，并因此构成了它在与当代多元哲学叙事的共伴和对话中寻求发展的理性选择和必由之路。在这种"综合为'新'"的语境下，实用主义的未来发展，不仅因为"综合"的内容需要而面向近乎所有的新"论题"，并因此在论域上实现前所未有的拓展，而且也将为了满足"综合"的方法要求而全面审视人类的"理智"和"生活"方式，进而在"人类学"意义上完成方法探究和选择。事实上，这既是实用主义"整体论"的理论视野所求，也是其"核心的哲学问题是怎样生活"①主张的实践关怀旨归，也只有如此，才能真正诠释并承诺实用主义的未来之"新"。

基于以上之综合"新"设，实用主义的当代面向必然在论域之"广"和方法之"合"两个维度上展开。就论域而言，除了对实用主义百年叙事谱系中的经典论题进行持续推进和深化之外，还必须自觉面对最新的人类"理智"和"实践"问题。根据其重要性、紧迫性和新近性的综合考量，可作如下的简要归纳和预测：一是围绕对"实用主义"的内涵诠释和意义揭示，在思想溯源方面，开展对希腊哲学、中国哲学、德国古典哲学及其与实用主义的关系研究；二是围绕其对人类最新理智成果的"时代面向"要求，从批判性反思维度，聚焦人工智能、新材料、基因医学等及其实用主义哲学审视和伦理回应的研究；三是围绕对人类生活的"现实关怀"旨趣，着眼于问题的实际解决，关注生态环境、战争、疫情、霸权霸凌等全球性重大问题及其解决路径的实用主义分析和探索。就方法而言，除了英美传统的语言经验分析和实用主义本身之外，还必须全面涉猎和把握其他文明传统的方法，一是根据"综合"的方法需要，开展对现象学、宗教学、直觉等哲学方法及其与实用主义的关系研究；二是围绕"综合"的方法论旨归，对系统科学、人类学方法的最新发展及其与实用主义的整体关联进行跟踪和研究。

毫无疑问，上述就论域和方法对实用主义的当代面向的描述和预测，既不必然也不尽然，毋宁说只是对其"当代面向和未来空间"的一个举例

---

① H. Putnam, *Pragmatism, An Open Question*, Oxford: Blackwell Publishers Inc., 1995, p.22.

说明而已。而且，方法与内容这两个维度也不可能被截然分割，而是统一于整体的生活实践。实际上，这不仅本身就是实用主义整体论和实践优先原则的核心要义，也在综合之"新"和"人"之关注的整体意义上为其当代面向和理论建构提供了另一种可能——基于人类学方法和实用主义之综合的"实用主义人学"。

参考文献

一、著作

（一）中文译著

［美］C. S. 皮尔士：《皮尔士论符号》，徐鹏译，上海译文出版社 2017 年版。

［美］C. S. 皮尔斯：《皮尔斯文选》，徐纪亮编译，社会科学文献出版社 2006 年版。

［美］C. S. 皮尔斯：《皮尔斯：论符号－李斯卡：皮尔斯符号学导论》，赵星植译，四川大学出版社 2014 年版。

［美］W. 詹姆斯：《多元的宇宙》，吴棠译，商务印书馆 1999 年版 。

［美］W. 詹姆斯：《彻底经验主义》，庞景仁译，上海人民出版社 2006 年版。

［美］W. 詹姆斯：《真理的意义》，刘宏信译，广西师范大学出版社 2007 年版。

［美］W. 詹姆斯：《詹姆斯文选》，万俊人等编译，社会科学文献出版社 2007 年版。

［美］W. 詹姆斯：《心理学原理》，郭宾译，中国社会科学出版社 2009 年版，唐钺译，北京大学出版社 2012 年版。

［美］W. 詹姆斯：《宗教经验种种》，尚新建译，华夏出版社 2012 年版，唐钺译，商务印书馆 2004 年版。

［美］W. 詹姆斯：《论人类认识之盲点：英汉双语》，郝瑞丽等译，中国对外翻译出版有限公司 2012 年版。

［美］W. 詹姆斯：《实用主义》，李步楼译，商务印书馆 2012 年版，陈羽纶、孙瑞禾译，中国青年出版社 2013 年版。

［美］W. 詹姆斯：《行为改变思想：表现原理》，龙湘涛编译，南海出版社 2014 年版。

［美］W. 詹姆斯：《技能主义心理学》，韩阳译，湖北科学技术出版社 2016 年版。

［美］J. 杜威：《哲学的改造》，许崇清译，商务印书馆 1958 年版。

［美］J. 杜威：《人性与行为》，陈冬野译，上海人民出版社 1966 年版。

［美］J. 杜威：《确定性的寻求》，傅统先译，上海人民出版社 2004 年版。

［美］J. 杜威：《经验与自然》，傅统先译，江苏教育出版社 2005 年版。

［美］J. 杜威：《艺术即经验》，高建平译，商务印书馆年版 2005 年版。

［美］J. 杜威：《杜威文选》，涂纪亮译，社会科学文献出版社 2006 年版。

［美］J. 杜威：《实用主义》，杨玉成、崔人元编译，世界知识出版社 2007 年版。

［美］J. 杜威：《人的问题》，傅统先、邱椿译，上海人民出版社 2014 年版。

［美］J. 杜威：《学校与社会》，刘时工译，华东师范大学出版社 2019 年版。

［美］J. 杜威：《杜威全集·早期著作》，复旦大学杜威与美国哲学研究中心组译，华东师范大学出版社 2010 年版。

［美］J. 杜威：《杜威全集·中期著作》，复旦大学杜威与美国哲学研究中心组译，华东师范大学出版社 2012 年版。

［美］J. 杜威：《杜威全集·晚期著作》，复旦大学杜威与美国哲学研究中心组译，华东师范大学出版社 2015 年版。

［美］C. I. 刘易斯：《刘易斯文选》，李国山、方刚译，社会科学文献出版社 2007 年版。

［美］C. W. 莫里斯：《开放的自我》，定扬译，上海人民出版社 1965 年版。

［美］C. W. 莫里斯：《逻辑实证主义、实用主义和科学的经验主义》，徐瑞康等译，该书收录于《资产阶级：学资料选辑》第 18 辑，上海人民出版社 1966 年版。

［美］C. W. 莫里斯：《科学的经验主义》，罗兰译、周易校，上海人民出版社 1966 年版。

［美］C. W. 莫里斯：《指号理论的基础》，周礼全译，上海人民出版社 1966 年版。

［美］C. W. 莫里斯：《意谓和意义：关于指号和价值的关系研究》，陈修斋译、周礼全校，该书收录于《当代美国哲学论著选译》第 3 辑，商务印书馆 1979 年版。

［美］C. W. 莫里斯：《指号、语言和行为》，罗兰、周易译，上海人民出版社 1989 年版。

［美］C. W. 莫里斯：《莫里斯文选》，涂纪亮编译，社会科学文献出版社 2009 年版。

［美］W. V. 蒯因：《从逻辑的观点看》，江天骥等译，上海译文出版社 1987 年版。

［美］W. V. 蒯因：《蒯因著作集》，涂纪亮、陈波等编译，中国人民大学出版社 2007 年版。

［美］N. 古德曼：《构造世界的多种方式》，姬志闯译，上海译文出版社 2008 年版。

[美] N. 古德曼：《事实、虚构与预测》，刘华杰译，商务出版社 2010 年版。

[美] N. 古德曼：《艺术的语言：通往符号理论的道路》，彭锋译，北京大学出版社 2013 年版。

[美] D. 戴维森：《真理、意义、行动与事件：戴维森哲学文选》，牟博选编，商务印书馆 1993 年版。

[美] D. 戴维森：《对真理与解释的探究》，牟博、江怡译，中国人民大学出版社 2007 年版。

[美] D. 戴维森：《真与谓述》，王路译，上海译文出版社 2007 年版。

[美] D. 戴维森：《真理、意义与方法：戴维森哲学文选》，牟博编选，商务印书馆 2008 年版。

[美] R. 罗蒂：《后哲学文化》，黄勇编译，上海译文出版社 1992 年版。

[美] R. 罗蒂：《罗蒂文选》，孙伟平等编译，社会科学文献出版社 2001 年版。

[美] R. 罗蒂：《哲学和自然之镜》，李幼蒸译，商务印书馆 2003 年版。

[美] R. 罗蒂：《偶然、反讽与团结》，徐文瑞译，商务印书馆 2003 年版。

[美] R. 罗蒂：《真理与进步》，杨玉成译，华夏出版社 2003 年版。

[美] R. 罗蒂：《实用主义哲学（罗蒂自选集）》，林南译，上海译文出版社 2009 年版。

[美] R. 罗蒂：《后形而上学希望》，张国清译，上海译文出版社 2009 年版。

[美] R. 罗蒂：《文化政治哲学》，张国清译，北京大学出版社 2011 年版。

[美] W. S. 塞拉斯：《经验主义与心灵哲学》，王玮译，复旦大学出版社 2017 年版。

[美] J. 麦克道威尔：《心灵与世界》，韩林合译，中国人民大学出版社 2014 年版。

[美] J. 麦克道威尔：《将世界纳入视野：论康德、黑格尔和塞拉斯》，孙宁译，复旦大学出版社 2018 年版。

[美] H. 普特南：《理性·真理与历史》，李小兵等译，辽宁教育出版社 1988 年版。

[美] H. 普特南：《理性·真理与历史》，童世骏等译，上海译文出版社 2005 年版。

[美] H. 普特南：《实在论的多副面孔》，冯艳译，中国人民大学出版社 2005 年版。

[美] H. 普特南：《事实与价值二分法的崩溃》，应奇译，东方出版社 2006 年版。

[美] H. 普特南：《无本体论的伦理学》，孙小龙译，上海译文出版社 2008 年版。

[美] H. 普特南：《重建哲学》，杨玉成译，上海译文出版社 2008 年版。

[美] H. 普特南：《普特南文选》，李真编译，社会科学文献出版社 2009 年版。

[美] H. 普特南：《三重绳索：心灵、身体与世界》，孙宁译，复旦大学出版社 2017 年版。

［美］R. 舒斯特曼：《哲学实践》，彭峰等译，北京大学出版社 2002 年版。

［美］R. 舒斯特曼：《实用主义美学》，彭峰译，商务印书馆 2005 年版。

［美］R. 舒斯特曼：《生活即审美》，彭峰等译，北京大学出版社 2007 年版。

［美］R. 舒斯特曼：《身体意识与身体美学》，程相占译，商务印书馆 2011 年版。

［美］R. 舒斯特曼：《表面与深度：批评与文化的辩证法》，李鲁宁译，北京大学出版社 2014 年版。

［美］R. 舒斯特曼：《情感与行动：实用主义之道》，高砚平译，商务印书馆 2018 年版。

［美］R. 舒斯特曼：《哲学实践：实用主义和哲学生活》，彭锋等译，北京大学出版社 2002 年版。

［美］托马斯·E. 希尔：《现代知识论》，刘大椿等译，中国人民大学出版社 1989 年版。

［美］C. 韦斯特：《美国人对哲学的逃避：实用主义的谱系》，董山民译，南京大学出版社 2016 年版。

［美］R. 布兰顿：《在理由空间之内》，孙宁等译，上海人民出版社 2019 年版。

［美］S. 罗森塔尔：《从现代背景看美国古典实用主义》，陈维纲译，开明出版社 1992 年版。

［美］詹姆斯·坎贝尔：《理解杜威：自然与协作的智慧》，杨柳新译，北京大学出版社 2010 年版。

［美］海尔曼·J. 萨特康普：《罗蒂和实用主义》，张国清译，商务印书馆 2003 年版。

［英］苏珊·哈克：《证据与探究——走向认识论的重构》，陈波、张力锋、刘叶涛译，中国人民大学出版社 2004 年版。

［澳大利亚］约翰·巴斯摩尔：《哲学百年 新近哲学家》，洪汉鼎、陈波、孙祖培译，商务印书馆 1996 年版。

［美］L. 汉肯森·内尔森、［德］杰克·内尔森：《蒯因》，张力锋译，中华书局 2014 年版。

［德］石里克：《普通认识论》，李步楼译，商务印书馆 2005 年版。

［美］苏珊·哈克编：《意义、真理与行动：实用主义经典文选》，东方出版社 2007 年版。

（二）中文著作

陈亚军：《超越经验主义与理性主义》，江苏人民出版社 2014 年版。

陈亚军：《从分析哲学走向实用主义——普特南哲学研究》，东方出版社 2002 年版。

陈亚军：《罗蒂与普特南：新实用主义的两座丰碑》，上海人民出版社 2016 年版。

陈亚军：《形而上学与社会希望——罗蒂哲学研究》，江苏人民出版社 2009 年版。

陈亚军：《实用主义：从皮尔士到布兰顿》，江苏人民出版社 2020 年版。

董山民：《后现代政治话语：新实用主义与后马克思主义》，复旦大学出版社 2019 年版。

顾红亮：《实用主义的误读——杜威哲学对中国现代哲学的影响》，广西师范大学出版社 2015 年版。

顾红亮：《现代新儒学与杜威》，社会科学文献出版社 2016 年版。

胡瑞娜：《语言与逻辑——当代反实在论的核心问题研究》，科学出版社 2016 年版。

姬志闯：《构造的无羁与归敛》，人民出版社 2013 年版。

赟益民：《从语言到心灵——一种生活整体主义的研究》，江苏人民出版社 2014 年版。

梁义民：《戴维森意义理论研究》，社会科学文献出版社 2016 年版。

刘德林：《舒斯特曼新实用主义美学研究》，山东大学出版社 2012 年版。

刘放桐：《实用主义的研究历程》，复旦大学出版社 2018 年版。

刘放桐编：《杜威哲学的现代意义》，复旦大学出版社 2017 年版。

刘华初：《实用主义的基础——杜威经验自然主义研究》，人民出版社 2012 年版。

马荣：《真理层面下的杜威实用主义》，复旦大学出版社 2019 年版。

毛崇杰：《实用主义的三副面孔》，社会科学文献出版社 2009 年版。

孙宁：《匹兹堡学派研究——塞拉斯、麦克道威尔、布兰顿》，复旦大学出版社 2018 年版。

孙宁：《古典实用主义的线索与视域》，华东师范大学出版社 2023 年版。

涂纪亮：《从古典实用主义到新实用主义》，人民出版社 2006 年版。

涂纪亮：《实用主义、逻辑实证主义及其他》，武汉大学出版社 2013 年版。

王成兵编：《一位真正的美国哲学家——美国学者论杜威》，中国社会科学出版社 2007 年版。

王增福、周靖：《麦克道威尔哲学与新实用主义的叙事转换》，人民出版社 2022 年版。

夏基松：《现代西方哲学》，上海人民出版社 2006 年版。

杨兴凤：《罗伊斯的绝对实用主义》，复旦大学出版社 2018 年版。

余怀彦：《深层美国：实用主义与美国的 300 年》，中国友谊出版社 2015 年版。

张国清：《实用主义政治哲学》，商务印书馆 2018 年版。

张国清：《无根基时代的精神状况》，上海三联书店 1999 年版。

张留华：《皮尔士哲学的逻辑面向》，上海人民出版社 2012 年版。

赵秀福：《杜威实用主义美学思想研究》，齐鲁出版社 2006 年版。

周靖：《"世界"的丰富化：概念空间与自然空间的分裂与勾连》，复旦大学出版社 2018 年版。

周靖：《"世界"的失落与重拾：一个分析实用主义的探讨》，复旦大学出版社 2019 年版。

周靖：《剑桥实用主义研究》，华东师范大学出版社 2023 年版。

周祯祥：《皮尔斯刘易斯蒯因——实用主义哲学家和模态逻辑》，广东人民出版社 2014 年版。

二、论文

（一）翻译论文

[爱沙尼亚]彼特·穆尔塞普：《作为一种实在论的批判的语境经验主义》，王一雪、王幼军译，《哲学分析》2019 年第 1 期。

[澳] 保罗·巴顿：《德勒兹与自然主义》，李仙飞译，《当代国外马克思主义评论》2017 年第 2 期。

[波] K. 路德维希、U. M. 齐林：《戴维森在哲学上的主要贡献》，江怡译，《世界哲学》2003 年第 6 期。

[德] A. F. 科赫：《论真理的结构及其在哲学各主题之关联中的位置》，谢裕伟译，《哲学研究》2018 年第 4 期。

[美] R. 罗蒂、季桂保：《作为反表象主义的实用主义》，《国外社会科学》1992 年第 4 期。

[美] R. 罗蒂：《当代分析哲学中的一种实用主义观点》，李红译，《世界哲学》2003 年第 3 期。

[美] R. 罗蒂：《实用主义：过去与现在》，张金言译，《国外社会科学》2000 年第 4 期。

[美] C. 莫里斯：《美国哲学中的实用主义运动》，孙思译，《世界哲学》2003 年第5 期。

[美] W. V. O. 奎因：《实用主义者在经验主义中的地位》，《哲学译丛》1990 年第6 期。

[美] 查尔斯·季格侬：《从认识到实践——海德格尔与美国实用主义及分析哲学》，王宏健译，《中国现象学与哲学评论》2018 年第 1 期。

[美] 凯文·安 森：《弗洛姆、马克思与人本主义》，于琦译，《马克思主义美学研究》2016 年第 2 期。

[美] 拉里·希克曼：《古典实用主义者杜威的后现代思想及其超越》，陈磊译，《社会科学战线》2015 年第 5 期。

[美] 乔治·诺凡克：《实用主义同马克思主义的对立》，《国外社会科学》1978 年第 2 期。

[美] 苏珊·哈克：《对相对主义的反思：从重要的重言式到诱人的矛盾式》，徐召清、彭译莹译，《哲学分析》2019 年第 3 期。

[美] 苏珊·哈克：《实在论及其竞争者：恢复我们的天真》，赵震、万美文译，《哲学分析》2013 年第 2 期。

[美] 苏珊·哈克、陈波：《走向哲学的重构——陈波与苏珊·哈克的对话》，刘靖贤译，《河南社会科学》2016 年第 1 期。

[美] 苏珊·哈克等：《关于实用主义的两篇访谈》，王洪光译，《哲学分析》2022 年第 1 期。

[美] 约翰·麦克道尔：《黑格尔与所予的神话》，汪洋译，《哲学分析》2018 年第 1 期。

[苏] A. C. 博戈莫洛夫：《第二次世界大战后的美国哲学》（上），《哲学译丛》1978 年第 1 期。

[英] S. 哈克、陈波：《苏珊哈克访谈录——一位逻辑学家、哲学家的理智历程》，《世界哲学》2003 年第 5 期。

[英] 休·普莱斯、周靖，《全局实用主义和表征主义的限度——普莱斯教授访谈》，《哲学分析》2019 年第 1 期。

[加拿大] C.G. 普拉多：《罗蒂的实用主义》，《世界哲学》1984 年第 5 期。

安娜·勒高芙：《将对所予的神话之批判进行到底：麦克道威尔与塞拉斯之异同》，孙明译，《外国哲学》2017 年第 32 辑。

理查德·舒斯特曼：《实用主义美学的发明：对一个术语和命名的谱系学考察》，

胡莹译，《山东师范大学学报》2018 年第 5 期。

（二）中文论文

罗隽：《超越相对主义——新实用主义的相对主义研究》，吉林大学博士学位论文，2004 年。

穆青：《戴维森真之理论对其意义理论和形而上学的影响》，河北大学博士学位论文，2018 年。

颜鸿：《从实在到语法：当代实用论的视域转换》，南京大学博士学位论文，2013 年。

颜中军：《苏珊·哈克逻辑哲学思想研究》，华东师范大学博士毕业论文，2012 年。

白雪松：《戴维森意义理论的语用学转向》，《科学技术哲学研究》2013 年第 3 期。

曾繁亭：《自然主义：从生理学到心理学——兼论自然主义与现代主义的关系》《东岳论丛》2012 年第 1 期。

曾文杰：《海德格尔与实用主义》，《成都理工大学学报》2019 年第 3 期。

陈波：《苏珊·哈克的基础融贯论》，《武汉科技大学学报》2018 年第 2 期。

陈泓邑：《卡尔纳普与蒯因就"客观性"的争论》，《自然辩证法通讯》2019 年第 2 期。

陈嘉明、郑辉军：《规范功能主义视域下的知识论——简论知识论中的匹兹堡学派》，《哲学动态》2013 年第 10 期。

陈嘉明：《经验论的困境与"理由空间"》，《天津社会科学》2015 年第 1 期。

陈食霖：《悉尼·胡克的马克思主义哲学观评析》，《北京大学学报》2007 年第 3 期。

陈晓平：《评蒯因的自然化认识论及其规范性》，《科学技术哲学研究》2017 年第 2 期。

陈晓平：《自然主义与目的论——兼评蒯因的本体论》，《武汉大学学报》2017 年第 6 期。

陈亚军：《古典实用主义的分野及其当代效应》，《中国社会科学》2014 年第 5 期。

陈亚军：《新实用主义：美国哲学的新希望?》，《哲学动态》1995 年第 4 期。

陈亚军：《常人布兰顿》，《清华西方哲学研究》2018 年第 1 期。

陈亚军：《分析哲学、存在主义及当代美国哲学家——罗伯特·布兰顿教授访谈》（下），《哲学分析》2010 年第 2 期。

陈亚军：《胡克：马克思主义还是实用主义》，《广东社会科学》2003 年第 3 期。

陈亚军：《实用主义研究四十年——基于个人经历的回顾与展望》，《天津社会科学》2017 年第 5 期。

陈亚军：《知行之辨：实用主义内部理性主义与实践主义的分歧与互补》，《中国高校社会科学》2014 年第 5 期。

陈亚军：《自然实在论何以可能——论普特南的知觉理论》，《东岳论丛》2019 年第 1 期。

陈亚军：《作为"居间者"的实用主义——与中国哲学、马克思主义哲学的对话》，《学术月刊》2015 年第 7 期。

陈亚军：《"世界"的失而复得——新实用主义三大家的理论主题转换》，《中国社会科学》2012 年第 1 期。

陈亚军：《意向、理由与行动》，《华东师范大学学报》（哲学社会科学版）2013 年第 1 期。

陈治桃、朱传棨：《对悉尼·胡克的"马克思恩格斯对立论"评析》，《马克思主义哲学研究》2011 年第 00 期。

戴雪红：《女性主义的实用主义转向——弗雷泽与罗蒂的论争探析》，《国外社会科学》2016 年第 4 期。

戴益斌：《无约定的语言——为戴维森辩护》，《世界哲学》2018 年第 6 期。

戴志祥：《逻辑实证主义向新实用主义的一个转向——经验论的三个教条与新实用主义》，《学术月刊》1997 年第 6 期。

董琳钰、罗如春：《艺术的认识论转向及其反思——古德曼"何时为艺术"观理论意蕴探析?》，《外国美学》2018 年第 1 期。

方红庆：《普特南、先验论证与实用主义》，《科学技术哲学研究》2012 第 5 期。

冯月季：《实用主义哲学的传播观念：从皮尔斯到罗蒂》，《关东学刊》2016 年第 4 期。

高来源：《从"实效"与"实践"之辨看实用主义的内在分野》，《哲学研究》2017 年第 4 期。

葛欢欢：《"既强调可错论又反怀疑主义"——论普特南实在论中的实用主义因素》，《常熟理工学院学报》2013 年第 1 期。

葛欢欢：《普特南早期实在论的实用主义倾向》，《深圳大学学报》2013 年第 1 期。

郭建萍：《戴维森彻底解释探析》，《自然辩证法研究》2018 年第 7 期。

郭志强：《语言连接世界何以可能——试论普特南实在论哲学的一致性》，《自然辩证法通讯》2018 年第 3 期。

郭志强：《语义外在主义是科学实在论吗——普特南意义理论的再考察》，《科学技术哲学研究》2016 年第 3 期。

郝苑、孟建伟：《诠释学视阈下的实践理性——论理查德·伯恩斯坦的科学诠释学》，《北京行政学院学报》2011 年第 5 期。

郝苑：《多元世界的构造——论纳尔逊·古德曼的非实在论》，《自然辩证法研究》2012 年第 6 期。

郝兆宽：《不自然的自然主义》，《自然辩证法通讯》2013 年第 3 期。

何华：《祛魅到复魅——论麦克道尔的先验哲学》，《科学技术哲学研究》2015 年第 5 期。

何松旭：《麦克道威尔论知觉知识》，《自然辩证法研究》2017 年第 2 期。

贺敏年：《经验、自然与行动：论麦克道威尔关于规范确定性的肯定》，《自然辩证法研究》2015 年第 11 期。

黄闪闪、任晓明：《新归纳之谜的谜结是什么？——逻辑、确证与语用的多重视角》，《科学技术哲学研究》2017 年第 2 期。

黄少青：《W. 塞拉斯的解释实在论评述》，《杭州大学学报》1997 年第 2 期。

姬志闯：《分析哲学中的实用主义冲动及其谱系学后果——C.I. 刘易斯的实用主义谱系重置及其效应》，《河南大学学报》（哲学社会科学版）2016 年第 6 期。

姬志闯：《实用主义的"古典"分野：在何种意义上?》，《山东师范大学学报》（人文社会科学版）2019 年第 4 期。

姬志闯：《论纳尔逊古德曼对"分析 / 综合区分"的拒斥及其效应》，《自然辩证法研究》2010 年第 6 期。

姬志闯：《经验、语言与身体：美学的实用主义变奏及其当代面向》，《哲学研究》2017 年第 6 期。

季桂保：《理查·伯恩斯坦与新实用主义》，《江苏社会科学》1992 年第 1 期。

季雨：《走向实用主义多元论——试论普特南伦理学思想的理论维度与价值》，《学习与探索》2013 年第 8 期。

贾向桐：《库恩后期的"新康德主义转向"是错误吗?》，《云南社会科学》2019 年第 1 期。

贾向桐：《论当代动态先验论与结构主义实在论的融合及其实践论超越》，《哲学研究》2018 年第 2 期。

姜永琢：《"概念化经验"的符号学阐释》，《北方论丛》2013 年第 5 期。

蒋谦：《当代科学哲学中的"实践转向"及真理标准问题》，《社会科学动态》2018 年第 8 期。

李东：《普特南新实用主义视阈下的中国传统翻译研究》，《南京邮电大学学报》2015 年第 3 期。

李福岩:《罗蒂后现代政治哲学视域中的马克思》,《人文杂志》2013 年第 7 期。

李国山:《罗蒂的维特根斯坦研究及其反响》,《北京大学学报》2018 年第 1 期。

李婷文:《古德曼艺术语言观的启示——复合艺术品、机械复制与原真性》,《东南学术》2018 年第 3 期。

梁义民:《戴维森是典型的实在论者吗?》,《浙江社会科学》2009 年第 6 期。

梁义民:《戴维森意义理论的主要思想导源》,《浙江社会科学》2012 年第 7 期。

梁义民:《戴维森意义理论对当代哲学的主要贡献和影响》,《湛江师范学院学报》2014 年第 1 期。

梁义民:《为戴维森的绝对真理论辩护——与江怡教授商榷》,《浙江社会科学》2015 年第 1 期。

刘放桐:《杜威的哲学概念及他对传统形而上学的批判》,《天津社会科学》2011 年第 6 期。

刘佳男、孟建伟:《普特南实在论思想转换的动因分析》,《自然辩证法研究》2016 年第 4 期。

刘佳男:《科学与信仰:普特南的双重面孔》,《自然辩证法通讯》2016 年第 6 期。

刘伟:《论普特南的实践哲学转向》,《内蒙古民族大学学报》2015 年第 1 期。

刘伟伟:《古德曼“构造世界”的语境认知》,《自然辩证法研究》2015 年第 7 期。

刘学良:《知觉内容如何是概念的?——对特拉维斯与麦克道威尔争论的探究》,《哲学分析》2018 年第 4 期。

罗克汀:《论美国实用主义发展的主要趋势》,《哲学研究》1981 年第 12 期。

马晨:《布兰顿语言哲学中的黑格尔因素》,《天府新论》2019 年第 3 期。

穆青:《戴维森基于真与意义的无指称的实在论》,《河北大学学报》2018 年第 2 期。

潘恩荣:《技术哲学经验转向纲领与自然主义》,《自然辩证法研究》2014 年第 3 期。

钱立卿:《自然主义态度与人格主义态度——论胡塞尔〈观念 II〉中对自然科学与精神科学前提的考察》,《世界哲学》2017 年第 5 期。

沈学甫:《语言、心灵与世界:论普特南实在论的发展》,《科学经济社会》2017 年第 1 期。

施展旦:《“意义整体论”的证立与反驳——从蒯因、戴维森到福多》,《自然辩证法研究》2015 年第 8 期。

石晓岩:《自然主义概念进入中国的文化逻辑》,《海南大学学报》2017 年第 4 期。

苏瑞:《心灵何以具有自然因果性——以戴维森为例对自然化理论的探究》,《自然辩证法通讯》2017 年第 1 期。

苏瑞:《自然主义的"感觉经验"概念——以麦克道尔和莱特等人为例对自然化理论的探究》,《自然辩证法研究》2017 年第 7 期。

孙宁:《非唯我论心灵观的可能性——从麦克道威尔对普特南心灵观的批判来看》,《世界哲学》2014 年第 1 期。

孙宁:《如何成为一个深刻的析取论者? ——对麦克道威尔析取论的一项研究》,《哲学动态》2015 年第 7 期。

孙思:《一个自然主义者的非自然的批判——论蒯因批判分析—综合陈述区分的合理性》,《自然辩证法通讯》2011 年第 3 期。

孙伟平:《普特南的"事实与价值二分法的崩溃"评析》,《山东社会科学》2013 年第 9 期。

孙咏:《美国实用主义:演变及其当代走向——苏珊·哈克教授访谈录》,《广东社会科学》2014 年第 2 期。

汤拥华:《理查德·罗蒂与新实用主义文学理论的可能性》,《文艺理论研究》2018 年第 5 期。

汤拥华:《身体、美学与新实用主义的经验论——以罗蒂、舒斯特曼之争为中心》,《文艺争鸣》2019 年第 4 期。

田平:《行动的解释:理由、原因和目的——戴维森对传统的复兴及其缺失的维度》,《学术月刊》2011 年第 1 期。

王成兵:《实用主义哲学研究的三条路径》,《社会科学战线》2016 年第 3 期。

王敏:《古德曼可能世界的语言思想解读》,《哈尔滨师范大学社会科学学报》2018 年第 5 期。

王胜男:《符号与构造:纳尔逊·古德曼艺术符号学思想探析》,《理论界》2016 年第 12 期。

王胜男:《纳尔逊·古德曼对马克斯·布莱克隐喻理论的继承与发展》,《理论界》2017 年第 2 期。

王守昌:《当代西方资产阶级哲学人物评介(三)—西德尼·胡克的实用主义思想》,《湘潭大学学报》1980 年第 1 期。

王玮、陈亚军:《评麦克道威尔与布兰顿的"经验"之争》,《学术月刊)2018 年 11 期。

王玮、吴楼平:《塞拉斯对道德意识的解析与建构》,《道德与文明》2018 年第 4 期。

王玮:《塞拉斯对"看到"的解析》,《自然辩证法研究》2014 年第 12 期。

王玮:《塞拉斯科学实在论语境中的心灵》,《天津大学学报》2019 年第 1 期。

王玮:《塞拉斯论先天综合》,《自然辩证法通讯》2017 年第 5 期。

王以梁、任巧华:《从自然主义谬误到反自然主义谬误——兼论进化伦理学之困境》,《自然辩证法研究》2017 年第 5 期。

王元明:《论刘易斯对实用主义的"改铸"——析概念论实用主义》,《南开学报》1996 年第 5 期。

王增福:《经验的概念化:麦克道威尔走出所予论与融贯论循环的运思》,《自然辩证法研究》2010 年第 8 期。

王增福:《马克思主义和实用主义的交融与碰撞——近五十年实用主义的马克思主义者悉尼·胡克思想研究述评》,《理论月刊》2014 年第 6 期。

王增福:《所予论的逻辑嬗变历程及其理论评析》,《求索》2013 年第 11 期。

韦拴喜:《论舒斯特曼新实用主义的建构路径》,《中国石油大学学报》2015 年第 1 期。

文贵全、朱葆伟:《蒯因对卡尔纳普"第一哲学"的批判——自然主义哲学在当代兴盛的前奏》,《长沙理工大学学报》2015 年第 2 期。

文玉林:《基础信念如何获得辩护?》,《自然辩证法研究》2012 年第 8 期。

翁东:《胡克早期实用主义思想述评》,《南京大学学报》1995 年第 1 期。

吴琳:《普特南的内在实在论能够有效反驳形而上学实在论吗?》,《自然辩证法通讯》2017 年第 3 期。

吴三喜、张文琦:《语言与实践:实用主义解释学的两条进路》,《中南大学学报》2019 年第 3 期。

吴三喜:《论麦克道威尔式的"压缩实在论"思想》,《科学技术哲学研究》2017 年第 3 期。

吴三喜:《新实用主义出场学中的马克思问题及其解释误区》,《内蒙古社会科学》2018 年第 2 期。

吴胜锋:《对话与批判:马克思主义意识理论与当代心灵哲学》,《哲学动态》2017 年第 11 期。

吴胜锋:《事件本体论与心理原因:戴维森行动哲学的新视域》,《江西社会科学》2017 年第 3 期。

吴新民:《科学逻辑谱系中的奎因与戴维森和塞拉斯》,《衡阳师范学院学报》2016 年第 1 期。

吴新民:《蒯因与塞拉斯的科学哲学思想异同探论》,《华侨大学学报(哲学社会科学版)》2018 年第 1 期。

吴玉平、邹崇理:《普特南实用多元主义本体论思想探析——从逻辑哲学的视角看》，《哲学研究》2013 年第 6 期。

伍荣华、韦丽：《评蒯因的逻辑实用主义》，《广东社会科学》2015 年第 2 期。

武庆荣：《布兰顿推理论的主要思想溯源》，《重庆理工大学学报》2018 年第 1 期。

夏国军：《基础融贯论：哈克、戴维森和蒯因》，《哲学研究》2010 年第 12 期。

夏国军：《蒯因认识论的应然之路与实然之路》，《自然辩证法研究》2011 年第 4 期。

夏国军：《蒯因整体论：经验论的第四个里程碑》，《自然辩证法研究》2015 年第 3 期。

夏国军：《哲学整体论：西方哲学现代性发展的历史逻辑》，《哲学动态》2015 年第 10 期。

夏国军：《整体论：卡尔纳普、蒯因和戴维森》，《南开学报》2014 年第 1 期。

夏国军：《自然主义与理性：蒯因、普特南和哈克》，《大连理工大学学报》2011 年第 4 期。

夏玉汉：《论罗蒂新实用主义哲学的建构路径》，《学理论》2016 年第 7 期。

谢爱华：《自然与规范：当代科学哲学自然主义转向的两难困境》，《自然辩证法研究》2017 年第 4 期。

谢佛荣：《论戴维森和达米特关于实在论语义学之争》，《科学技术哲学研究》2015 年第 4 期。

徐崇温：《马克思主义和实用主义：对立还是调和？——评诺凡克：对杜威哲学的一个评价：实用生义同马克思生义的对立》，《国外社会科学》1978 年第 2 期。

徐军：《浅析伯恩斯坦对马克思主义哲学的"补充"和"修正"》，《中共南京市委党校学报》2015 年第 6 期。

徐竹：《因果知识的规范性理论：塞拉斯论先天综合》，《中国人民大学学报》2018 年第 5 期。

颜鸿：《语言为什么是不够的？——以观察报告为线索》，《自然辩证法研究》2011 年第 11 期。

颜中军：《可错论：从皮尔士到苏珊·哈克》，《昆明学院学报》2015 年第 2 期。

颜中军：《论哈克对逻辑绝对主义的批判》，《学术界》2012 年第 3 期。

颜中军：《论逻辑在探究中的地位与作用——苏珊·哈克逻辑哲学思想的当代启示》，《社会科学论坛》2013 年第 5 期。

颜中军：《逻辑可修正性：蒯因、普特南与哈克》，《科学技术哲学研究》2014 年第 3 期。

杨睿之：《蒯因自然主义与分析哲学的去逻辑化》，《复旦学报》2016 年第 5 期。

杨思思：《从罗蒂到鲍曼：新实用主义的音乐教育哲学表达》，《美与时代（下）》2017 年第 5 期。

杨修志：《论麦克道威尔的内在论——新摩尔主义视角》，《科学技术哲学研究》2014 年第 6 期。

姚介厚：《蒯因对分析哲学的实用主义变革》，《杭州师范大学学报》2010 年第 3 期。

伊卫风：《反思波斯纳的实用主义》，《法律和社会科学》2013 年第 2 期。

殷杰、何华：《经验知识、心灵图景与自然主义》，《中国社会科学》2013 年第 5 期。

殷杰、何华：《重审心灵与世界——论麦克道威尔解读塞拉斯的哲学思路及其意义》，《哲学研究》2011 年第 1 期。

殷曼 ：《论 N·古德曼相似论及其视觉怀疑主义》，《南京社会科学》2017 年第 12 期。

尹峻、方红庆：《知识基础的黑格尔式重构及其批判》，《科学技术哲学研究》2017 年第 1 期。

张高荣：《语义外在主义：普特南哲学思想的变中之不变》，《自然辩证法研究 2017 年第 4 期。

张梅、燕宏远：《实用主义复兴概观》，《国外社会科学》1999 年第 4 期。

张孟雯：《塞拉斯的逻辑空间——对意义整体论的一个辩护》，《科学技术哲学研究》2018 年第 6 期。

张雪、殷杰：《实用主义社会科学哲学的理论渊源》，《科学技术哲学研究》2013 年第 4 期。

张雅卿、刘亚猛：《罗蒂的话语策略与新实用主义的崛起》，《福建师范大学学报》2018 年第 4 期。

张志顺、王鹤岩、张兵：《罗蒂后哲学文化与马克思实践哲学的视域融合》，《学术交流》2012 年第 10 期。

郑辉军：《当代经验知识的核心之辩》，《科学技术哲学研究》2014 年第 4 期。

郑辉军：《匹兹堡学派论证的逻辑起点——理由空间的嬗变》，《自然辩证法研究》2016 年第 12 期。

郑辟瑞：《认知权威与时间——布兰顿与麦克道威尔的塞拉斯解释之争》，《现代哲学》2018 年第 5 期。

郑维伟：《希望与社会团结：一种新实用主义的路径》，《浙江社会科学》2014 年第 12 期。

智晓静：《论现实主义与自然主义之异同》，《福建师范大学学报》2009 年第 3 期。

周柏乔：《论古德曼悖论》，《重庆理工大学学报》2017 年第 3 期。

周靖：《从经验到社会：论杜威的语言哲学》，《自然辩证法研究》2016 年第 7 期。

周靖：《趋同还是存异：麦克道威尔与戴维森的思想对话》，《自然辩证法研究》2015 年第 1 期。

三、外文文献

（一）外文著作

Aboulafia M. & Shook J. R., *Contemporary Pragmatism 6（2009）*, Amsterdam- New York: Editions Rodopi, 2009.

Aboulafia M. & Shook J. R., *Contemporary Pragmatism 7（2010）*, Amsterdam- New York: Editions Rodopi, 2010.

Aboulafia M. & Shook J. R., *Contemporary Pragmatism Volume 5, Number 1. June 2008*, Amsterdam-New York: Editions Rodopi, 2008.

Aboulafia M. & Shook J. R., *Contemporary Pragmatism. Volume 6, Number 1. June 2009*, Amsterdam-New York: Editions Rodopi, 2009.

Aboulafia M. & Shook J. R., *Contemporary Pragmatism. Volume 7, Number 1. June 2010*, Amsterdam-New York: Editions Rodopi, 2010.

Aboulafia M. & Shook J. R., *Contemporary Pragmatism. Volume 7, Number 2. December 2010*, Amsterdam-New York: Editions Rodopi, 2011.

Apel K. O., *Charles S. Peirce,From Pragmatism to Pragmaticism*, New Jersey: Humanities Press, 1995.

Biesta G. J.J. and Burbules N. C., *Pragmatism and Educational Research*, Oxford ：Rowman & Littlefield Publishers, Inc, 2003.

Burke F. T., *What Pragmatism Was*, Bloomington and Indianapolis: Indiana University Press, 2013.

Boersema D., *Pragmatism and Reference*, Cambridge: The MIT Press 2009.

Brandom R., *Perspectives on Pragmatism: Classical, Recent, and Contemporary*, Cambridge, MA: Harvard University Press, 2011.

Brandom R., *Between Saying and Doing: Towards an Analytic Pragmatism*, Cambridge, MA: Harvard University Press, 2008.

Brandom R., *Making It Explicit*, Cambridge, MA: Harvard University Press, 1994.

Bourgeois P. L. and Rosenthal S. B., *Thematic Studies in Phenomenology and Pragmatism*, Amsterdam:B.R. Grüner Publishing Co.1983.

Bacon M., *Pragmatism: An Introduction*, Cambridge: Polity Press, 2012.

Calcaterra R. M., *New Perspectives on Pragmatism and Analytic Philosophy*, Amsterdam and New York: Editions Rodopi, 2011.

Conant J.&Urszula M. Z˙eglen,*Hilary Putnam: Pragmatism and Realism*,London and New York:Routledge, 2005.

Copleston F. C.,*Volume VIII of A History of Philosophy*, New York: Images Books 1994.

Carnap R., *The Logical Syntax of Language*, Routledge & Kegan Paul, 1937.

Dewey J., *Art as Experience*, New York: Minton, Balch, 1934.

Dennis L. J., *From Prayer to Pragmatism: A Biography of John L. Childs*, Carbondale and Edwardsville: Southern Illinois University Press, 1992.

Dixon J. B. and Cassidy E. J., *Virtual Futures: Cyberotics, Technology and Posthuman Pragmatism*, London and New York: Routledge, 1998.

Fabbri L., *The Domestication of Derrida:Rorty, Pragmatism and Deconstruction*,London and New York: Continuum 2008.

Fisch M., *Peirce,Semeiotic, and Pragmatism*, Bloomington and Indianapolis: Indiana University Press, 1986.

Farrell A. M., Price D. and Quigley M., *Organ Shortage: Ethics, Law and Pragmatism*, New York: Cambridge University Press, 2011.

Fesmire S., *John Dewey and Moral Imagination: Pragmatism in Ethics*, Bloomington and Indianapolis: Indiana University Press, 2003.

Fontrodona J., *Pragmatism and Management Inquiry: Insights from the Thought of Charles S. Peirce*, London: Quorum Books, 2001.

Gardini G. L. & Lambert P., *Latin American Foreign Policies : Between Ideology and Pragmatism*, New York :Palgrave Macmillan, 2011.

Garrison J., *Reconstructing Democracy, Recontextualizing Dewey: Pragmatism and Interactive Constructivism in the Twenty-first Century*, Albany: State University of New York 2008.

Goodman N., *The Structure of Appearance*（Third edition）, Reidel, 1977.

Goodman N., *Fact, Fiction, and Forecast*, Harvard University Press,1983.

Goodman N., *Languages of Art: An Approach to a Theory of Symbols*, Indianapolis, IN: Bobbs-Merrill, 1968.

Goodman N., *A Study of Qualities*, New York: Garland,1990.

Hickman L. A., *Philosophical Tools for Technological Culture: Putting Pragmatism to Work*, Bloomington and Indianapolis: Indiana University Press,2001.

Hookway C., *Truth, Rationality, and Pragmatism: Themes from Peirce*,Oxford: Clarendon Press, 2002.

Hausman C. R., *Charles S. Peirce's Evolutionary Philosophy*, Cambridge: Cambridge University Press, 1993.

Innis R. E., *Pragmatism and the Forms of Sense: Language, Perception, Technics*, Pennsylvania: The Pennsylvania State University Press, 2002.

Kimura G.W., *Neopragmatism and Theological Reason*, Hampshire and Burlington : Ashgate Publishing Limited, 2007.

Knight J. and Johnson J., *The Priority of Democracy: Political Consequences of Pragmatism*, New York: Princeton University Press, 2011.

Lovejoy A. O. , *the Thirteen Pragmatisms, and Other Essays*, London: Oxford Press, 1963.

Lewis C.I., *Mind and the World-Order*, New York: Charles Scribner's Sons, 1929.

Livingston J., *Pragmatism, Feminism, and Democracy: Rethinking the Politics of American History*, London and New York: Routledge, 2001.

Malachowski A., The New Pragmatism, Montreal & Kingston · Ithaca: McGill-Queen's University Press,2010.

McDowell J., *Mind and World*, Cambridge, MA: Harvard University Press, 1994.

Margolis J., *Pragmatism's Advantage: American and European Philosophy at the End of the Twentieth Century*, California: Stanford University Press, 2010.

Mills C. W., *Sociology and Pragmatism: The Higher Learning in America*, Oxford: Oxford University Press, 1969.

Menand L., *The Metaphysical Club: A Story of Ideas in America*. London: HarperCollins, 2001.

Milnes T., *The Truth About Romanticism: Pragmatism and Idealism in Keats, Shelley, Coleridge*, New York: Cambridge University Press, 2010.

Minteer B. A., *The Landscape of Reform:Civic Pragmatism and Environmental Thought in America*, Cambridge: The MIT Press,2006.

Misak C., *Truth, Politics, Morality: Pragmatism and Deliberation*, London and New York:Routledge, 2000.

Misak C., *the American Pragmatism*, Oxford: Oxford University Press, 2013.

Morris C., *The Pragmatic Movement in American Philosophy*, New York: George Braziller, Inc., 1970.

Mounce H., *The two Pragmatisms: from Peirce to Rorty*, London and New York: Routledge, 1997.

Muyumba W. M., *The shadow and the Act: Black Intellectual Practice, Jazz Improvisation, and Philosophical Pragmatism*, Chicago and London: The University of Chicago Press, 2009.

Murphey M., *The Development of Peirce's philosophy*, Cambridge, Mass: Harvard University Press,1961.

Murphey M., *C.I.Lewis: The Last Great Pragmitist*, Albany: State University of New York Press, 2005.

Nagl L., Mouffe C., et al, *The Legacy of Wittgenstein: Pragmatism or Deconstruction*, Frankfurt: Peter Lang, 2001.

Okrent M., *Heidegger's Pragmatism: Understanding, Being, and the Critique of Metaphysics*, Ithaca and London: Cornell University Press, 1988.

Peirce C. S., Collected Papers of Charles Sanders Peirce,New York: Thoemmes Continuum, 1934.

Peirce C.S.,T*he Essential Peirce: Selected Philosophical Writings*, Bloomington and Indianapolis: Indiana University Press,1998.

Perry R.B., *The Thought and Character of William James*, Cambridge Mass: Harvard University Press,1948.

Posner R. A., *Law, Pragmatism, and Democracy*, Cambridge: Harvard University Press, 2003.

Pratt S. L., *Native Pragmatism: Rethinking the Roots of American Philosophy*, Bloomington and Indianapolis: Indiana University Press, 2002.

Price H., Blackburn S., et al, *Expressivism, Pragmatism and Representationalism*, New York: Cambridge University Press, 2013.

Putnam H., *Realism with a Human Face*, Cambridge: Harvard University Press,1990.

Putnam H., *Pragmatism : An Open Question*, Oxford and Cambridge: Blackwell, 1995.

Putnam H., *Words and life*, Cambridge, MA: Harvard University Press, 1994.

Putnam H., *The Threefold Cord Mind, Body and World*, Columbia University Press, 1999.

Putnam H., *Meaning and Moral Sciences*, London: Routledge & Kegan Paul Ltd, 1978.

Putnam H, *Reason, Truth and History*, Cambridge, MA: Cambridge University Press, 1981.

Quine W. V. O., *Ontological Relativity and Other Essays*, New York: Columbia University Press, 1969.

Putnam H, *Pragmatism, An Open Question*, Oxford: Blackwell Publishers Inc., 1995.

Quine W. V. O., *Theories and Things*, Cambridge: Harvard University Press, 1981.

Rescher N., *Realistic Pragmatism:An Introduction to Pragmatic Philosophy*, Albany: State University of New York Press, 2000.

Brandom R. B., *Between Saying and Doing: Towards an Analytic Pragmatism*, New York: Oxford University Press, 2008.

Rorty R., *Philosophy and Social Hope*, New York: Penguin Putnam Inc., 1999.

Rorty R., *Consequences of Pragmatism*（*Essays:1972-1980*）, Minneapolis: University of Minnesota Press, 1982.

Rorty R., *Philosophy as Cultural Politics*, Cambridge: Cambridge University Press, 2007.

Richardson J., *A Natural History of Pragmatism: The Fact of Feeling from Jonathan Edwards to Gertrude Stein*, New York: Cambridge University Press, 2007.

Rosenberg D., Collins M. and Stephens M., *Agile Development with ICONIX Process: People, Process, and Pragmatism*,Berkeley:Apress, 2005.

Rosenthal S. B. & Bourgeois P. L., *Pragmatism and Phenomenology: A Philosophic Encounter*, Amsterdam: B.R. Gruner Publishing Company, 1980.

Rosenthal S. B., *C I Lewis in Focus: The Pulse of Pragmatism*, Bloomington and Indianapolis: Indiana University Press, 2007.

Russell B., *Human Knowledge: Its Scope and Limits*, Routledge, 1948.

Roskelly H. and Ronald K., *Reason to Believe: Romanticism, Pragmatism, and the Possibility of Teaching*, Albany: State University of New York Press, 1998.

Roth R. J., *British Empiricism and American Pragmatism: New Directions and Neglected*

Arguments, New York: Fordham University Press, 1993.

Roth R. J., S.J., *Radical Pragmatism: An Alternative*, New York: Fordham University Press, 1998.

Saatkamp H. J., Jr.,*Rorty and pragmatism: The Philosopher Responds to His Critics*, Nashville and London: Vanderbilt University Press, 1995.

Sami Pihlström, *The Continuum Companion to Pragmatism*, London and New York: Continuum 2011.

Stuhr J. J., *Genealogical Pragmatism: Philosophy, Experience and Community*, Albany: State University of New York Press, 1997.

Schwartz R., *Rethinking Pragmatism: From William James to Contemporary Philosophy*, Oxford: Wiley-Blackwell, 2012.

Sellars W. , *Empiricism and the Philosophy of Mind*, Cambridge: Harvard University Press, 1997.

Sellars W. , *Kant and Pre-Kantian Themes: Lectures by Wilfrid Sellars*, Atascadero: Ridgeview, 2017.

Shook J. R. and Ghiraldelli P.: *Contemporary Pragmatism Vol. 3, Issue 2*（2006）, Amsterdam-New York: Editions Rodopi, 2008.

Shook J. R. and Ghiraldelli P.: *Contemporary Pragmatism Vol. 4, Issue 2*（2007）, Amsterdam-New York: Editions Rodopi, 2008.

Shook J. R., *Pragmatism: An Annotated Bibliography, 1898-1940*, Amsterdam-New York: Editions Rodopi, 1998.

Shusterman R., *Practicing Philosophy*, New York: Routledge Press, 1997.

Shusterman R., *Surface and Depth*, Ithaca: Cornell University Press, 2002,.

Shusterman R. & Tomlin A. , *Aesthetic Experience*, London and New York: Routledge, 2008.

Singer B. J., *Pragmatism, Rights, and Democracy*, New York: Fordham University Press 1999.

Solymosi T. & Shook J. R., *Neuroscience, Neurophilosophy and Pragmatism: Brains at Work with the World*, New York: Palgrave Macmilian,2014.

Sullivan M., *Legal Pragmatism: Community, Rights, and Democracy*, Bloomington and Indianapolis: Indiana University Press, 2007.

Talisse R.B., *Democracy After Liberalism: Pragmatism and Deliberative Politics*,

London and New York: Routledge, 2005.

Tan S. and Bridge J. W., *Democracy as Culture: Deweyan Pragmatism in a Globalizing*, Albany:State University of New York Press, 2008.

Thayer H. S., *The Logic of Pragmatism: An Examination of John Dewey's Logic*, New York:*Humantties Press*, 1952.

Thayer H. S., *Meaning and Action: A Critical History of Pragmatism*, Indianapolis: Hackett Pub. Co. 1981.

Thomas E . W.,*The Judicial Process:Realism, Pragmatism, Practical Reasoning and Principles*,New York: Cambridge University Press, 2005.

Thompson P. B. and Hilde T. C., *The Agrarian Roots of Pragmatism*, Nashville: Vanderbilt University Press, 2000.

Unger R. M., *The Self Awakened: Pragmatism Unbound*, Cambridge: Harvard University Press, 2007.

West C., *The American Evasion of Philosophy: A Genealogy of Pragmatism*, New York: University of Wisconsin Press, 1989.

Wittgenstein L., *Lectures and Conversations on Aesthetics, Psychology and Religious Belief*, C. Barrett（ed.）, Oxford: Basil Blackwell, 1966.

Westphal K. R., *Pragmatism, Reason & Norms: a Realistic Assessment*, New York:Fordham University Press, 1998.

White M., *A Philosophy of Culture: The Scope of Holistic Pragmatism*, Princeton and Oxford: Princeton University Press, 2002.

Wiener P., *Dictionary of the History of Ideas*, New York: Charles Scribner's sons, 1973.

Wilshire B., *The Primal Roots of American Philosophy:Pragmatism, Phenomenology, and Native American Thought*,Pennsylvania: The Pennsylvania State University Press 2000.

（二）外文论文

Abrams J. J., "Pragmatism, Artificial Intelligence, and Posthuman Bioethics: Shusterman, Rorty, Foucault", *Human Studies* 27（2004）.

Abrams J. J., "Pragmatism, Artificial Intelligence, and Posthuman Bioethics: Shusterman, Rorty, Foucault", *Human Studies* 27（2004）.

Aikin S. F., "Pragmatism, Naturalism, and Phenomenology", *Human Studies* 29（2006）.

Anderson A., "Pragmatism and Character", *Critical Inquiry* 29（2003）.

Apel K.O., "Pragmatism as Sense-Critical Realism Based on a Regulative Idea of Truth: In Defense of a Peircean Theory of Reality and Truth", *Transactions of the Charles S. Peirce Society* 37 (2001).

Arp R., "Evolution and two Popular Proposals for the Definition of Function", *Journal for General Philosophy of Science* 38 (2007).

Arp R., "The Pragmatic Value of Frege's Platonism for the Pragmatist", *The Journal of Speculative Philosophy* 19 (2005).

Atkins R. K., "Restructuring the Sciences: Peirce's Categories and His Classifications of the Sciences", *Transactions of the Charles S. Peirce Society* 42 (2006).

Axtell G., "Blind Man's Bluff: The Basic Belief Apologetic as Anti-Skeptical Stratagem", *Philosophical Studies: An International Journal for Philosophy in the Analytic Tradition* 130 (2006).

Abel G., "Logic, Art, and Understanding in the Philosophy of Nelson Goodman", *Inquiry* 34 (1991).

Barber M. D., "Phenomenology and Rigid Dualisms: Joachim Renn's Critique of Alfred Schutz", *Human Studies* 29 (2006).

Bernstein R. J., "Richard Rorty's Deep Humanism", *New Literary History* 399 (2008).

Bonevac D., "Sellars vs. the Given", *Philosophy and Phenomenological Research* 64 (2002).

Brandom R B., "Unsuccessful Semantics", *Analysis* 54 (1994).

Brandom, Review By: Robert., Robert Brandom, "Perception and Rational Constraint", *Philosophy and Phenomenological Research* 58 (1998).

Butler L. L., "Daniel A. Farber, Eco-Pragmatism: Making Sensible Environmental Decisions in an Uncertain World", *Ethics* 111 (2001).

Campbell J., "One Hundred Years of Pragmatism", *Transactions of the Charles S. Peirce Society* 43 (2007).

Capps J., "Pragmatism and the McCarthy Era", *Transactions of the Charles S. Peirce Society* 39 (2003).

Cleve J.V., "C. I. Lewis' Defense of Phenomenalism", *Philosophy and Phenomenological Research* 41 (1981).

Cohen M. R., "Some Difficulties in Dewey's Anthropocentric Naturalism", *Philosophical Review* 49 (1940).

D. L. Hildebrand, "Putnam, Pragmatism, and Dewey", *Transactions of the Charles S. Peirce Society* 36（2000）.

Dayton E., "C. I. Lewis and the Given", *Transactions of the Charles S. Peirce Society* 31（1995）.

Decker K. S., "Ground, Relation, Representation: Kantianism and the Early Peirce", *Transactions of the Charles S. Peirce Society* 37（2001）.

Defoort C., "Is There Such a Thing as Chinese Philosophy? Arguments of an Implicit Debate", *Philosophy East and West* 51（2001）.

Devries W. A., "McDowell, Sellars, and Sense Impressions", *European Journal of Philosophy* 14（2006）.

Dickey F., "Bishop, Dewey, Darwin: What Other People Know", *Contemporary Literature* 44（2003）.

Dodd J., "McDowell's identity conception of truth: a reply to Fish and Macdonald", *Analysis* 68（2008）.

Ducasse C. J., "C. I. Lewis' Analysis of Knowledge and Valuation", *The Philosophical Review* 57（1948）.

Dugundji J., "Note on a Property of Matrices for Lewis and Langford's Calculi of Propositions", *The Journal of Symbolic Logic* 5（1940）.

Enoch D., "Why Idealize?" *Ethics* 115（2005）.

Fish S., "Truth but No Consequences: Why Philosophy Doesn't Matter", *Critical Inquiry* 29（2003）.

Fish W. & Macdonald C., "Discussion McDowell's Alternative Conceptions of the World", *International Journal of Philosophical Studies* 19（2011）.

Fodor J, Lepore E., "Brandom's Burdens: Compositionality and Inferentialism", *Philosophy and Phenomenological Research* 63（2001）.

Fodor J. and Lepore E., "Out of Context", *Proceedings and Addresses of the American Philosophical Association* 78（2004）.

Foss J. E., "C. I. Lewis and Dayton on Pragmatic Contradiction", *Transactions of the Charles S. Peirce Society* 17（1981）.

Foxall G. R., "Intentional Behaviorism", *Behavior and Philosophy* 35（2007）.

Friedman R. L., "Traditions of Pragmatism and the Myth of the Emersonian Democrat", *Transactions of the Charles S. Peirce Society* 43（2007）.

Gandesha S., "The 'Aesthetic Dignity of Words': Adorno's Philosophy of Language", *New German Critique* 97 （2006）.

Garnar A., "Power, Action, Signs: Between Peirce and Foucault", *Transactions of the Charles S. Peirce Society* 42 （2006）.

Garrison J., "Dewey's Theory of Emotions: The Unity of Thought and Emotion in Naturalistic Functional 'Co-Ordination' of Behavior", *Transactions of the Charles S. Peirce Society* 39 （2003）.

Geniusas S., "Is the Self of Social Behaviorism Capable of Auto-Affection? Mead and Marion on the 'I' and the 'Me'", *Transactions of the Charles S. Peirce Society* 42 （2006）.

Giamo B., "An American Original", *Harvard Review* 27 （2004）.

Ginev D., "A (post) Foundational Approach to the Philosophy of Science: Part2", *Journal for General Philosophy of Science* 38 （2007）.

Ginot I.,Barlow A. & Franko M., "From Shusterman's Somaesthetics to a Radical Epistemology of Somatics", *Dance Research Journal* 42 （2010）.

Gomes A., "McDowell's Disjunctivism and Other Minds", *Inquiry* 54 （2011）.

Good J. A., "The 'Eclipse' of Pragmatism: A Reply to John Capps", *Transactions of the Charles S. Peirce Society* 39 （2003）.

Graham P J., "Brandom on Singular Terms", *Philosophical Studies* 93 （1999）.

Greco J., "How to Be a Pragmatist: C. I. Lewis and Humean Skepticism", *Transactions of the Charles S. Peirce Society* 42 （2006）.

Griffin D. R., "Process Philosophy of Religion", *International Journal for Philosophy of Religion* 50 （2001）.

Guerra G., "Practicing Pragmatism: Richard Shusterman's Unbound Philosophy", *Journal of Aesthetic Education* 36 （2002）.

Haack S., "Not Cynicism, but Synechism: Lessons from Classical Pragmatism", *Transactions of the Charles S. Peirce Society* 41 （2005）.

Haldane J., "American Philosophy: 'Scotch' or 'Teutonic'?", *Philosophy* 77 （2002）.

Hance A., "Pragmatism as Naturalized Hegelianism: Overcoming Transcendental Philosophy?" *The Review of Metaphysics* 46 （1992）.

Hattiangadi A., "Making It Implicit: Brandom on Rule Following", *Philosophy and Phenomenological Research* 66 （2003）.

Hausman C. R., "Charles Peirce and the Future of Philosophy", *The Journal of*

Speculative Philosophy 12（1998）.

Heath W. , "*Reason in Philosophy: Animating Ideasby Robert B. Brandom*", Ethics 120 （2010）.

Heid K ., "Aesthetic Development: A Cognitive Experience", *Art Education*, 58（2005）.

Hoeyer K., " 'Ethics wars' : Reflections on the Antagonism between Bioethicists and Social Science Observers of Biomedicine", *Human Studies* 29（2006）.

Houser N., "Peirce in the 21st Century", *Transactions of the Charles S. Peirce Society* 41（2005）.

Isaac J ., "The Hum Cambridge University Press an Sciences In Cold War America", *The Historical Journal* 3（2007）.

Isaac J ., "W. V. Quine And The Origins Of Analytic Philosophy In The United States", *Modern Intellectual History* 2（2005）.

Isaac J ., "Why Not Lewis", *Transactions of the Charles S. Peirce Society* 42（2006）.

Isenberg, Arnold , "Analytical Philosophy and the Study of Art", *The Journal of Aesthetics and Art Criticism* 46（1987）.

Jesús Antonio Coll Mármol, "McDowell' s Dogmatic Empiricism", *Crítica: Revista Hispanoamericana de Filosofía* 39（2007）.

Jesús P. Zamora Bonilla, "Meaning and Testability in the Structuralist Theory of Science", *Erkenntnis* 59（2003）.

Johnston J. S., "Dewey' s Critique of Kant", *Transactions of the Charles S. Peirce Society* 42（2006）.

Johnston J. S., "Reflections on Richard Shusterman' s Dewey", Journal of Aesthetic Education 38（2004）.

Karlen P. H., "Worldmaking: Property Rights in Aesthetic Creations", *Journal of Aesthetics and Art Criticism* 45（1986）.

Kelloggr F. R., "Who Owns Pragmatism?", Journal of Speculative Philosophy 6（1992）.

Kelly T., "Epistemic Rationality as Instrumental Rationality: A Critique", *Philosophy and Phenomenological Research* 66（2003）.

Kelly T., "The Rationality of Belief and Some Other Propositional Attitudes", *Philosophical Studies* 110（2002）.

Keyt D., "The Philosophy of C. I. Lewis", *The Philosophical Review* 82（1973）.

Kitchener R. F., "Bertrand Russell' s Flirtation with Behaviorism", *Behavior and*

Philosophy 32（2004）.

Kitchener R. F., "Logical Positivism, Naturalistic Epistemology, and the Foundations of Psychology", *Behavior and Philosophy* 32（2004）.

Kivinen O. and Piiroinen T., "Sociologizing Metaphysics and Mind: A Pragmatist Point of View on the Methodology of the Social Sciences", *Human Studies* 30（2007）.

Kloppenberg J. T., "Pragmatism: An Old Name for Some New Ways of Thinking?" *Journal of American History* 83（1996）.

Knight J. A., "Why Not Davidson: Neopragmatism in Religion and the Coherence of Alternative Conceptual Schemes", *The Journal of Religion* 88（2008）.

Koopman C., "Language Is a Form of Experience: Reconciling Classical Pragmatism and Neopragmatism", *Transactions of the Charles S. Peirce Society* 43（2007）.

Koskinen H.J. and Sami Pihlström, "Quine and Pragmatism", *Transactions of the Charles S. Peirce Society* 42（2006）.

Krzysztof Piotr Skowroński, "American Heritage as a Source of Values", *Transactions of the Charles S. Peirce Society* 41（2005）.

Lance M ., "The Logical Structure of Linguistic Commitment III Brandomian Scorekeeping and Incompatibility", *Journal of Philosophical Logic* 30（2001）.

Leddy T., "Shusterman' s Pragmatist Aesthetics", *Journal of Speculative Philosophy* 16（2002）.

Leigland S., "Pragmatism and Radical Behaviorism: Comments on Malone（2001）", *Behavior and Philosophy* 32（2004）.

Levin J., "The Esthetics of Pragmatism", *American Literary History* 6（1994）.

Lewis C. I., "The Modes of Meaning", *Philosophy and Phenomenological Research* 4（1943）.

Lewis C. I., "Review of *The Quest for Certainty*,by John Dewey", Journal of Philosophy, 27（1930）.

Lewis T. A., "On the Limits of Narrative: Communities in Pluralistic Society", *The Journal of Religion* 86（2006）.

Livingston J., "War and the Intellectuals: Bourne, Dewey, and the Fate of Pragmatism", *The Journal of the Gilded Age and Progressive Era* 2（2003）.

Long J. W., "Who's a Pragmatist: Distinguishing Epistemic Pragmatism and Contextualism", *Journal of Speculative Philosophy* 16（2002）.

Lundin R., "Natural Experience: Emerson, Protestantism, and the Emergence of Pragmatism", *Religion & Literature* 32（2000）.

MacArthur D., "Naturalizing the Human or Humanizing Nature: Science, *Nature and the Supernatural", Erkenntnis 61（2004）*.

Malone J. C., "Ontology Recapitulates Philology: Willard Quine, Pragmatism, and Radical Behaviorism", *Behavior and Philosophy* 29（2001）.

Malone J. C., "Pragmatism and Radical Behaviorism: A Response to Leigland", *Behavior and Philosophy* 32（2004）.

Margolis J., "Dewey's and Rorty's Opposed Pragmatisms", *Transactions of the Charles S. Peirce Society* 38（2002）.

McCormick M., "Hume, Wittgenstein, and the Impact of Skepticism", *History of Philosophy Quarterly* 21（2004）.

McCullagh M., "Inferentialism and Singular Reference", *Canadian Journal of Philosophy* 35（2005）.

McDermid D. J., "Does Epistemology Rest on a Mistake? Understanding Rorty on Scepticism", *Crítica: Revista Hispanoamericana de Filosofía* 32（2000）.

McDermid D. J., "Does Epistemology Rest on a Mistake? Understanding Rorty on Scepticism", *Crítica: Revista Hispanoamericana de Filosofía* 32（2000）.

Mcdermid D., " Platonists, Poets, and the God's-Eye View: Reading Santayana's 'On the Death of a Metaphysician' ", *The Pluralist* 3（2003）.

McDermid D., "Pragmatism and Truth: The Comparison Objection to Correspondence", *The Review of Metaphysics* 51（1998）.

McDermid D., "Radicalized Pragmatism: The Self Awakened: Pragmatism Unbound by Roberto Mangabeira Unger", *The Review of Politics* 70（2008）.

McDowell J., "What Is the Content of an Intention in Action?", *Ratio*, 23（2010）.

McDowell L., "Unsettling Naturalisms", *Signs* 27（2002）.

Meckler L., "The Value-Theory of C. I. Lewis", *Journal of Philosophy* 47（1950）.

Miller R. B., "On Making a Cultural Turn in Religious Ethics", *The Journal of Religious Ethics* 33（2005）.

Mitchell W. J. T., "Realism, Irrealism, and Ideology: A Critique of Nelson Goodman", *Journal of Aesthetic Education* 25（1991）.

Moore J., "Comments on 'Intentional Behaviorism' by G. R. Foxall", *Behavior and*

Philosophy 35（2007）.

Moore J., "Some Further Thoughts on the Pragmatic and Behavioral Conception of Private Events", *Behavior and Philosophy* 31（2003）.

Moran D., "Hilary Putnam and Immanuel Kant: Two 'Internal Realists'?" *Synthese* 123（2000）.

Mormann T., "Carnap's logical empiricism, values, and American pragmatism", *Journal for General Philosophy of Science* 38（2007）.

Morris B., "C. I. Lewis: Empiricist or Kantian?", *Ethics* 67（1957）.

Moxley R. A., "The Modern/Postmodern Context of Skinner's Selectionist Turn in 1945", *Behavior and Philosophy* 29（2001）.

Mullis E. C., "Performative Somaesthetics: Principles and Scope", *Journal of Aesthetic Education* 40（2006）.

Murphey M. G., "The Unfinished Ethics of C. I. Lewis", *Transactions of the Charles S. Peirce Society* 38（2002）.

Myers W. T., "Pragmatist Metaphysics: A Defense", *Transactions of the Charles S. Peirce Society* 40（2004）.

Nahser F. B. and Ruhe J., "Putting American Pragmatism to Work in the Classroom", *Journal of Business Ethics* 34（2001）.

Nierlich E., "An 'Empirical Science' of Literature", *Journal for General Philosophy of Science* 36（2005）.

Olsson E. J., "Not Giving the Skeptic a Hearing: 'Pragmatism and Radical Doubt'", *Philosophy and Phenomenological Research* 70（2005）.

Otte M., "Does Mathematics Have Objects? In What Sense?", *Synthese* 134（2003）.

Pailthorp C., "C. I. Lewis and the Certainty of Commonplace Judgments", *Transactions of the Charles S. Peirce Society* 7（1971）.

Pancheri L. U., "James, Lewis and the Pragmatic a Priori", *Transactions of the Charles S. Peirce Society* 7（1971）.

Pape H., "Pragmatism and the Normativity of Assertion", *Transactions of the Charles S. Peirce Society* 38（2002）.

Putnam H., "N. Goodman, Philosopher and Project Zero CoFounder, Dies", *Harvard University Gazette*, 3（1998）.

Peach B., "C. I. Lewis on the Foundations of Ethics", *Noûs* 9（1975）.

Pohlhaus G. and Wright J. R., "Using Wittgenstein Critically: A Political Approach to Philosophy", *Political Theory* 30（2002）.

R. Shusterman, "Why Dewey Now?", *Journal of Aesthetic Education* 23（1989）.

Renn J., "Appresentation and Simultaneity: Alfred Schutz on Communication between Phenomenology and Pragmatics", *Human Studies* 29（2006）.

Rescher N., "American Philosophy Today", *The Review of Metaphysics* 46（1993）.

Richardson A. W., "Engineering Philosophy of Science: American Pragmatism and Logical Empiricism in the 1930s", *Philosophy of Science* 69（2002）.

Robin R. S., "Lewis, Peirce, and the Complexity of Classical Pragmatism", *Transactions of the Charles S. Peirce Society* 42（2006）.

Robinson J., "Languages of Art at the Turn of the Century", *Journal of Aesthetics and Art Criticism* 58（2000）.

Rockmore T., "Analytic Philosophy and the Hegelian Turn", *The Review of Metaphysics* 55（2001）.

Rosenthal S. B., "A Pragmatic Appropriation of Kant: Lewis and Peirce", *Transactions of the Charles S. Peirce Society* 38（2002）.

Rosenthal S. B., "From Meaning to Metaphysics: C. I. Lewis and the Pragmatic Path", *The Review of Metaphysics* 33（1980）.

Rosenthal S. B., "Lewis, Pragmatism, and Phenomenalism: A Revisit", *Philosophy and Phenomenological Research* 41（1981）.

Rosenthal S. B., "Pragmatism and Phenomenology: The Significance of Wilshire's Reply", *Transactions of the Charles S. Peirce Society* 13（1977）.

Rosenthal S. B., "The 'World' of C. I. Lewis", *Philosophy and Phenomenological Research* 29（1969）.

Saito N., "Reconstructing Deweyan Pragmatism in Dialogue with Emerson and Cavell", *Transactions of the Charles S. Peirce Society* 37（2001）.

Sami Pihlström and Siitonen A., "The Transcendental Method and（Post-）Empiricist Philosophy of Science", *Journal for General Philosophy of Science* 36（2005）.

Sami Pihlström, "Naturalism, Transcendental Conditions, and the Self-Discipline of Philosophical Reason", *The Journal of Speculative Philosophy* 15（2001）.

Sami Pihlström, "Synthesizing Traditions: Rewriting the History of Pragmatism and Transcendental Philosophy", *History of Philosophy Quarterly* 23（2006）.

Sami Pihlström, "Synthesizing Traditions: Rewriting the History of Pragmatism and Transcendental Philosophy", *History of Philosophy Quarterly* 23 (2006).

Saussy H., "The Age of Attribution: Or, How the 'Honglou meng' Finally Acquired an Author", *Chinese Literature: Essays, Articles, Reviews* 25 (2003).

Shapiro L., "Brandom on the Normativity of Meaning", *Philosophy and Phenomenological Research* 68 (2004).

Shusterman R., "What Pragmatism Means to Me: Ten Principles", *Revue Française d'études américaines*, 124 (2010).

Shusterman R ., "Aesthetic Experience: From Analysis to Eros", *Journal of Aesthetics and Art Criticism*, 64 (2006).

Shusterman R., "Introduction: Analytic Aesthetics: Retrospect and Prospect", *Journal of Aesthetics and Art Criticism* 46 (1987).

Shusterman R., "Pragmatism and Criticism: A Response to Three Critics of Pragmatist Aesthetics", *The Journal of Speculative Philosophy* 16 (2002).

Shusterman R., "The End of Aesthetic Experience", *Journal of Aesthetics and Art Criticism* 55 (1997).

Shusterman Richard J., "Complexities of Aesthetic Experience: Response to Johnston", Journal of Aesthetic Education 38 (2004).

Sosa E., "Epistemology, Realism, and Truth: The First Philosophical Perspectives Lecture", *Philosophical Perspectives* 7 (1993).

Stroud S. R., "Orientational Meliorism in Dewey and Dōgen", *Transactions of the Charles S. Peirce Society* 43 (2007).

Stuhr J. J., "Can Pragmatism Appropriate the Resources of Postmodernism? A Response to Nielsen", *Transactions of the Charles S. Peirce Society* 29 (1993).

Stuhr J. J., "Fundamentalism and the Empire of Philosophy: What Constitutes a Pluralist Department?" *Proceedings and Addresses of the American Philosophical Association* 70 (1996).

Stuhr J. J., "Only Going So Fast: Philosophies as Fashions", *Journal of Speculative Philosophy* 20 (2006).

Stuhr J. J., "Postmodernism: Old and New", *Journal of Speculative Philosophy* 7(1993).

Stuhr J. J., "Practice, Semiotics, and the Limits of Philosophy", *Journal of Speculative Philosophy* 19 (2005).

Stuhr J. J., "Sidetracking American Philosophy", *Transactions of the Charles S. Peirce Society* 34（1998）.

Sullivan S., "Reconfiguring Gender with John Dewey: Habit, Bodies, and Cultural Change", *Hypatia* 15（2000）.

Talisse R. B. and Aikin S. F., "Why Pragmatists Cannot Be Pluralists", *Transactions of the Charles S. Peirce Society* 41（2005）.

Taylor P. C., "The Two-Dewey Thesis, Continued: Shusterman's Pragmatist Aesthetics", *Journal of Speculative Philosophy* 16（2002）.

Taylor P. W., "C. I. Lewis on Value and Fact", *Philosophy and Phenomenological Research* 14（1953）.

Thorsten B. B., "Ethnophilosophy, Comparative Philosophy, Pragmatism: Toward a Philosophy of Ethnoscapes", *Philosophy East and West* 56（2006）.

Tiercelin C., "Philosophers and the Moral Life", *Transactions of the Charles S. Peirce Society* 38（2002）.

Tiller G., "The Unknowable: The Pragmatist Critique of Matter", *Transactions of the Charles S. Peirce Society* 42（2006）.

Tong S., " 'Critique' Immanent in 'Practice' : New Frankfurt School and American Pragmatism", *Frontiers of Philosophy in China* 1（2006）.

Tonneau François, "Behaviorism and Chisholm' s Challenge", *Behavior and Philosophy* 35（2007）.

Vision G., "Truly Justified Belief", *Synthese* 146（2005）.

Waugh, Joanne B. ,"Analytic Aesthetics and Feminist Aesthetics: Neither/Nor? " *The Journal of Aesthetics and Art Criticism* 48（1990）.

Welchman J., "Dewey and McDowell on Naturalism, Values, and Second Nature", *Journal of Speculative Philosophy* 22（2008）.

Westphal K. R., "Contemporary Epistemology: Kant, Hegel, McDowell", *European Journal of Philosophy* 14（2006）.

Wheeler A. M., "On Lewis' Imperatives of Right", *Philosophical Studies: An International Journal for Philosophy in the Analytic Tradition* 12（1961）.

White H ., "Brandom on Practical Reason", *The Philosophical Quarterly* 53（2003）.

White J. H., "Pragmatism and Art: Tools for Change", *Studies in Art Education* 39（1998）.

Williams M., "Context, Meaning, and Truth", *Philosophical Studies: An International Journal for Philosophy in the Analytic Tradition* 117（2003）.

Wilshire B. W., "William James, Phenomenology and Pragmatism: A Reply to Rosenthal", *Transactions of the Charles S. Peirce Society* 13（1977）.

Wilshire B., "Modernism: the Myth/Spirit of Lonelinessa", *The Personalist Forum* 2（1986）.

Wilshire B., "Pragmatism, Neopragmatism, and Phenomenology: The Richard Rorty Phenomenon", *Human Studies* 20（1997）.

Wolterstorff N., "Philosophy of Art after Analysis and Romanticism", *The Journal of Aesthetics and Art Criticism* 46（1987）.

Young R., "The Linguistic Turn, Materialism and Race: Toward an Aesthetics of Crisis", *Callaloo* 24（2001）.

Zack N., "Murray Murphey's Work and C. I. Lewis's Epistemology: Problems with Realism and the Context of Logical Positivism", *Transactions of the Charles S. Peirce Society* 42（2006）.

责任编辑：毕于慧
封面设计：王欢欢
版式设计：东　昌

图书在版编目（CIP）数据

实用主义的谱系研究 ／ 姬志闯 著 . -- 北京 ： 人民出版社，
2025. 6. -- ISBN 978 - 7 - 01 - 027250 - 4

Ⅰ . B087

中国国家版本馆 CIP 数据核字第 20256KZ866 号

实用主义的谱系研究
SHIYONG ZHUYI DE PUXI YANJIU

姬志闯　著

人民出版社 出版发行
（100706　北京市东城区隆福寺街 99 号）

北京汇林印务有限公司印刷　新华书店经销

2025 年 6 月第 1 版　2025 年 6 月北京第 1 次印刷
开本：710 毫米 × 1000 毫米 1/16　印张：19
字数：253 千字

ISBN 978 - 7 - 01 - 027250 - 4　定价：78.00 元

邮购地址 100706　北京市东城区隆福寺街 99 号
人民东方图书销售中心　电话（010）65250042　65289539